2010 - 2011 年度全国毕业生就业 50 所典型经验高校经验汇编

主　　编：刘大为
副 主 编：韩呼生
执行主编：余　舰

中国财政经济出版社

2011年3月15日，全国高校毕业生就业总结宣传工作专家全体会议在京召开。

2011年5月10日，教育部召开2010－2011年度全国毕业生就业典型经验高校经验交流会，教育部党组副书记、副部长杜玉波，党组成员、部长助理林蕙青等领导出席会议，杜玉波作重要讲话。

2011年4月7日，对外经贸大学党委书记王玲等专家组成员在中南财经政法大学实地调研。

2011年4月11日，北京航空航天大学副校长郑志明等专家组成员在北京师范大学实地调研。

2011年 3月15日，总结宣传工作领导小组成员教育部办公厅副主任续梅、研究生司副司长梁国雄、学生司副司长张浩明、评估中心副主任李志宏、高教司司长助理宋毅等领导小组成员统计选票。

2010年5月6日，全国高校毕业生就业总结宣传工作专家组在重庆召开研讨会，设计2010－2011年度全国高校毕业生就业总结宣传工作方案，修订评选标准，制定工作程序。

教育部办公厅

教学厅函〔2011〕11号

教育部办公厅关于公布2010－2011年度全国毕业生就业典型经验高校名单的通知

各省、自治区、直辖市教育厅(教委),有关省、自治区人力资源社会保障厅(局):

在党中央、国务院的高度重视下,经过各方面共同努力,高校毕业生就业工作取得显著成效。一些高等学校以就业和社会需求为导向积极推进教育教学改革,创新人才培养模式,不断拓宽就业渠道,为促进毕业生就业做了大量工作。积累了很多经验,涌现出一批就业典型高校。为积极宣传推广他们的经验和做法,推动高等学校在专业、学科设置和人才培养上更加适应经济社会发展的需要,进一步加强毕业生就业工作,不断开创毕业生就业工作新局面,现将2010－2011年度全国毕业生就业典型经验高校名单公布如下(共50所):

北京理工大学,华北电力大学,北京林业大学,北京师范大学,北京外国语大学,中国政法大学,首都师范大学,天津职业大学,燕山大学，河北农业大学，邢台职业技术学院，东北大学，大连海事大学，长春理工大学，长春职业技术学院，哈尔滨理工大学，黑龙江东方学院（民办），复旦大学，上海理工大学，南京大学，江南大学，南京林业大学，常州信息职业技术学院，金华职业技术学院，安徽职业技术学院，安徽工贸职业技术学院（民办），福建信息职业技术学院，江西理工大学，江西师范大学，九江职业技术学院，中国石油大学（华东），青岛理工大学，山东交通学院，河南大学，河南农业大学，河南机电高等专科学校，华中师范大学，中南财经政法大学，武汉铁路职业技术学院，长沙理工大学，湖南师范大学，湖南铁道职业技术学院，中山大学，华南师范大学，深圳职业技术学院，重庆理工大学，铜仁职业技术学院，西安理工大学，北方民族大学，银川科技职业学院。

二○一一年五月六日

主题词：高校　毕业　就业　通知

部内发送：有关部领导，办公厅、就业指导中心

教育部办公厅　　　　　　　　　　2011年5月9日印发

《2010-2011年度全国毕业生50所就业典型经验高校经验汇编》

编委会名单

总 顾 问：林蕙青
顾　　问：张浩明　续　梅　梁国雄　徐孝民　李志宏　宋　毅

主　　编：刘大为
副 主 编：韩呼生
执行主编：余　舰
编　　委（按姓氏笔画排序）：
王　林、王祖温、王　辉、刘玉光、朱孔军、陈立名、杨洪涛、杨　敏、赵显利、赵建武、熊晓梅

马　宁、马玉明、尹良成、王文贵、付常娥、兰亚明、田杰昌、刘　祎、刘　锐、刘淑玲、向　琪、吕　柯、孙　眉、孙建民、邢建华、余林平、张　雷、张英杰、张春平、张留占、李　凯、李　玮、李　斌、李岚冰、李明章、李群辉、陈伟民、苟文娟、郑　虹、侯存敏、胡　坤、胡明山、胡颖蔓、赵　茜、赵　毅、郝志强、徐向晨、柴大鹏、袁　波、高晓琴、崔进军、黄晓宾、曾　浩、程　武、韩丽霞、解廷民、翟广运、蔡　克

代序

今年4月24日，胡锦涛总书记在纪念清华建校一百周年大会上发表重要讲话，从全局的高度对我国高等教育的改革发展做出了战略部署，为全面落实教育规划纲要，推动高等教育事业科学发展指明了方向。学习领会和贯彻落实好总书记讲话精神是当前做好高等教育工作的首要任务。评选出50所年度就业典型经验高校，目的正是为了通过对典型经验的推广宣传，推动高等学校进一步提高毕业生就业工作水平，提升人才培养质量，把总书记的讲话精神落到实处。

一、要充分认识新形势下做好高等学校毕业生就业工作的重要意义

总书记在庆祝清华大学建校一百周年大会讲话中明确指出，高等教育的根本任务是人才培养。提出要坚持把促进学生健康成长作为学校一切工作的出发点和落脚点，把促进人的全面发展和适应社会需要作为衡量人才培养水平的根本标准。学习领会总书记讲话，我们要从三个方面来认识做好高校毕业生就业工作的重要意义。

第一，做好毕业生就业工作是体现以学生为本，促进学生全面发展的必然要求。就业是民生之本。高校毕业生就业问题，关系到学生的全面发展，关系到广大人民群众最关心、最直接、最现实的利益需要，也关系到人民群众对高等教育的满意程度。我们要本着对人民群众高度负责的精神，带着满腔热情，千方百计做好毕业生就业工作，尽最大努力帮助毕业生充分就业。

第二，做好高校毕业生就业工作是促进高等教育主动适应经济社会发展的必然要求。高校毕业生就业承载着国家经济社会发展对高等教育的需要，反映着高校适应社会发展需求、提升人才培养水平的努力程度和成效，也反映出高校在适应社会需要过程中存在的困难和问题。我们要把毕业生就业工作作为高等教育与社会对接的重要桥梁和纽带，将大批高素质专门人才输送到现代化建设的岗位上去，为经济社会发展奠定坚实的人力资源基础。

第三，做好高校毕业生就业工作是全面提高高等教育质量、促进高等教育持续健康发展的必然要求。出口决定进口，老百姓评价学校办的好不好，在一定程度上讲主要看出口，看你就业好不好。学生的就业状况反映社会对人才的评价和需求，也体现高等学校人才培养的质量，也就是说，就业状况不好就不能说这个学校是质量高的。我们要把高校毕业生就业工作作为优化学科专业结构的重要抓手，作为制定高等教育质量评价标准的重要依据，以促就业提升质量，以抓就业来检验质量，以做好毕业生就业工作来带动高校人才培养的全过程。

二、要进一步加大高校毕业生就业总结宣传工作力度

2009年，根据刘延东国务委员的批示要求，教育部启动了高校毕业生就业总结宣传工作。两年来，在有关部门、各地和广大高校的共同努力下，我们依靠专家和专业机构，积极借鉴了国际国内相关经验，科学制定工作程序、办法和推选标准，创造性地采用第三方评价的方式，两年评选出了100所毕业生就业典型经验高校。

应该说，高校毕业生就业总结宣传工作在促进各高等学校深化高等教育改革、创新人才培养模式、大力促进毕业生就业创业工作等方面都发挥了重要的导向作用，得到了社会的大力支持和广泛的好评，取得了重要的阶段性成果。获选的毕业生就业典型经验高校现在看来是全国不同地区、不同类别、不同层次高校的典型代表，这些高校为促进毕业生就业付出了艰苦努力，也为全国高校做好毕业生就业工作提供了宝贵的经验。看了这些高校的材料以后，包括刚才发言的4所高校，我体会到这些典型高校共同的特点有四点：一是切实把高校毕业生就业工作摆在学校工作突出重要的位置，也就是说，作为学校生存发展和事业科学发展的关键和抓手，人力、财力、物力三个方面充分保障，规划、计划环环相扣，真抓实干促就业。二是怀着对学生的满腔热情和无限关爱抓就业，也就是切实做到以学生为本，一切为了学生，为了一切学生，为了学生一切，像中山大学等校提出要善待学生，要把学校建成学生最满意的大学，要像对待自己的孩子一样去帮助我们的学生就业和成长。这代表了学校观念上的转变。三是通过提高质量促进就业，通过促进就业提高质量。围绕就业抓人才培养，围绕就业抓学科专业建设，围绕就业抓教育教学改革，很多高校把就业和培养有机的结合起来，互动起来。及时把就业上的信息反馈到学科建设、教育教学改革这一方面来，我认为这点做的非常好。四是以新的理念不断提升就业工作水平。积极响应国家号召，主动根据市场变化，努力满足学生需要，创新就业工作内容、方法、体制、机制，着力提升人性化、个性化水平，我觉得确实是做到了软件不软，硬件更硬。

需要指出的是，高校毕业生就业总结宣传工作包括总结经验和推广宣传两方面的

工作，深入总结凝练典型经验高校特色做法非常重要，如何通过典型经验的推广宣传切实推动各地各高校进一步深化改革更加重要，我们总结经验的目的是为了推进教育教学改革。各地要以总结宣传工作为契机，加大典型引导的力度，利用各种机会、采取各种方式开展广泛宣传，引导和推动广大高校学习借鉴典型经验高校的特色做法，扎扎实实抓好就业，形成学校和学校之间“比、学、赶、帮、超”的就业工作良好局面。典型经验高校也要加大宣传力度，积极共享推动就业和改革的经验，同时确实也要珍惜荣誉，实事求是，认真查找自身存在的薄弱环节，在巩固已有工作成果的基础上，进一步加大工作力度，不断跨上新台阶。

三、要积极探索建立长效机制

党中央国务院十分重视高校毕业生就业工作。胡锦涛总书记在全教会上提出了“建立和完善高校毕业生就业服务体系”，温家宝总理在今年的政府工作报告中强调要把高校毕业生就业工作摆在就业工作的首位，也就是整个社会就业工作的首位，刘延东同志今年专门对高校毕业生就业总结宣传工作作出重要批示，要求我们总结经验，建立长效机制，推动高校在专业、学科设置和人才培养上更加适应经济社会发展的需要，把大学生就业创业工作提到一个新水平。中央领导的殷切期望和明确指示，为我们做好高校毕业生就业工作指明了方向，提出了新的更高的要求。当前要落实中央领导同志指示和批示精神，以长效机制建设为重点，进一步加强和改进毕业生就业工作，有四个问题非常重要。

一是建体系。教育部已将《全国高校毕业生就业服务体系建设》列入哲学社会科学研究重大委托项目，从2010年起组织有关省市、高校和研究机构启动了课题研究工作，成立了领导小组，并将在课题研究基础上提出体系建设推进计划。做好这项工作需要凝聚相关部门、省市、高校和社会各方面力量，立足当前、着眼长远，积极探索建立并完善适应新形势、新任务和符合新的时代需要的高校毕业生就业服务体系。

二是重导向。要推动高校切实强化以就业和社会需求为导向深化改革的意识，将就业工作融入高等教育改革发展的各个方面，进一步完善联动机制。我想要在学科专业目录调整、高校教学评估、高校特色专业建设等项工作中，考虑就业状况和就业因素，要和这个挂钩。对于高校毕业生就业总结宣传工作推出的典型高校，要建立激励机制，给予必要奖励和更多支持，鼓励更多高校切实加强就业出口对高等学校学科专业设置、人才培养过程和教育质量的反馈、评价和促进作用。

三是抓关键。抓住重点领域和薄弱环节的工作始终是我们做好就业工作的关键所在。各地要抓好就业工作薄弱高校，加大支持力度，有针对性地加强指导和督促检查；各高等学校要在学习、借鉴典型经验的基础上，积极查漏补缺，尤其要抓好就业薄弱的院系和学科专业；学校的院系要重点抓好就业困难学生和特殊群体的就业援助和帮扶工作。薄弱的学科专业和院系各校都有，就业困难学生和特殊群体各校都有，他们怎么办？这里我不展开说。我们一定要从政策、制度和技术层面确保这些重点领域和薄弱环节的工作不断得到加强。

四是上水平。要提升就业指导服务水平，进一步落实教育部关于就业工作“三到位”（机构、场地、经费到位）和“四化”（全程化、全员化、信息化、专业化）的要求。要提升创业工作水平，把高校创新创业教育和大学生创新创业工作作为提高高等教育质量的一个重要突破口。发挥重大项目带动基层就业的引领作用，通过实施“教师特岗计划”、“农技特岗计划”、免费师范毕业生、高校毕业生入伍预征等重大项目，推动基层就业政策制度的进一步完善。要加强大学生就业趋势规律的研究，密切关注、准确把握国际国内高校毕业生就业动态、面临的问题及发展趋势，不断增强高校毕业生就业工作的前瞻性和预见性。大家静下心来，对大学生就业工作作些分析判断，多搞规律性研究。100所典型经验高校要在规律性研究方面走在前面。

今年是“十二五”规划的开局之年，也是全面落实全教会精神和教育规划纲要之年。我们要以全面贯彻落实总书记重要讲话为契机，把高校毕业生就业上升到全面提高质量的高度，通过加强就业总结宣传以点带面，探索长效机制，推动就业创业工作迈上一个新的台阶，不断开创我国高等教育事业改革发展的新局面！

（本文系作者在2010－2011年度全国毕业生就业典型经验高校经验交流会上的讲话）

杜玉波

2011年5月

目录

夯实基础　突出特色　全力以赴做好毕业生就业工作

北京理工大学

北京理工大学隶属于工业和信息化部，是一所理工为主、工理管文协调发展的全国重点大学。她的前身是创办于1940年的延安自然科学院，是建国以来国家历批次重点建设的高校之一。作为中国共产党创办的第一所理工科大学，建校70余年来始终服务于党和国家的战略目标，不断深化人才培养模式改革，培养了大批高素质的专门人才，为我国国民经济的建设与发展壮大提供了重要的人才支持。最近5年，本科毕业生初次就业率一直在97%以上，研究生初次就业率一直在98%以上，到国家重点建设行业、重点单位、重点部门就业的毕业生超过60%以上。

一、以服务国防为导向，做好人才输送工作

从1940年建校起，学校就与人民军工结下了不解之缘。学校坚持“立足国防、面向全国、服务地方”的服务面向定位，面对新军事变革和国防科技工业对拔尖创新人才的迫切需求，全力做好人才培养和输送工作。

学校的专业设置具有鲜明的国防特色，是国内国防重点专业数量最多的学校。在学校60个本科招生专业中，有10个专业为军工专业。学校与航天、兵器、电子、航空、船舶、核工业等大型军工集团及其所属单位有着广泛的产学研合作，包括联合培养研究生，这些集团及其下属单位既是学生实践教学基地，同时也是吸纳我校毕业生

就业的主要渠道。以中国兵器工业集团公司为例，仅“十一五”以来，学校就与兵器工业集团公司所属企业签订科技合作项目450余项。

学校连续多年举办“将军论坛”活动，邀请部队首长、英雄模范以及长期战斗在国防工业战线的校友来校作报告、与学生座谈，鼓舞学生。为鼓励大学生到部队基层就业，自2009年3月开始，学校全面开展“当代革命军人核心价值观引领我成长”主题教育系列活动。学校就业指导中心每年都举办“走近军工企业”系列就业指导讲座，邀请国防企业人力资源负责人介绍企业的基本情况。学校还在学生中间开展“国防教育月”系列活动、“国防知识竞赛”活动，等等。在校园网首页上，大力宣传毕业生在国防战线上的先进事迹，通过师生身边和校友的先进典型事迹，教育激励师生员工献身国防事业，营造了良好的校园文化氛围。

每年进入招聘“旺季”，学校总是在时间和场地等方面优先安排国防企业进校园举办招聘会，保证国防单位优先挑选优秀毕业生。通过一系列卓有成效的努力，在就业已经完全市场化的今天，毕业生在国防行业就业人数始终保持较高比例，为我国的国防事业提供了有力的人才保障。近五年，学校向总参谋部系统输送毕业生在全国高校中排名第一，向中国兵器工业集团、中国兵器装备集团输送毕业生在全国重点高校中排名第一，向中国航天科工集团、中国航天科技集团输送毕业生一直在全国高校中名列前四。学校也因此多次获得“向国防系统输送毕业生先进单位”和“航天人才贡献奖”等多项奖励。

二、以提升竞争力为核心，开展就业指导

学校积极开展职业生涯规划指导，以提升毕业生就业竞争力。目前学校依托各专业学院开设的就业选修课程主要有《大学生职业生涯规划》、《教育与就业》、《社交礼仪》、《职业生涯开发与管理》、《组织人力资源》、《科技创业》、《人际关系心理学》等课程。2009年11月，学校借鉴香港模式开设了实验性质的“面试工作坊”、“简历诊

断工作坊”，采取小班教学，受到了同学们的热烈欢迎。除此之外，我校还开展了“赢在起跑线”系列讲座、“就业指南针”系列职前培训。

2010年推出“就业咨询个体服务年”，在提供日常咨询服务之外，每天下午由就业指导中心与至少两个学院就业工作人员在就业指导咨询室联合为毕业生答疑解惑。

三、以市场建设为基础，实现毕业生满意就业

学校始终坚持“走出去、请进来”的原则，发掘就业市场，努力拓宽就业渠道，积极做好重点地区、重点行业和重点单位走访调研和毕业生推荐工作。我校就业工作人员每年春季和秋季都要赴全国各地走访调研用人单位，加深学校与单位的联系，建立长期的友好合作关系。

为了方便学生与用人单位间的相互了解和双向选择，学校积极邀请和组织用人单位召开校园招聘会。例如2009年10月到2010年6月，学校为2010届毕业生召开小型专场招聘会310场次，2010年10月至今，已为2011届毕业生举办小型专场招聘会390场次。与此同时，

学校平均每年召开 30 家以上用人单位参加的中型招聘会 10 场次左右，参会单位 200 家以上的大型招聘会每年 2—3 场次。每年参会单位都会超过 1000 家，大量的岗位需求为实现毕业生即时就业、满意就业创造了良好的条件。

四、以创业教育为突破，拓展成才新途径

学校高度重视大学生自主创业，对有创业梦想的同学尽量提供支持与服务。2009 年 6 月，学校与易才集团合作，共同成立国内第一个校企共建的创业中心："北京理工大学——易才大学生创业中心"，在大学生当中普及创业知识，开展创业教育、创业培训和创业研究。从 2009 年起，由易才集团每年投入 20 万元支持创业中心的工作，5 年共计 100 万元。中心成立后即大力开展创业咨询和"我的未来我做主"系列创业培训。2010 年 6 月 22 日，学校与全国高校学生信息咨询与就业指导中心、易才集团共同启动了"易梦想、易成就"全国大学生创业大赛。创业大赛的成功举办，对全国高校大学生创业起到了很好的带动作用，同时作为北京市首批"示范性就业中心"，也充分发挥了北京理工大学的示范作用。

最近几年，毕业生当中出现了很多创业典型。例如 2008 年软件学院毕业生陈志

欢，创立北京君海安全与防务科技有限公司，注册资本三千万；2009 年人文学院毕业生蔡若兰成立“京楚盛世（北京）文化传媒有限公司”；2010 年管理学院毕业生朱林俊，在校期间即成立了“上海靖博机电设备有限公司”，公司累计签订合同已超过两千万元，当年就实现盈利；2010 年机电学院毕业生杨振磊，成立了“蒙源瑞景科技有限公司”，半年已盈利 20 万元。北京理工大学大学生创业中心的合作伙伴，易才集团的总裁李浩本人也是北京理工大学的毕业生，其公司目前已成长为亚洲最大的人力资源外包服务商。

五、就业管理、服务信息化程度高

学校就业网站——“京工英华网”自 2001 年启用，率先在北京高校中实现了网上签约管理功能，校、院两级就业工作教师都可及时核对学生和单位签约信息、在线统计就业情况，掌握全校就业动态。网站自 2009 年投入 10 万元升级改造，目前已发展成为集就业信息发布、网络学堂、学生职业测评、学生与企业互动、签约管理等多种功能为一体的就业指导信息网站，学生可在线填写个人简历，向网上注册单位投递简历，也可在线留言、申请就业指导。2010 年，网上发布超过 2000 多家单位的用人信息，提供的就业岗位近 30000 个，供需比达 1∶5。

六、学院作用大，就业工作全员化水平高

学校不断完善校、院两级就业指导服务机构，在规模较大学院（例如车辆学院、管理学院等）成立专门的就业办公室，发挥基层学院的作用，推进就业全员化水平。主要表现在两个方面：

一是招生就业教学一体化建设。从组织架构上，院系分管就业的书记同时分管招生、维稳、思想教育等工作（部分副书记还分管教学），承担学生工作的老师理论研究水平要求高，大部分还要承担一定的教学工作；从工作程序上，就业状况定期反馈给招生教学工作相关部门，并依此修改招生教学计划；从绩效考核上，一方面承担学生工作的辅导员每年必须发表一定数量的学术论文；另一方面将是否从事过学生工作、学生工作成效好坏作为专业教师职称评定的硬性指标。

二是就业导师制。从2004年开始，每年坚持推行“就业导师”制度。每个学院按照一定师生比例选派责任心强、有就业指导经验的老师担任就业导师，直接负责一部分学生的就业问题。这项工作的开展使学生就业问题有了最直接的联系人，把就业指导工作落到了实处。

立足行业特色　创新人才培养
全面提升毕业生就业工作质量与水平

华北电力大学

华北电力大学是由教育部与国家电网公司等七大电力企业集团组成的校理事会共建的全国“211工程”重点建设高校，也是实现两地实质性一体化办学的全国重点大学。建校五十余年来，学校已为我国电力等相关行业输送了十多万毕业生，他们中许多人已经成为相应领域的优秀拔尖人才，成为我国电力行业的骨干力量，为国家电力工业和社会经济的发展做出了巨大贡献。学校招生质量、人才培养质量和就业质量逐年提高，学生就业整体呈现出毕业生就业率高，到西部、基层就业比例高，需求量大，违约、改派率低的良好局面。浓郁的电力行业背景和独特的校园管理体制孕育了华北电力大学特色鲜明的人才培养模式以及毕业生就业工作。总结起来，主要有以下五点：

一、构建与时俱进的“大电力”学科体系

学校立足能源电力与社会经济发展需求，不断优化学科体系和专业结构，逐步形成并深化了“以优势学科为基础，以新兴能源学科为重点，以文理学科为支撑”的“大电力”学科特色办学体系。学校在招生规模、培养模式、学科专业结构等方面与毕

业生就业状况紧密挂钩，对就业率持续走低的专业采取停招、缓招或隔年招生的措施。学校2004年组建国内第五个核工程与核技术专业，2006年设立全国首个风能与动力工程专业，2007年成立了全国首家可再生能源学院，2010年创建能源与环境研究院，并增设了新能源材料与器件、新能源科学与工程、智能电网信息工程和能源化学工程四个专业，2011年又增设了核反应堆工程专业，使学校学科体系从以火电为核心，扩展到集火电、核电、水电及风电为一体的电力学科群。

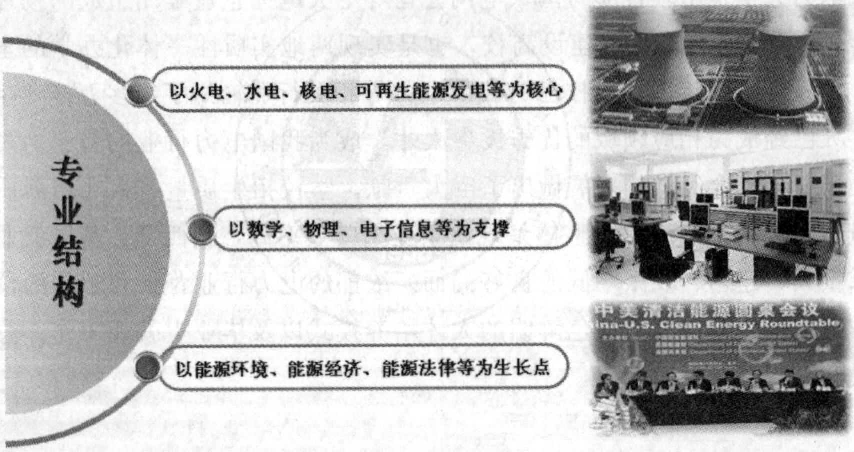

由于新设专业设置符合社会发展需求和国家人才战略需要，相关专业的毕业生需求旺盛。2010年全国首届风能与动力工程专业及核工程与核技术专业落实率达到100%；2010年风能与动力工程专业上研率也达到了46.67%；水利水电工程专业落实率及就业率近三年来均排在各专业前列。

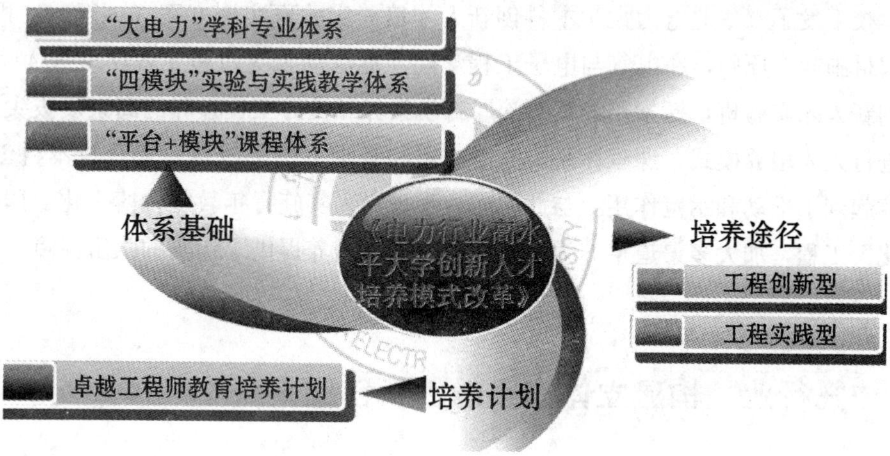

二、打造适应学校办学特色和社会需求的创新型人才培养模式

学校构建了"基本实验教学"、"校内实践教学"、"仿真教学"和"校外工程实践教学"的"四模块"教育教学模式。在此基础上，学校申报的《电力行业高水平大学创新人才培养模式改革》项目，已获准成为国家教育体制改革试点项目。

该项目以"大电力"学科专业体系、"平台＋模块"课程体系、"四模块"实验与实践教学体系为基础，通过"卓越工程师教育培养计划"，以"工程创新型"、"工程实践型"的人才培养模式，有针对性地培养未来行业领军人物和工程科学家，培养高层次研发、设计型工程技术人才。华北电力大学毕业生因"作风扎实、动手能力强、有较强的创新精神"搏得电力企业及其他用人单位的广泛赞誉。

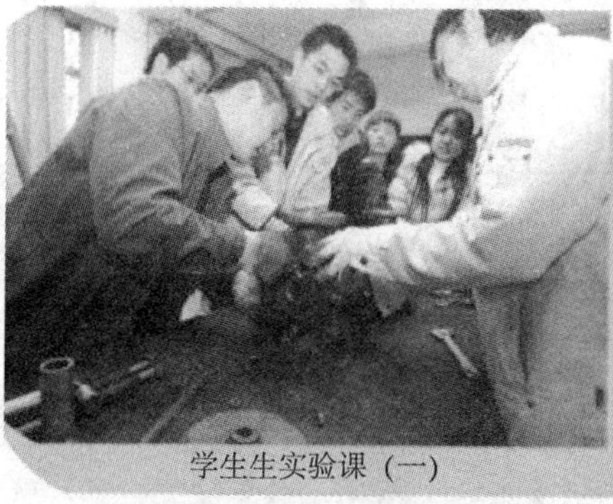
学生生实验课（一）

学生生实验课（二）

学校下发了《华北电力大学本科创新人才培养实验班实施方案（试行）》，积极贯彻“因材施教”原则，在电气与电子工程学院、能源动力与机械工程学院等 4 个院系设立创新人才实验班，探索培养具有深厚科学素养和良好工程素养的高素质拔尖人才，同时进行人才培养模式、课程体系、教学内容和教学方法的改革，为全校本科创新人才培养起到了推动和示范作用。与此同时，学校深入实施青年教师“博士化、国际化、工程化”工程，加大多渠道培养力度，为学校人才培养提供了切实的队伍保障。

三、依托行业，构建立体交互的创新创业平台

学校充分依托行业办学优势，建立覆盖全国各地的校友会网络，利用校友会的桥梁纽带作用，大力整合企业和校友资源。学校以华电校友创业者俱乐部为基地，充分发挥创业俱乐部的带动作用和辐射作用。自 2006 年成立以来，华北电力大学校友创业者俱乐部已经发展为包括 30 多家企业、公司成员在内的创业基地，为我校毕业生创业搭建了十分有意义的支持平台，也给学生树立创新创业理念、勇于创业给予了巨大的鼓励和支持。

学校高度重视创业创新人才的培养，通过系列举措，形成多层次、多模块、立体化的创业创新平台。学校以创业计划大赛和科技创新大赛为契机，培养学生创业创新意识；以创业校友俱乐部为基地，发挥辐射、示范作用；以一批创新实践基地（教育部 科技部高校学生科技创业实习基地、红色中关村希望工程校企创新人才培养基地、电力人才网络联盟校园招聘基地、校内物理创新实践基地、仿真与控制创新实践基地等）为依托，开展创业创新教

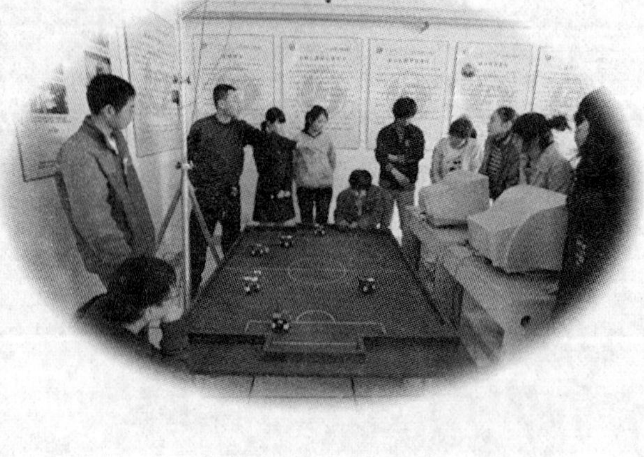

育；以各类校外创业创新基地为载体（如大学科技园、中国电谷、研究生工作站等），为学生提供实践、实战的机会；以各种创业创新俱乐部（如KAB俱乐部、智能汽车俱乐部、机器人俱乐部等）、工作坊（如摩尔工作坊、Dreamtech工作坊等）为发散点，为学生提供展示的舞台。

四、开展多样化、深层次、全方位的校企合作

学校进一步深化“走校企合作兴校之路”发展战略，在多年实践与积累基础上，《改革行业背景高校校企合作模式与机制》项目成为获批国家教育体制改革首批试点中唯一的校企合作项目。

首先，学校和企业实行订单培养机制，联合培养电力人才。2005年开始，我校与广东核电集团联合培养核电方向本科生，电气工程及其自动化、热能与动力工程、自动化等专业的部分优秀本科生在第四年进入广东核电集团核电学院学习，接受核电工程的理论和实践教育，毕业后进入中广核集团工作。学校先后还同中国大唐集团、中国电力投资集团以及上海电气电站等企业开展此类模式的联合培养，为相关电力行业企业输送了大批从事工程技术应用的高素质实践型人才。

学校与中广核联合培养签约仪式

学校与上海电气电站工程公司联合培养签约仪式

中天科技集团领导与华电学子交流座谈

其次，校企合作为学校提供了大量优质的职业体验机会，通过“暑期职业体验”使学生充分了解行业企业，更有针对性地做好就业准备，找到理论与实际的差距；此外，通过搭建高水平的科研和工程实践平台，不断探索校企联合研究生工作站建设的新机制，有效实现学校和企业的优势互补，理论知识和工程实践的有机融合。目前，华北电力大学建立的研究生工作站已达到46家，这种模式充分发挥校企双方在产学研和人才培养上的各自优势，提高研究生在服务生产中创新能力，在创新型人才和应用型人才培养中取得了显著成效，为国家研究生教育改革特别是大力发展专业学位教育起到了示范作用。

第三，通过校企合作来构建多样化、精细化、专业化的职业辅导和就业指导途径。学校分别与华北电网有限公司、施耐德电气中国投资有限公司、中国风电集团等大型企业集团成立了英才俱乐部，邀请了一批曾长期工作在电力企业一线，有丰富理论与实践经验的企业人力资源专家担任我校职业生涯发展兼职教授，帮助在校学生建立正确的职业发展观、为学生提供择业就业的相关资源、提高学生就业竞争力。

五、建设开放性的电力人才招聘基地

学校依托行业优势，倾力打造电力人才招聘基地。电力人才招聘基地向全社会开放，信息公开，不设门槛。每年有几百家电力行业的企业到学校组织招聘，包括近 30 家省网公司、五大发电集团、各核电集团公司、绝大多数的电力设备制造商和施耐德等知名电力行业外企；每年都有来自包括清华大学在内的各北京理工院校以及全国各地高校的应届毕业生来我校参加各种企业的笔试和面试。

学校倾力打造电力人才信息中心，就业中心的信息服务面向全国各院校，提供各电力行业企业的用人单位信息；同时面向所有电力行业企业，为他们提供涉电高校学

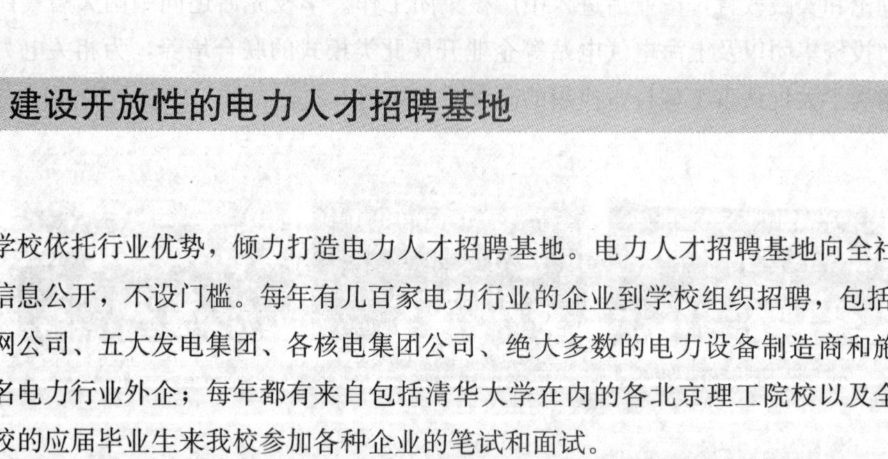

毕业生冬季大型双选会　　广东电网来校宣讲

生的相关就业信息。

2007年我校联合国家电网公司发起了首届电力人才就业论坛，这也是全国唯一一家行业内针对大学生就业的专项论坛。到2010年，论坛已经分别在北京、上海、湖北、山东和吉林召开了五届年会。参加的企业涉及国家电网公司以及下设各省电力公司、电力行业相关企业等。参加的高校涉及清华大学、浙江大学、上海交大、西安交大、北京交大、重庆大学、武汉大学、山东大学等985、211工程院校，还有东北电力大学、上海电力学院、三峡大学、长沙理工大学等电力特色院校。电力人才就业论坛和“电力人才网络联盟”，已经成为电力企业与高校之间，以及相关高校相互之间的一个重要的桥梁和纽带，发挥着信息交流、工作交流、情感交流的高层平台作用。华北电力大学已经成为国内电力行业企业的人才招聘基地和信息交流中心。

校领导出席历届电力人才就业论坛

完善工作体系　提高工作质量 为国家生态建设输送合格人才

北京林业大学

北京林业大学是教育部直属、教育部与国家林业局共建的全国重点大学。经过六十年的发展，学校现已成为以林学、生物学、林业工程学为特色，农、理、工、管、经、文、法、哲、教相结合的多科性协调发展的211工程大学。学校现有13个学院，35个博士点，73个硕士点，53个本科专业及方向，有在校生21510人，其中本科生12993人，研究生3275人，各类继续教育学生4294人，非计划招生高等教育学生中在职人员攻读硕士学位948人。

学校由招生就业处和研究生工作部牵头负责就业工作，并在学院设立了院级就业服务中心，配备专职人员，实行就业工作两级管理。校级就业工作部门共有专职工作人员8名，各学院专职人员33人。校级就业工作场地现有944平方米，建有就业服务与指导办公室、招聘面试室、用人单位宣讲厅、网络面试室、招聘洽谈室、资料查阅室等。

学校就业率始终位于北京地区高校平均水平以上，就业质量保持较高水平。2006年、2009年两次被市教委评为北京地区高校毕业生就业工作先进集体，2008年被市教委评为首批北京地区高校示范性就业指导中心。

一、招生培养就业联动，提高人才质量，实现就业可持续发展

学校充分认识到，必须着力提高人才培养质量，实现招生培养和就业的联动，才

能实现就业工作的科学发展。

1. 完善三项机制，发挥联动效应

（1）就业状况反馈机制。每年定期开展五类就业问卷调查，包括在校生职业规划现状调查、毕业生择业意向调查、毕业生签约情况调查、毕业生跟踪调查和未就业毕业生跟踪服务调查。2008年起，学校开始编制《北京林业大学就业状况白皮书》，系统整理了毕业生地区流向、行业流向、单位性质、上研出国情况、各专业就业率、供需情况、薪酬情况、专业相关性等，为人才培养改革提供了重要参考依据。学校主管领导每年带领就业工作人员与各学院负责人和学科教师座谈，此外还不定期召开人才培养和就业工作联席会议。

学校每年召开就业工作会，总结表彰就业工作

（2）人才培养导向机制。一是学校将培养行业领军人才作为重要的人才培养目标。开办了全国林业院校中唯一的国家理科生物学基地班；同时以本科“梁希实验班”为载体，建设“高等林业教育拔尖创新人才培养基地”。二是着重培养大学生创新能力，以此为导向提高学生就业能力。充分利用国家、北京市和学校大学生科研训练计划等平台，培养学生创新能力。学生在省部级以上高水平学科竞赛中，近三年累计获得奖项近400项。特别是在联合国教科文组织举办的“世界大学生风景园林设计大赛”和“世界大学生建筑设计大赛”，以及国际建筑师及大学生建筑设计赛等国际设计大赛中频获金奖。

（3）专业建设调控机制。立足行业发展，结合就业状况，在广泛调研基础上，适时调整专业方向、办学规模和教学内容。近年来，学校对八个学院的14个专业进行了调整，并整合成立两个新的学院，以适应社会发展需求。对三个专业进行了减招，对五个专业进行了方向调整。

2. 多种措施并举，实现良性互动

（1）以社会需求为导向，调整教学计划。各学院从行业需求出发，强化专业技能培养。如水保学院利用就业走访、学术会议等各种机会，了解行业对人才的需求；信息学院、理学院在教学检查、调整教学计划的过程中，邀请就业工作人员和毕业生参

加；理学院电子专业，设立八周的创新性实验课程等。

(2) 以教书育人为宗旨，发挥教师作用。学校强调教师特别是专业教师在就业指导中发挥作用，在讲授专业课的同时，帮助学生树立良好的规划意识，传授为人处世的道理。如信息学院、外语学院教师将就业指导内容纳入专业概论教学；理学院加强了数学专业的选课指导；自然保护区等多个学院将学生的教学实习与职业能力培养结合起来。

(3) 以强化能力为目的，加强实践教学。工学院、经管学院、园林学院、生物学院深化专业与市场对接，建立了一批融科研、教学、就业于一体的实习基地；水保学院加大了有关水保方案编制、监测监理等内容的教学；信息学院与北京市科委共建大学生实践平台，选派大学生参与实习实践；理学院要求低年级的学生全员参与就业实习，并组织经验交流分享会；而教学部门与就业部门通力合作，与各地方、各重点单位共建教学实习与就业实践基地146家，连续八年开展就业实践双选会，受益学生总计超过6000人。

二、推进就业引导战略，服务行业发展，为绿色事业输送人才

作为行业特色鲜明的重点大学，学校积极引导毕业生走上行业发展主战场，实现人才的合理配置和行业布局。

1. 发起成立林业院校就业协作组，构建高校和行业的沟通平台

2009年11月，由我校发起的全国林业行业大学生就业工作协作会召开，签署了《全国林业院校大学生就业工作协作倡议书》。林业高校与林业相关政府部门、产业协会建立起密切联系，大力推动了就业工作。学校还连续多年与国家林业局人才交流中心合作，召开校企高峰论坛，举办全国性质的林业招聘会。

2. 建立就业组长分省责任制，拓展行业主流市场

由各学院主责，建立分省就业工作责任制，重点联系各省林业、水利、环保、园林等主管部门，进一步加强了与主流行业和重点单位的联络。每年走访十余个省份，走访重点单位上百家。

3. 把握部部共建良好契机，畅通到基层工作的新渠道

通过我校的积极努力，教育部、国家林业局将进一步共建北京林业大学、东北林业大学、西北农林科技大学等三所高校。根据签署的协议书，两部将进一步加强有关林业学科的建设，同时设立“林业基层场站大学生”计划，并出台政策，吸引大学毕业生到林业基层和各级林业科研推广机构工作。为毕业生去到基层、到林业一线就业开辟了新的途径。

我校发起召开全国林业行业大学生就业工作协作会

组织林业行业的知名企业来我校招聘人才

三、创新就业教育体系，提高指导水平，倡导就业科学化精细化

学校始终把就业教育指导放到重要位置，对在校学生给予全程关注，开展分类指导，构建了全程化、科学化、精细化就业指导体系。特别是按照专业特点开展就业指导，提高了就业指导的专业化水平。

对246名班级干部进行生涯规划培训，并通过他们带动全校学生对职业生涯规划的重视

1. 以课程教育为主线，实现指导全程化

新生入学就业教育、一年级《专业概论》、二年级《职业生涯规划》、三年级就业实践、四年级《就业指导》，都是必修

课。还开设《成功学》、《创新学》、《发展与就业》等公共选修课、专业选修课，课程共计42学时。

2. 以咨询辅导为补充，实现指导个性化

学校就业服务中心设有指导信箱、在线咨询、网络留言板等多种方式，特别是开展个性化预约咨询。此外，校就业服务中心还引进了网络职业测评系统，供全校学生免费使用。

3. 以丰富的就业活动为载体，实现指导日常化

开展了大量就业指导活动，每年举办“就业指导月”和“职业发展月”活动30余场，每年对近300名学生骨干进行生涯规划培训，并引导学生参与就业实践，实施体验式教育。

4. 以分专业就业指导为特色，实现指导精细化

为了加强对不同专业学生的精细化指导，学校就业服务中心组织各学院编写了《分专业职业生涯规划与就业指导大纲》。详细分析每个专业的特点和就业情况，制定有针对性的、个性化的、贯穿大学四年的职业规划与就业指导大纲，深入开展分专业的就业指导，使就业指导工作趋向“精细化”，更富有针对性。

四、优化就业服务水平，覆盖重点人群，落实就业“阳光工程”

学校不断优化就业服务，一方面加大了信息化建设的步伐，推动就业服务的现代化；同时实施就业“阳光工程”，对就业有困难的毕业生逐一关心帮扶，确保了就业稳定发展。

1. 全面覆盖，阳光普照，困难群体帮扶到位

一是按困难学生类型对困难学生分别建立档案。二是完善就业援助和心理咨询服

务手段，确保每个人至少有一次被推荐择业的机会。三是推进“百万扶助计划”，每年筹募100万帮扶基金，用于帮扶困难群体就业。四是全程注重对困难群体就业能力的培养。困难毕业生就业状况好，历年来均超过全校平均水平。

学校通过各种途径帮扶就业困难毕业生

2. 格外重视，特别关注，特殊类型学生关爱到位

我校对西藏定向生、西藏内地班、新疆内地班、新疆预科班、国防生等特殊类型毕业生的就业工作格外重视。一方面，学校注重对这些群体在校期间的培养和帮扶工作。第二方面，召开高规格欢送会，学校党政一把手为他们赴任送行，发放补助金和路费。第三方面，学校连续三年派人赴西藏相关政府部门联络，解决他们的就业安置问题，这在招收定向西藏学生的内地高校中是唯一的高校。

校领导率队赴新疆商讨内高班学生的培养事宜

五、就业状况良好，工作成果丰硕，社会满意度高

学校就业工作取得了显著的成绩，主要体现在：

1. 就业状况良好：就业率、签约率较高

10届毕业生本科就业率94.65%，签约率74.12%；研究生就业率97.16%，签约率 89.63%。困难群体本科毕业生就业率 98.62%，签约率 88.41%。

2. 工作成果丰硕

2009 年 1 人被评为教育部高校毕业生就业工作先进个人称号，2 人获北京地区高校毕业生就业工作先进个人称号。2006 年来就业工作发表论文 40 篇。本科生就业工作一篇论文荣获 2007 年全国高校就业研究论文一等奖；三篇论文荣获三等奖。研究生就业工作一篇论文荣获中国教育学会优秀论文一等奖；一篇论文荣获北京高教学会优秀论文二等奖；一篇论文荣获中国林业教育学会优秀论文三等奖。我校联合十余所农林院校，主编的《全国农林院校毕业生就业指导和职业生涯规划教材（农林院校版）》、《大学生就业与创业指导教程（农林院校版）》由中国传媒大学出版社出版，我校担任副主编的《北京地区高校毕业生就业指导实用手册》已由宇航出版社出版。

3. 社会满意度高

2008 年零点集团、盖洛普公司（ Gallup ）和麦可思的调查显示，我校学生毕业时工作能力在首都 211 院校排名第 3；就业辅导有效性排名第 4。而麦可思 2009 年《中国大学生就业报告》显示，我校毕业生就业能力排名全国 211 院校第 44 位，农林院校第 1 位；毕业生求职服务接受程度位列 211 院校（含“985”院校）第 4 位，北京地区第 2 位，全国农林院校第 1 位。我校毕业生的平均求职成本低，排北京高校倒数第 7 位。而近年来用人单位对我校就业工作满意度均超过 90%。

深化改革　搭建平台
不断提高就业工作的科学化水平

北京师范大学

北京师范大学是教育部直属重点大学，是国家“985工程”和“211工程”重点建设高校。学校的前身是1902年创立的京师大学堂师范馆，1908年改称京师优级师范学堂，独立设校。1923年更名为北京师范大学，成为中国历史上第一所师范大学。

在新的发展时期，北京师范大学顺应国家的重大战略需求和国际高等教育的发展趋势，确立了建设“综合性、有特色、研究型世界知名高水平大学”的战略目标，逐步推进由传统高师向综合性研究型大学的战略转型。近年来，学校通过深化教育教学改革，创新人才培养模式，建立培养与就业有机联动的工作机制，搭建社会实践和创业教育平台，不断提升就业工作的科学化水平，为国家发展培养和输送了大批具有良好的人文与科学素养、宽厚的专业基础、开阔的国际视野、勇于实践的创新型高级专门人才。

学校现有全日制在校生21061人，其中普通本科生8746人、硕士生7499人、博士生2956人、留学生1860人。2010年，全日制在校生招生数总计6863人，其中普通本科生2212人、硕士生2741人、博士生758人、外国留学生1152人。2010届毕业生全员就业率为98.26%，其中，本科生为99.16%，研究生为97.61%。2009年，学生就业指导中心荣获“北京地区高校示范性就业中心”、“北京地区高校毕业生就业工作先进集体”称号。2011年，荣获“全国50所毕业生就业典型经验高校”称号。

一、深化教育教学改革，不断提高培养质量，建立毕业生就业和人才培养的良性互动机制

“十一五”期间，我校紧抓实施“质量工程”、落实免费师范生政策和推进研究生培养机制改革的契机，以“提高质量，强化特色”为主线，以“稳定规模、优化结构、突出特色、自主创新”为发展思路，深化学科、专业、类型结构调整，全面推进创新型人才培养体制改革，学生的学习能力、创新能力、实践能力和社会适应能力明显增强。

1. 以就业和社会需求为导向，推动本科生人才培养模式改革

学校积极推进教育教学改革，不断提高人才培养质量，在“十一五”期间投入7000余万元立项建设各级“质量工程”项目，投入5000万元建设教师教育创新平台。学校依托优势学科，在通识教育、创新教育、教师教育、弹性学习的理论研究和实践探索基础上，构建了创新型人才的培养体系（详见图1）和“4＋x”的多元化教师培养模式（详见图2）。

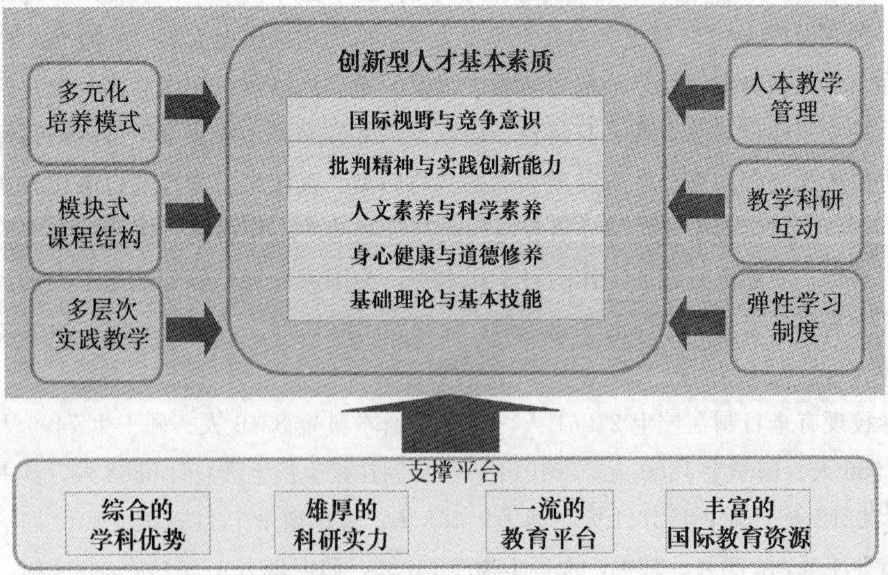

图1　创新型人才培养体系

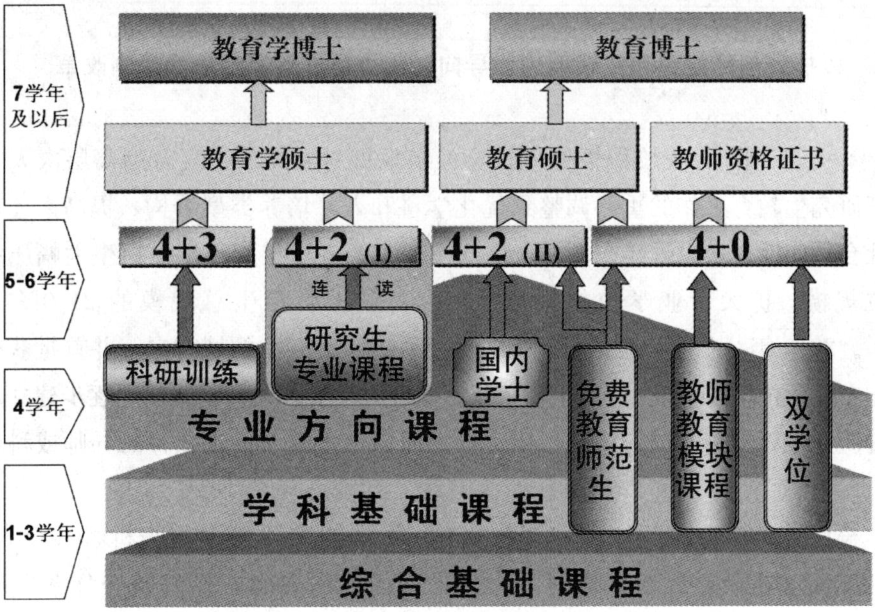

图2 "4+x"的多元化教师培养模式

学校每年根据社会需求、就业情况和学科特点，对本科人才培养方案进行调整，每4－6年进行一次全面修订。通过学科专业的调整与重组，巩固基础学科、强化优势学科、扶持新兴学科，有重点地发展应用性强的社会科学和高新技术学科专业。同时，对一些不能很好适应社会需求的专业，采取限制招生规模或合并、暂停招生，直至撤销专业设置的措施，使培养与社会需求紧密挂钩，良性互动。

我校认真落实国家师范生免费教育政策，成立教育学部和教师教育学院，深化教师教育改革，创新教师培养模式，增强服务国家战略的能力。为提高免费师范生的教育教学实践能力，学校大力加强教育见习、实习基地和学科教学实验室建设，已建立"京师教育创新实验区"、"华北教育创新实验区"、"西部生源地教育创新实验区"等52个教育实习基地。同时，加强教师教育专业建设，在招收免费师范生的14个专业中，有13个专业成为教育部质量工程特色专业建设点。加大教师教育课程体系建设力度，每年约有40％的非免费师范生通过修读教师教育模块课程获得教师资格认证。在毕业生就业去向多元化的同时，教育行业仍是我校毕业生就业的主导行业，2010年本科生考研与出国率达50％以上，在其他签约就业学生中，在基础教育单位就业的达到了56.72％。

2. 以提升创新能力和实践能力为导向，大力推进研究生培养机制改革

“十一五”期间，我校积极适应社会经济发展对实践型、复合型高层次人才的需求，把研究生教育工作的重心调整到优化学科和人才培养类型结构，提高人才培养质量和社会适应性上来。近年来，博士生规模基本保持稳定，硕士生招生大幅压缩学术型学位规模，扩大专业学位招生规模，由占硕士生招生总规模的21.0%上升到46.5%。2010年，专业学位增长到14个类型，涉及40个领域方向，并首批获得了教育博士专业学位培养资质。自2008年开始推进研究生培养机制改革，逐步建立起较为合理的研究生教育资源调配机制，招生计划面向承担重大科研项目的导师或科研团队倾斜。

学校以“985工程”二期和“211工程”三期专项建设为契机，共投入3000万元用于研究生教育改革。同时，大力推进国际化战略，着力做好公派出国留学生项目，培养了一批具有国际学术视野和较强就业竞争能力的创新型人才。截至2010年底，共选派504人参加公派出国项目，派往世界排名前150位大学的约占80%。其中，2009-2010年国家公派研究生共毕业116人（均为联合培养博士生），在高教科研系统就业74人，占72.4%；事业单位13人，国家机关5人，公司企业4人。

二、加强教育引导，积极搭建平台，不断促进创业教育

为了加强实践教学和创业教育工作，学校通过开设职业规划和创业课程、开展多样化的创业主题校园活动，搭建起创新创业素质的培育平台；通过建立多种类型的实践基地，开展丰富多彩的社会实践活动，提升学生的实践能力；通过国家大学科技园孵化基地，搭建创业团队和创业项目的发展平台，不断提升大学生的自主创业能力。

学校建立起分层分类、通识培养与专业指导相结合的职业规划课程体系。第一层，作为形势政策课的必修内容，面向全体本科生进行全程化的生涯规划和就业创业教育；第二层，开设系列选修课程，以小班授课、互动教学的方式进行专业指导；第三层，面向院系，结合学科和专业特点，开展针对性的辅导。学校还开设《创业学》和《创业学导论》等创业课程，着力培养学生的创业意识和创业能力。

我校积极培养创业人才，在第六届“挑战杯”全国大学生创业计划竞赛上，取得一金两银的优异成绩，在第六届首都挑战杯中，奖牌总数名列首都高校第一名。2008-2010年我校共有120个项目获得“北京市大学生科学研究与创业行动计划”立项。学校投入300万元建设院系生活指导室，推出了“求职面对面——就业辅导”系列活动。举办职业生涯规划节、求职力建设系列讲座、模拟面试大赛等活动，开展面向师范生的职业技能教育论坛和比赛，面向非师范生的大学生职业技能教育论坛和比赛，形成了鼓励创新创业的校园氛围。

学校开展暑期社会实践、寒假返乡调研、“红色1+1”和博士生挂职锻炼等多种社会实践活动，引导学生在社会实践和志愿服务中深入基层、服务社会。2008-2010年，共选派107名博士生和博士后参加北京市挂职锻炼。学校不断完善实践教学体系，加强实践教学基地建设，截至目前，已经建成各类实践基地229所，其中教育教学实践基地104所，专业实习实践基地125所。

创建于1999年的北京师范大学国家大学科技园，在高校科技园中率先创建了大学生创业教育培训示范基地，为大学生提供实习、实训、就业、创业的综合服务。2010年5月，“北师大科技园大学生创业教育培训示范基地建设”被评为科技部火炬计划项目；10月，被科技部、教育部联合认定为全国第一批“高校学生科技创业实习基地”。2011年1月，园区组织召开了大学生就业创业工作企业家研讨会。园区还邀请“北师大科技园创业者俱乐部”中的优秀企业家担任大学生的创业导师，对有创业意向的大学生开展专业化的指导。

三、统筹规划，创新机制，不断提高就业工作的科学化水平

我校的就业工作坚持落实“一把手工程”，借助校内外资源，引导毕业生面向未来、面向西部和基层、面向教育系统择业，加强全程化、全员化、信息化、专业化“四化”建设，推动就业工作科学、系统、纵深发展。

1. 就业机制长效化

学校建立了校院两级就业工作领导体制和就业工作体系（详见图3），切实落实“一把手工程”，要求各职能部门和教学单位、党团组织分工配合，有机联动，形成了各部门合力促就业的良好局面。学校建立了就业标准化服务体系和就业推进的定期汇

报制度，每年开展学生就业工作评分和就业工作的总结评优工作，促进了就业工作的标准化建设，建立起促进就业工作的长效机制。

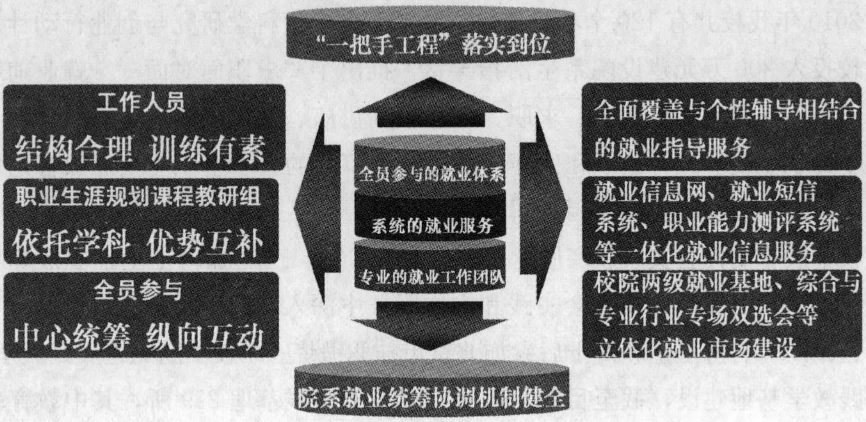

图3 北京师范大学就业工作体系

我校开展就业情况调查研究，以研究促工作，编撰了《北京师范大学就业状况白皮书（2007-2010）》，各院系也分别撰写就业白皮书。我校联合5所部属师范大学编撰出版《师范生职业发展与就业指导》，对师范生的就业指导工作提出了全程化、针对性的解决方案。

2. 咨询服务人本化

我校紧密结合学生的就业需求，以咨询辅导的科学化和人本化为目标，在工作日咨询服务的基础上，开展全天候预约咨询服务，提供范围广泛、内容丰富、时效性强的就业指导，及时疏导和解决学生在求职心理和技能方面的问题。同时，加强咨询辅导人员专业化建设，不断提高咨询服务的质量。我校的咨询辅导队伍由业界知名学者侯志瑾副教授担任督导，10名心理学院的咨询员和学生就业指导中心的工作人员参与具体工作。

3. 信息服务精细化

我校加强信息传递的主渠道建设，借助就业信息网、就业信息电子直通车等媒介，使就业信息直接传递到各院系分党委、分团委主要负责人和毕业生代表手中。通过分地域、分职业领域、分专业需求等方式逐步加强信息分类服务；通过手机短信平台、电话、电子邮件、QQ群、飞信等形式把就业实习信息直接发给学生，实现信息服务的精细化。2010年，共发短信230529条。就业信息网面向2010届毕业生共发布3199条招聘信息，提供应聘岗位63300个，学生累计点击率693448次。建立在学生宿舍区的大型显示屏滚动播放就业信息，及时有效传递给学生。

4. 市场建设多元化

学校深度挖掘校内外资源，广开就业渠道，开办多种类型的招聘会。2010年，主办两场大型综合招聘会、多场中小型教师专场招聘会、校友专场招聘会、附属学校专场招聘会等，并与社会机构联合举办“研究生专场招聘会”、“高校教师专场招聘会”。根据行业特色，我校积极开展院系系列专场招聘会，为毕业生提供就业岗位。此外，学校制作2010届毕业生推介手册，实地走访、网络、邮件、电话、传真等多种方式向用人单位推介毕业生。对于比较热门的就业地区，学校联合院系组成毕业生异地推介与就业调研小组，在推介毕业生的同时，了解往届毕业生的上岗表现，加强与用人单位的交流，实现良性循环。

5. 就业帮扶个性化

我校实施“就业困难学生援助计划”，主要针对女大学毕业生、零就业家庭毕业生、经济困难家庭毕业生、地震受灾家庭毕业、考研落榜生以及身体残障毕业生等六类群体，安排专项经费用于减轻学生求职过程产生的路费、简历制作、电话费和着装购置费等经济负担，资助额度为每人每年500元左右。2010年，学校共资助了153名本科生和75名研究生，发放求职补贴总额超过10万元。为了减轻首届免费师范生回生源地求职就业的交通费负担，学校向194名学生发放就业补助，共计82400元。

学校还鼓励院系所根据自身特点，开展多样化的就业帮扶工作。比如，教育学部实施以“1＋1＋1”三结合的工作方式推进毕业生就业工作。1名学部领导加上1名学术机构负责人，配1名专职辅导员，共同对学术单位无就业意向的本、硕、博毕业生开展就业指导和帮扶，有力地提高了毕业生的就业竞争力。

秉承“外特精”办学理念 打造精细化服务模式 全面提升就业工作水平

北京外国语大学

北京外国语大学作为一所以外国语言文学学科为主体，文、法、经、管多学科协调发展的教育部直属、国家首批“211 工程”建设的全国重点大学，是目前我国高等院校中历史悠久、教授语种最多、办学层次齐全的外国语大学。学校就业工作多年来始终坚持“服务每个毕业生成长”的宗旨，大力加强组织领导，努力完善工作条件，积极探索就业指导与服务的新载体，不断推动就业工作再创新高。就业层次、就业质量长年保持在较高水平，就业率位于地区高校前列，2010 年被评为“北京地区高校示范性就业中心”。

近年来，学校将国际化人才培养与国家战略发展需求相结合，鲜明地提出“外特精”办学理念。“外”即外语，为立校之本；“特”即特色，北外学子以宽口径厚基础为特色；“精”即精英，是学校人才培养的目标。三者以外为本，以特为主，以精为要，培养自由往返于东西两种文化的高水平、国际化人才。

一、“就业是人才培养的重要环节”——先进理念深入人心

学校深入实施就业工作“一把手”工程，按要求实现了毕业生就业工作的专业化、

全员化、全程化、信息化“四化”，以及资金、人员、场地“三到位”。全校上下形成了“就业工作是人才培养的一个重要环节”的共识，以就业为导向，积极推进学校教育教学改革及招生模式改革。

有效整合全校教育资源，建立完善的“招生、教学、就业”联动机制，充分发挥“就业指挥棒”作用，将毕业生就业数据作为我校学科布局、专业设置、课程设计以及招生规模的重要评估指标。构建招生就业联合走访制度，增强招生就业良性互动。招生部门按照专业近几届毕业生就业情况为参考，调整当年该专业的招生人数、性别比例。此外，每年报考宣传时，学校都由招生和就业部门共同组队，向考生介绍招生专业的就业整体情况，帮助考生更具体的了解学校各专业的情况。

在教学培养环节，以社会需求和就业为导向，积极探索复合型人才培养路径，创办国际经济与贸易、金融学、外交学、法律、新闻等复合型人才培养新专业，推行主辅修、双学位制度。构建全校通识教育模式，引进校外优质教学资源，建设全校通开课程，积极开办学术讲座，将通识教育理念贯穿到学生课内课外的全过程。深化非通用语专业人才培养模式的改革，顺应国家战略发展需要，培养非通用语战略储备人才。此外，就业部门召开与用人单位的座谈、交流时，都会邀请教学部门参与，听取用人单位对学校教学育人环节的建议和意见，从而能不断改进教学，提升育人质量，使人才培养与市场需求结合的更为紧密。

根据学校外语小班教学、专业教师与毕业生接触较多这一特点，广泛动员专业教师参与就业工作。为奖励在就业工作中做出突出贡献的专业教师，北外设立了就业工作“桃李奖”，进一步增强了专业教师参与就业工作的积极性。院系还在本科生中试行“导师制”，聘请教授作为学生的成长导师，协助参与毕业生就业工作。学校不断加大针对专业教师的就业政策、理论技能的培训；定期召开就业工作座谈会，专门听取专业教师对就业工作的意见和建议，请他们从专业教学角度为就业工作出谋划策，使广大专业教师逐渐成为就业工作的重要力量。

在校园文化建设中，依托社会实践活动，利用“歆语工程”暑期社会实践、北京市多语言服务中心等载体，发挥第二课堂育人功效，开阔了我校学生的视野，启迪了学生的思维，增强了学生将专业知识转化为实践应用的能力。

二、精细化——服务每个毕业生成长

学校就业工作秉承“服务每个毕业生成长”的宗旨，将个性化指导与分类指导相结合，通过“一对一”深度辅导、专业化的职业咨询、分类、分阶段开展就业辅导工作，特别重视针对女生、经济困难学生等就业群体进行重点指导，帮助毕业生科学地认知自我和职场，合理规划职业生涯，以精细化的就业指导服务学生就业。

1. 深度辅导，全员覆盖

院系就业工作干部至少与每一位毕业生进行两次深度辅导，在毕业生求职的不同阶段，辅导员都能及时掌握毕业生思想动态，排查各阶段的就业困难群体，进行深度辅导；对于部分就业困难或弱势学生，院系干部还采取“结对子”的方式进行就业全过程及时跟踪。

2. “个性”帮扶，形式多样

就业指导工作突出对不同毕业生的“个性化”指导。针对女生、经济困难学生、心理问题学生开展不同形式的就业指导工作。举办“女大学生求职系列讲座”，为女大学生就业提供指导帮助；学校拨付专门补助款，用于经济困难毕业生到京外求职，解决他们的后顾之忧；定期开展针对毕业生的帮扶活动，缓解他们的心理压力。发挥学生职业社团的作用，开展内容新颖、覆盖面广、形式多样的就业辅导活动，将就业工作辐射到每位同学；就业指导中心、经济资助中心、团委等部门联动共同为学生，特别是就业困难学生开展就业帮扶。

3. 服务成长，专业支持

就业指导中心设有专业的“职业咨询室”，采取电话预约的方式，固定时间、固定地点为全校学生提供职业咨询服务，邀请职业咨询专家、企业人力资源负责人开展面对面服务，提供有关职业规划、求职技巧、简历制作、法律维权等内容的指导与咨询，在深层次上解决学生就业乃至职业发展方面遇到的困惑，引导他们成为自己生涯问题的专家。组织学生成立“朋辈辅导小组”，帮助学生缓解就业焦虑，解答就业困惑，以积极的状态面对求职与毕业。

4. 以点带面，辐射引导

组建毕业生党员志愿岗，发挥学生党员的先锋模范作用，通过组织成员协助处理办公室日常事务、服务用人单位及广大毕业生，提升了毕业生的道德水准和职业素养，以点带面，辐射引导更多的毕业生共同成长。7年来，志愿岗成员以其良好的职业形象、热情的服务赢得了普遍的赞誉，是学校就业工作与思想政治教育有效结合的成果，成为北外毕业生的一张名片。

三、服务国家战略，实现高质量、高层次、国际化就业——使命鼓舞人心

作为一所党在延安时期建设的学校，学校始终将服务国家战略、输送符合国家发展所需人才，作为自己的使命和追求，一批批北外人投身国家建设和发展的洪流之中。我校高扬爱国主义旗帜，倡导毕业生"胸怀祖国、服务人民"。以外交部为例，我校每年被录用的毕业生数量占到全部录用人员的近30%，这个数字在全国高校中居于首位。此外，新华社、中国日报社、国际广播电台等主要媒体也将我校确立为传媒传播类人才招录的主要基地之一。随着孔子学院的发展，每年有80余名毕业生前往世界各地进行对外汉语教学，服务国家战略大局。

近年来，面对全球化趋势，北外不断推进教育教学改革，坚持走科学发展的国际化道路，将国际化人才培养与外语高等教育相结合，积极借鉴世界一流大学的办学理念，学校与世界上60多个国家和地区的320所大学和文化机构建立了合作与交流关系。明确"外特精"人才培养理念，培养过程中采用"7＋1"模式，即每个非通用语专业学生4年期间7个学期在北外，1个学期在海外。

通过不断努力，我校毕业生良好的外语水平和专业技能得到社会高度认可，一批又一批的优秀毕业生走出一条高质量、高层次、国际化的就业之路。毕业生去向遍布涉外单位、国际组织、外资企业及金融单位、国企及民族企业的国际部等，国际化就业特点突出，学生个人能力及综合素质得到用人单位的高度评价。

北外就业工作立足"坚持服务每个毕业生成长"的宗旨，围绕学校的办学理念与人才培养目标，服务国家战略，打造精细化服务模式，全力开创学校就业工作的新局面。

适应依法治国需要　培育卓越政法人才

中国政法大学

中国政法大学是一所以法学为特色和优势，兼有哲学、经济学、教育学、管理学、文学、理学等多学科的“211 工程”重点建设大学，直属于国家教育部。学校现有全日制在校生 14416 人，其中本科生 8433 人，研究生 5753 人，留学生 230 人。

学校以就业和社会需求为导向，不断创新教育教学理念，深化教育教学改革，提升人才培养质量。学校认真落实国家促进大学生就业政策，稳步推进毕业生就业工作，先后荣获“北京地区高校毕业生就业工作先进集体”、“北京地区高校示范性就业中心”等荣誉称号。

一、高度重视　健全完善就业工作机制

学校党政领导高度重视毕业生就业工作，从深入贯彻落实科学发展观、适应依法治国基本方略、培育优秀政法人才、构建社会主义和谐社会的高度出发，健全完善“领导主抓、学校统筹、全员参与、制度先行”的就业工作机制，不断提升就业工作水平和人才培养质量，促进毕业生充分就业。

（一）领导主抓

贯彻落实校院两级就业工作“一把手工程”，主要领导切实做到“四亲自”：即亲

自主持研究、亲自动员部署、亲自协调落实、亲自监督检查就业工作（见图1）。

图1　书记校长出席毕业生就业工作专题会

（二）学校统筹

学校协调统筹就业工作，明确目标，落实责任。定期研究毕业生就业工作重大问题和制定政策；定期召开党委常委会、校长办公会、毕业生工作会、就业工作会、就业工作专题研讨会、校长院长联席会（见图2）、学生工作例会研判形势、部署工作，推进就业工作。

图2　2010年校长院长联席会专题研讨毕业生就业工作

（三）全员参与

发挥校院两级机构及“六支就业队伍”的积极作用：即专职就业工作教师、学生辅导员、专业课教师、兼职班主任、研究生导师、各地校友，合力做好就业工作。

（四）制度先行

就是认真落实上级有关政策，实施目标责任制和就业工作考评机制，将就业工作纳入校、院工作年度考核体系。落实六项工作制度，即：“就业工作例会制度”、“就业工作台账制度”、“就业进展通报制度”、“就业工作督导检查制度”、“就业工作奖励制度”、“就业工作人员培训制度”（见图3）。

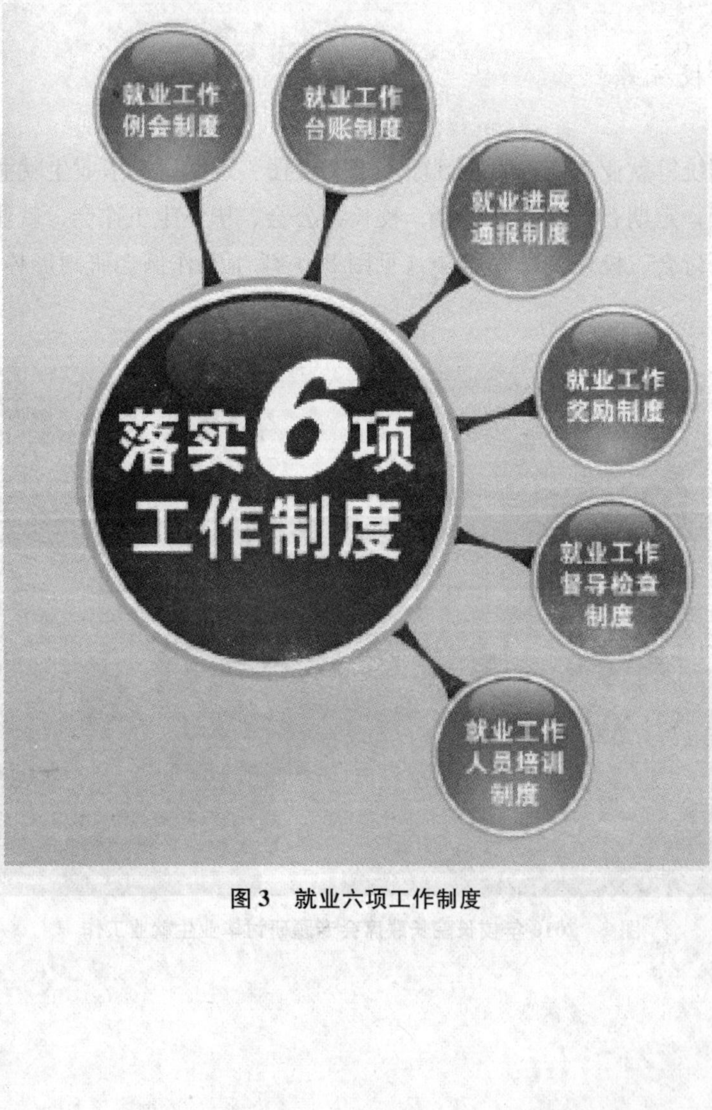

图3　就业六项工作制度

二、创新人才培养模式　提升学生职业能力

中国政法大学以满足依法治国基本方略需要、培育卓越政法人才为已任，以就业和社会需求为导向，不断创新教育教学理念和人才培养模式，深化教育教学改革，提升人才培养质量和学生职业能力。

（一）创新人才培养模式

学校主动根据社会需求和毕业生就业状况调整和优化专业设置，将毕业生就业工作与找准办学定位、提高办学质量有机结合起来，促进招生、培养和就业的和谐发展。

学校创新教育教学理念，改革教育教学支撑体系，构建以法学为主的特色专业群、法律实务课程群；以复合知识、丰富阅历、开拓视野为目标，打通专业、学位、学校和国家的界限，实施“跨专业、跨学位、跨校、跨国”的“四跨”型人才培养模式，主动进行教育教学改革和人才培养模式改革（见图4）。2008年，中国政法大学创新人才培养模式，在全国率先实施法学教育模式改革试点，开设“法学人才培养模式改革实验班”。在本科生基准培养模式（即3-6年弹性学制）外，实行双专业双学位培养模式、辅修专业模式、国内（际）名校交流培养模式（见图5）。对政治学类、公共管理类、经济学类、工商管理类学生实行院内通识培养模式。

图4　每年召开教学改革研讨会

图5　赴牛津大学暑期法律交流项目

（二）强化实践教学环节

学校重视加强实践教学，不断改革创新实践教学内容、方法、手段、队伍、管理及教学模式，构建科学合理的实验实践课程体系、实验实践平台管理体系和实验实践技能评价体系，实践教学水平不断提高。学校法律诊所、模拟法庭教学特色鲜明，效果明显（见图6）；学生多次参加国家、地区和国际的模拟法庭竞赛，成绩优异；校外人才培养基地建设进展顺利，保证了人才培养质量和不断提升就业竞争力。

“十一五”期间学校建成校外实践教学基地已经达到298个，实现了学生96%以上进入基地集中实习。学校法律诊所中学生共接待法律咨询4000多人次，受理案件900余件。准律师协会、自强社等学生社团全国闻名。在第八至十一届“挑战杯”全国大学生课外学术科技作品竞赛中，我校学生获得了特等奖2项、二等奖4项、三等奖10项。

图6　模拟法庭

（三）提升学生综合素质和职业能力

学校注重毕业生职业素质培养与职业能力提升。依托法学学科和师资优势，于2005年3月在全国高校率先成立了司法考试学院。本着服务学生的宗旨，以提高学生司法考试通过率为目标，千方百计挖掘教学资源潜力，优化培训课程设置，投入专门人力物力，先后成功举办五次面向毕业生的司法考试培训，累计培训毕业生达7000余人次，为学校法学专业毕业生司法考试通过率连年较大幅度提升做出了积极贡献。近三年我校毕业生司法考试通过率明显高于全国同类院校，其中2011届法学专业本科毕业生司法考试通过率近60%，法学专业毕业研究生司法考试通过率超过90%。

三、不断创新　完善就业指导服务体系

2003年以来，学校以“就业早绸缪、服务我先行”为理念，以“全程化、全员化、专业化、信息化”为目标，兼顾就业管理、指导、服务三种职能，多措并举，积极开拓，构建完善学校毕业生就业指导与服务体系，促进毕业生充分就业。

（一）以国家需要、市场需求为导向的全程就业指导体系

针对近年来文科法学类大学生就业难的严峻现实，加强研究，迎接挑战，积极探寻应对之策、解决之道。形成了“重在引导、增强意识、能力为重、主动适应”等较具特色、行之有效的做法。

1. 重在引导

适应国家需要和市场需求，加强就业政策和就业形势教育。通过政策激励、物质奖励、典型宣传等形式，鼓励引导毕业生转变观念，面向西部、基层积极就业，毕业生到西部基层就业人数持续增加（见图7）。

图7　鼓励和引导毕业生面向西部基层就业

2. 增强意识

以学生为本位，通过网上预约、电话报名、典型示范、营造氛围等形式，培养学

生不等不靠、积极就业的主动意识。常年开设《职业生涯发展与规划》、《就业与求职》和《创业管理》选修课（见图8）。

3. 能力为重

以项目化、精细化为抓手，开展形式多样、丰富多彩的八大品牌就业指导活动，营造浓郁的校园就业文化氛围（见图9）；注重学生职业素养和实战能力培训，提升毕业生就业竞争力。

图8 《法大就业导报》

图9 大学生职业生涯规划大赛

4. 主动适应

在满足传统领域、党政司法机关等行业人才需求基础上，适应社会需求，主动应对政策调整和形势变化，积极谋划毕业生就业整体布局，全力拓展毕业生新的就业领域和空间。

图10 大学生模拟招聘大赛

（二）以满足学生职业发展需要为宗旨的毕业生就业服务体系

1. 积极拓展就业市场，提升毕业生就业竞争力

（1）为进一步拓宽我校毕业生就业渠道，学校每年由校领导带队专程走访各地用人单位，有针对地推荐我校毕业生就业。

（2）重视发挥各级、各类校友的积极作用，搭建校际协作、校企合作平台，大力建设学生实习实践基地（见图 11），为毕业生就业实习（实践）提供机会。

图 11 “就业合作 共赢未来”就业实习实践基地签约仪式

（3）各学院纷纷设立就业促进基金，奖励对就业工作有贡献的教师，帮助就业困难毕业生。

2. 主动搜集需求信息，积极开展校园招聘活动

（1）学校从 2000 年建成就业信息网（见图 12），每年均对网站功能及内容调整和更新，及时发布用人单位需求信息及毕业生求职信息。

（2）每年举办校园招聘会和专场招聘会近百场（见图 13），协助组织二十余个省份选拔优秀应届毕业生工作，逾万人次毕业生参加了相关双选招聘活动。

3. 认真做好就业困难毕业生就业帮扶工作

学校不断加大对家庭经济困难毕业生、残疾人毕业生、少数民族毕业生和就业困

图 12　就业信息网

图 13　校园招聘会

难的女大学生等特殊群体的就业帮扶力度。学校西部生基层就业奖励政策实施六年来，累计发放西部就业奖金 170.3 万元。

四、积极探索　稳步推进创新创业教育

学校积极探索，注重实现大学生创新教育与专业教育相结合，社会实践与就业实践、创业实践相结合，学业辅导、职业辅导与创业指导相结合，培养学生的创业意识

和创业能力，提高学生创业素质。

（一）建立组织机构　明确工作职责

为了保障学校创业教育工作开展，我校于2010年10月成立了由校长黄进任主任的“中国政法大学大学生创新创业教育指导委员会”，统一协调学校学生创新创业教育工作的开展。

（二）立足学校实际　培养学生创业意识

2008年学校“全人发展计划”辅学课程中就已开设大学生创业教育专题；商学院则依托学科优势面向学生开设《创业管理》选修课。就业中心与校团委共同指导创立我校学生创业协会，积极开展以创业设计大赛为代表的学生创业实践活动（见图14）。

图14　赢在法大——大学生创业设计大赛

（三）实施学术竞赛项目，培育学生创新实践能力

“十一五”期间，校级学生创新基金资助项目336项，北京市大学生科学研究与创业行动计划项目50项，国家大学生创新性实验计划项目110项，项目参与学生1498人。

五、重在建设　有力保障就业工作开展

学校切实落实教育部提出的就业工作“机构、人员、经费”三到位的要求，有力

地保障了学校就业工作的全面开展。

1. 在学生就业指导与服务中心基础上，经校长办公会讨论通过成立大学生创业教育指导委员会，成立学生就业创业指导服务中心。

2. 学生就业创业指导服务中心现有编制 7 人，达到上级 1∶500 要求。中心设综合事务部、就业指导部、市场信息部三个正科级部门，队伍人员结构比较合理。

3. 学校重视就业工作队伍建设，努力提高就业工作队伍业务素质和专业化水平。2008 年以来分期分批、组织 50 余人次专职辅导员参加国家及北京市组织的职业指导师、心理咨询师等有关业务培训（见图 15）。

图 15　辅导员就业工作专题培训

4. 学校按每年学生所交全部学费 1%的标准确定就业工作专项经费；设有专用的就业洽谈室、就业咨询室、就业信息与资料查询室等，保障学校就业工作开展的需要。

今后，学校将继续以适应依法治国基本方略需要、培育卓越政法人才为己任，紧密围绕办学定位，创新人才培养模式，提高人才培养质量和就业工作水平，为实现学校的跨越式发展做出积极的贡献！

建精品　提升培养质量　重实效　促进学生就业

首都师范大学

一、学校概况

首都师范大学创建于1954年，是一所包括文、理、工、管、法、教育、外语、艺术等专业的综合性师范大学，是北京市重点投入建设，进入“211工程”的北京市属重点大学。建校57年来，共培养各类高级专门人才近11万名，是为北京市基础教育输送合格师资和培养其他现代化建设所需人才的重要基地。

学校下设文学院、历史学院、政法学院、音乐学院、美术学院、外国语学院、管理学院、教育学院、数学科学学院、物理系、化学系、生命科学学院、资源环境与旅游学院、信息工程学院、教育技术系、初等教育学院、良乡校区基础学部、继续教育学院、国际文化学院等19个院系以及马克思主义教育学院、大学英语教研部、体育教研部。共有本科专业50个。各类学生总数28714人。其中，全日制本科生10151人，博士研究生473人，硕士研究生4201人，成人教育学生12182人，外国留学生1707人，已形成从本科生到硕士生、博士生及博士后，从全日制到成人教育、留学生教育全方位、多层次的办学格局和教育体系。

学校连续多年保持了较高的就业率，就业质量稳步提升。2010届本科毕业生共2549人，初次就业率99.57%；研究生毕业生共计1247人，初次就业率99.68%。本科单位性质分布中有 56.08%为教育系统，研究生单位性质分布中有 50.86%为教育系统，另有 13.47%为事业单位。2010 年，我校开展了 2008－2010 届毕业生追踪调查。结果显示，我校毕业生在社会中享有较高声誉，用人单位的满意度逐年提高。

就业工作的主要成绩：获评 1 门国家级精品课程（全国唯一），荣获第一批“北京地区高校示范性就业中心”，“北京高校到农村中小学支教工作先进单位”，“北京地区高校就业工作先进集体”、“全国普通高校毕业生就业工作先进集体”等荣誉称号。

二、典型特色

就业工作是人才培养体系的重要组成部分。在具体工作中学校始终坚持“三个一定要”：一定要制度化、一定要科学化、一定要以学生为本。

（一）建立长效机制，实现全员就业的制度化

1.“一把手”工程落在实处，形成了全员参与就业的氛围

学校一把手“靠前指挥”，党委书记主持常委就业工作研讨会、就业工作会、就业推进会及部门协调会；做到“三个亲自”：亲自参与渠道拓展、亲自组织就业、亲自参与就业。

学校成立了以校党委书记、校长为负责人的校级就业工作领导小组。各院系成立院系党委书记和院长为负责人的就业工作领导小组，对本单位学生就业工作负总责，

建立了长效机制，形成了全员参与就业的氛围。一是联席机制。招生、培养、就业工作部门每年定期召开会议，共同研讨按照社会发展和市场需求培养人才的长效工作机制；并在各项具体工作中，互相渗透、互相结合、互相促进。二是分工负责制。学校出台《首都师范大学关于落实就业工作责任制的若干规定》，明确就业相关部门，院系学科负责人、导师、专业教师、院（系）专职就业工作人员、班主任（辅导员）等在毕业生就业工作中的职责。三是激励机制。学校出台《学生就业工作奖励办法》，把就业工作作为一项考核单位和个人的重要指标。

2. 注重实效，加强实践环节，深化教育教学改革

一是根据自身实际与发展不断改革、完善人才培养模式。制定了由通识、专业、实践等三大课程模块构成的新的本科人才培养方案，其中重点强化了人才培养的实践

环节，进一步加大了通识教育课程的建设力度。二是积极整合实践教学资源，构建一体化教育实习基地平台。学校通过积极整合资源、发挥合力作用，建设了校级一体化教育实习实践基地平台，并在此基础上积极打造“北京市高校市级教师教育校外人才培养基地”。三是通过实施“本科生科学研究与创业行动计划”、“本科生校外访学计划”等，为深化学生创新实践能力培养拓展渠道，为具有创新精神、实践能力强的本科人才提供了良好的发展机制。

（二）改革和完善人才培养模式，推动就业指导的科学化

具体措施：就业指导进人才培养方案，建设国家级精品课，构建“1＋4＋X”的大学生职业发展教育课程体系。

工作方式及成效：学校重点培育《大学生职业发展与就业指导》必修课，组建了47人的教学团队，出版了自编教材《大学生职业发展与就业指导》，被京内外十余所院校选用。2010年，被评为国家级精品课程。

学校着力建设大学生职业发展教育的“1＋4＋X”的课程体系。即：一门必修课《大学生职业发展与就业指导》为主体，四门选修课《创业基础》、《职业素质拓展》、《就业力提升》、《研究生职业规划》为支撑，职业测评、实务讲座、就业指导月、创业指导月、个性化就业指导等实践活动为补充，既有理论讲授、实践体验，又有岗位锻炼；既覆盖到全体学生，又能够分类、分层进行教学指导与服务的一整套教育体系。职业发展教育涵盖了全体学生。

课程创新之处：其一，提出并不断丰富科学就业观理论，为课程的理论和实践做了重要支撑；其二，“柔性牵引、需求导向、多维关照”的教育教学方法，让学生成为课堂的主体，在参与中体验、习得；其三，始终坚持以实践教学为依托，创建了“三级实践教学模式”；其四，“团队式”的教学组织形式。每个教学班配备一个结构合理的教研组，每个教学组既有主讲、又有助教，通过不同方式组织教学；其五，坚持“集体备课、小组教研、专题研讨、互听互评”，形成了浓厚的教学研究氛围，成就了课程的快速成长。

学校致力于提高就业工作队伍的专业水平，启动了“三个一工程”，即每名专职就业工作人员要能够讲授一门大学生思想政治教育类课程、承担一项学生思想政治教育类研究课题和主持一个就业精品活动。“一门课程”使得就业工作进入主渠道；“一项课题”增强了就业工作人员的业务素质；“一项活动”确保的工作的实效。

近年先后培训了80余名全球职业规划师（GCDF）、7名高级职业指导师、30余名职业指导师、3名创业指导师、1名信息分析师。

（三）以学生为本，提供全方位的就业服务

具体措施：为促进毕业生就业提供全方位的优质服务，学校着力推出“五项就业计划”。

一是“服务首都基础教育就业计划”：依托项目吸纳毕业生，承办普教系统大型专场招聘会、北京市中小学教师招聘会，形成“做首都教师光荣”的氛围，为首都基础教育事业和经济社会发展输送高质量人才；

二是“毕业生就业市场拓展计划”：开展实践基地建设、拓展京外市场，积极为可持续的就业项目搭建平台，包括升学、出国留学和求职、创业等，为学生更多的选择和发展提供了条件和便利；

三是“毕业生就业力提升计划”：在实务必修讲座的基础上，开展了“教师职业发展训练营”、“求职方法训练营”、“金融危机下的就业”等一系列活动，努力提高学生的就业竞争力，其中“教师训练营”的活动更是场场爆满，中小学体验行、知名教师沙龙座谈成为学生最喜欢的活动之一；

四是“毕业生多元就业计划”：鼓励毕业生升学、鼓励毕业生到基层就业（村官、社区）、自主创业、预征兵、参加科研项目等，鼓励学生多种途径就业；

五是“困难生帮扶就业计划”：争取了华民慈善基金等社会资金支持，在校内设立就业困难毕业生资助专项经费，资助经济困难学生求职费用，采取多种措施，做到困难生帮扶就业不遗漏一名学生。

2009年5月，国家副主席习近平同志到我校进行就业通过调研并给予较高评价。

并且，在全国科学发展观第二阶段部署会上专门提到首都师范大学的“五项就业计划”。同年，中央电视台《焦点访谈》栏目特别报道了我校在落实科学发展观在大学生就业指导方面取得的突出成绩。

（四）注重培育创新精神，鼓励学生自主创业

具体措施：学校成立以书记、校长为组长的“首都师范大学学生创业工作领导小组”，设立“首都师范大学大学生创业基地”，建立“学生创业基地办公室”。

工作方式及成效：一是完善课堂教学，精心打造校公选课《创业基础》；二是加大学生科研创新的力度。实施“本科生科学研究与创业项目”、“大学生创业项目征集活动”等。三是开展丰富多彩的创业活动。举办了“创业我先行——首都师范大学创业指导月”。四是成立“首都师范大学学生创业俱乐部”。五是加强创业见习实习活动。真实模拟企业创办流程；鼓励学生参加创业项目征集活动和挑战杯创业大赛；组织学生参加北京市创业计划大赛；建立实践创新基地，辅导、帮助学生提高创业能力。

外争市场　内促质量　全力做好毕业生就业工作

天津职业大学

一、学校概况

天津职业大学是一所培养高素质技能型专门人才的市属普通高校。1978年建校，前身是南开大学第二分校、天津大学化工分校，1982年底，改建为天津职业大学，是天津市普通高校中最早举办高等职业教育的院校，连续四届当选并现任中国高等职业技术教育研究会会长单位。是首批28所“国家示范性高等职业院校”之一。

学校位于天津市北辰科技园区，占地面积71万平方米，建筑总面积32万平方米，现有在校生11000余人。专任教师536人，其中教授45人，副教授174人，目前实验实训设备总值已达1.18亿元。各类校内实验实训室145个，与社会共建校外实训基地151个。设有9个二级学院、51个专业。

近年来学校教育教学取得了丰硕成果，荣获国家级教学成果一等奖1项，二等奖3项；国家级教学团队2个；国家级精品课14门；国家级教学名师1名。“眼视光技术专业教学资源库”、“酒店管理专业教学资源库”被教育部评为高等职业教育专业教学资源库建设项目；还获得全国五一劳动奖章、黄炎培职业教育奖、天津市技能人才培养突出贡献奖、滨海新区技能型紧缺人才培养基地等多项殊荣。学生在全国和天津市各级各类职业技能大赛中屡获佳绩。2011年在由人社部、教育部等六部委主办的第四

届全国数控技能大赛中，8名师生全部获奖；自2003年以来，由天津市教委组织的8届天津市高职院校数控技能大赛60%的一等奖由我校学生获得。

学校高度重视就业工作，积极落实“一把手工程”，校长亲自分管。毕业生就业率一直保持在天津市高校的前列，并连续达95%以上。近年来也取得了一些荣誉，2009年获得教育部全国普通高校毕业生就业工作先进集体、天津市就业工作先进单位、天津普通高校毕业生就业工作先进集体称号；2010年获得天津市就业工作先进单位。“出口畅、入口旺”，去年我校全国录取新生中70%超过当地三本分数线，天津秋季理工科最低分420分，超过三本线65分。

二、就业工作典型特色

长期以来，学校坚持面向市场办学，以“他方为中心”，紧贴市场需要，走产学研结合之路；坚持就业导向，形成了“就业兴、招生兴、学校兴”的工作共识。在探索实践中形成了“一体、两翼、三平台”人才培养与就业工作特色，即以培养学生“职业人”目标为主体；以学校教育教学、社会介入培养为两翼；搭建组织管理、就业信息、沟通反馈三个就业服务平台。

深入开展教育教学改革，形成了职业性、实践性与开放性的人才培养特色，提高了毕业生就业竞争力。根据职业岗位能力和素质需求制定专业教育与素质教育方案。教学中实施专业课程“教学做一体”，毕业前开展“顶岗实习”，提高学生实践能力。邀请社会介入人才培养过程，联合开发课程、教材，校企共建“生产性实训基地”，以产养学，开展订单教育。创新工学结合人才培养模式，如应用化工技术专业“基于教学工厂理念”人才培养模式、酒店管理专业“旺入淡出，工学交替”的人才培养模式等。

建立高效就业服务平台。组织保障有力，就业、招生“三率”联动，实施就业过程考核。就业渠道畅通，突破常规，广泛挖掘社会资源，借助外力开发岗位，如高新区、保税区、工会、经委、科委，民主党派、行业协会、人才机构等。加强沟通，了解需求，面向企业调查企业对毕业生能力需求排位，改进学生素质教育；邀请第三方社会调查机构对我校毕业生就业状况和人才培养质量进行调查，主动寻找差距，及时改进。

（一）深化教育教学改革，切实提高人才培养质量

办学中坚持“根据市场需求设专业、根据企业要求定课程、根据岗位标准练技能、根据社会评价验质量”的思路，深化教育教学改革，切实提高人才培养质量，提高毕业生就业竞争力。

专业设置中，紧密围绕国家及天津市经济建设对高素质技能型人才的需要。1985设置我国首个“眼视光技术”专业，引领了全国眼视光专业教育的发展。2010年与天津市民政局合作，开办“老年服务与管理”专业。在专业课程设置中，注意根据企业职业岗位要求及时进行调整，定期对专业课程体系进行整体论证、调整；订单培养时及时根据企业订单就业岗位要求，与企业共同协商调整课程。在学生职业技能培养中，围绕学生就业职业岗位核心技能标准要求，全面实施“双证书”教育。在人才培养评价中，明确社会评价是检验教学质量的最终标准，每年都要对用人单位及毕业生进行跟踪调查。

示范校建设以来，着力进行人才培养模式改革、课程改革、师资队伍建设、实训基地建设等一系列工作，人才培养质量得到了新的提高。开展了产业行业企业调研，形成了具有职业性、实践性与开放性的人才培养模式。如眼视光技术专业“课证融合‘准技师’”、应用化工技术专业“基于教学工厂理念”、酒店管理专业“旺入淡出，工学交替”等各具特色的人才培养模式。

在专业建设和人才培养改革具体实践中，多举措并行。邀请企业介入办学过程，增强学生的职业能力；通过校企合作，大力推行顶岗实习、就业见习；加强师资队伍建设，举办教师技能大赛，提高教师“双教”能力；广泛开展职业技能培训和鉴定等。

（二）加强基础建设，保障就业工作顺利实行

2004年成立了由校长任主任、党委副书记和教学副校长为副主任、多部门参加的

校毕业就业工作委员会，同时院系也成立工作小组。实施就业指导中心和院系两级管理，就业中心、院系、专业教研室三级责任落实。加强制度建设，制定专门政策推动工作的深入开展。1999 年下发《关于实行“三率”综合评价推动专业建设实施意见》（“三率”指当年毕业生就业率、新生志愿率、新生报到率）；2004 年下发《关于进一步做好毕业生就业工作的实施意见》文件，进一步明确招生、教学与就业联动机制，对就业率一年低于 50％的专业，限制招生规模，经过调整，专业结构不断优化。面对新的就业形势，2009 年制定了《关于加强毕业生就业工作的若干意见》文件，强调就业过程考核的重要性，有力推动了困难时期的工作开展。

重视就业工作队伍建设，加大就业指导人员的培养。如拨专项资金组织人员参加全国就业中心等单位举办的职业指导师培训，提高专业人员的职业素质和就业指导服务能力，目前已有 40 名教师具有高级职业指导师和职业指导师职业资格，保证了所有就业工作人员均“持证上岗”。

（三）建立高效就业服务平台，全力推进毕业生就业

抓住就业工作核心问题，全员动员，积极开拓就业市场。突破常规，广泛挖掘社会资源，争取更多就业信息。与区域（如保税区）、政府部门（如劳动局）、群众组织（如工会）、民主党派（如民建）、行业（如包装联合会）、商会（如开发区商会）、社会团体（如企业家联谊会）、中介机构（如西青人才）等多方合作，共同推进毕业生就业。抢抓机遇，围绕天津市及滨海新区发展，抓大项目、好项目，经过积极争取，与天津滨海新区之天津港保税区达成合作协议，成立了“天津港保税区、天津职业大学区校企合作理事会”，建立了一批实习、就业基地，推动毕业生见习、顶岗实习、就业。保税区积极鼓励区内企业接受我校毕业生，并且给予企业一定经济补贴。

加强学生创新创业教育，将其与专业教育、素质教育、就业教育相联系，拓宽素质教育平台，鼓励学生创新、创业。定期开展创业教育活动，邀请创业指导专家开展创业意识教育，开设创业指导课程（SYB）、创业实训课程（模拟公司）。联合天津市创业培训指导中心举办了“百个创业项目进校园展示会”，并进行了现场咨询辅导。连续两年举办创业大赛，邀请天津市创业培训指导中心老师从创业意识讲座，到团队辅导，到网络系统实战演练等共同开展辅导。通过一系列创业教育，培养了学生创业意识，多名毕业生成功实现自主创业。

（四）引入第三方机构，科学评价教学与就业工作状况

为客观科学地评价教学改革、人才培养质量和毕业生就业状况，学校连续两年引入第三方社会调查机构——麦可思教育咨询公司，就毕业生基本就业状况，就业能力、薪资、对口率，专业核心课程的评价，基本工作能力和知识满足度，就业指导与求职服务的有效性，毕业生对本校满意度、推荐度等内容进行调查分析，主动寻找差距。要求各二级院系、各专业对照报告查问题，制定整改措施。比如今年根据毕业生建议增设了“沟通与协调”课程。通过就业调查，有效地反馈了人才培养与服务各环节中存在的问题，推动了改革的深入开展。

成才之路“海燕”领航
全面提升学生就业与创业能力

燕山大学

燕山大学源于哈尔滨工业大学，始建于1920年。1958年哈尔滨工业大学重型机械系及相关专业成建制迁至工业重镇齐齐哈尔市富拉尔基区，组建了哈尔滨工业大学重型机械学院。1960年独立办学，定名为东北重型机械学院。1978年被确定为全国重点高等院校。1985年至1997年学校整体南迁秦皇岛市。1997年1月经原国家教委批准，更名为燕山大学。1998年，由原机械工业部划到河北省，实行中央与地方共建，以河北省管理为主。2006年，国防科工委和河北省共建燕山大学。2009年，工信部、国家国防科工局和河北省共建燕山大学。学校占地面积4000亩，现有教职工3000人，普通高等教育在校生39000人。学校现设有9个博士后流动站，10个博士学位授权一级学科，48个博士学位授权二级学科专业；有24个硕士学位授权一级学科，138个硕士学位授权二级学科专业，18个工程硕士专业学位授权领域和工商管理硕士、公共管理硕士、旅游管理硕士、工程管理硕士、翻译硕士、应用统计硕士等专业硕士学位授予权；有61个本科专业，已呈现出以工为主，文、理、经、管、法、教等多学科共同发展的学科格局。

为了进一步深化以人才培养为中心的办学理念，推进高水平大学建设的进程，我校于2009年启动了“海燕计划”。“海燕计划”取义高尔基笔下敢于和暴风雨搏斗的勇敢精灵海燕所表现出的顽强毅力和拼搏精神，意在通过优化人才培养模式、支持学生开展创业、参加社会实践等多种渠道，培养学生的动手实践能力、创新能力、就业创业能力。

在实施“海燕计划”过程中，我们不断总结经验，逐渐形成了“三结合、三搭建”的工作方法，走出了一条以提升学生就业与创业能力、助学生成长成才的全新道路。

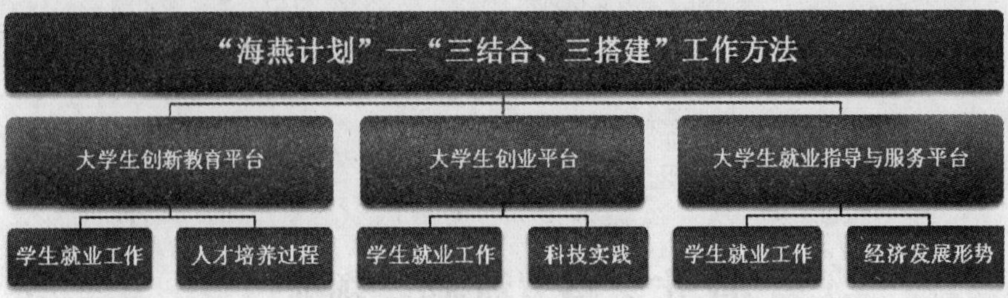

一、把学生就业工作和人才培养过程相结合，着力搭建大学生创新教育平台

我校针对地方工科院校人才培养的实际情况以及培养计划在监控和反馈中出现的问题，经过广泛调研和充分论证，结合学校的总体定位与办学指导思想，于 2008 年重新修订人才培养计划，明确了以“精简课内学时”、“强化工程教育和专业教育”为目标的培养计划修订方案，逐步实现“从以教师为中心向以学生为中心、从传授型教学向研究型教学、从教学科研相分离向教学科研相结合、从淡化工程和专业向强化工程和专业”的转变，使我校的人才培养方案更加科学、务实。同时学校提出了“回归工程”，大力推进和实施“工程教育”模式，全面优化了学科结构和专业设置。将“一学年两学期制”调整为“一学年四学期制”，给学生提供了更多的自由空间开展自主学习和研究，为学生提高创新能力和实践动手能力创造了更多机会。

2007 年，我校首批加入教育部 CDIO 教育改革计划，率先进行了 CDIO 教学模式改革实验。2010 年，教育部启动“卓越工程师教育培养计划”，我校积极总结 CDIO 工程教育模式改革的成功经验，又成为河北省唯一一所入围教育部首批 61 所实施“卓越工程师教育培养计划”的试点高校。2008 年，我校成为第一批教育部批准实施国家大学生创新性实验计划项目的地方高校之一，这也是河北省唯一一所被批准的院校。创新项目开展三年来接受教育部资助金额达 90 万元，已形成了良好的发展格局。截至目前，该项目已完成百余套研究报告，发表论文 32 篇，开发应用软件 10 余项，申请专利 12 项，制作实物样机 30 余件。

为了更好的促进毕业生顺利、充分、稳定地就业，我校始终坚持以社会需求为导向，用就业反馈招生，将招生计划的制定与毕业生就业率挂钩。坚持毕业生就业率与年度招生计划安排适度挂钩，建立招生、就业预警机制；充分发挥我校行业特色，建

燕山大学“卓越工程师教育培养计划”启动仪式

立招生、就业对接机制；优化生源结构，合理投放招生计划，建立招生、就业动态调整机制。每年编制《燕山大学年度就业市场白皮书》，全面客观整理相关就业数据，对就业率、签约率、行业分布、区域流向等维度进行统计、分析与研究，并将其作为专业调整和招生计划调整的主要依据。

二、把学生就业工作和科技实践相结合，着力搭建大学生创业平台

2003年9月，我校大学科技园被科技部、教育部批准为国家大学科技园，成为当时全国34家国家大学科技园之一。2006年，被教育部和科技部确定为重点宣传的16个国家大学科技园之一。我校充分依托国家大学科技园综合优势，配套划拨了创业教育工作专项经费，建立了大学生创业基金，出台了具体的扶持政策，支持和引导大学生自主创业。目前，科技园内已经建成学研产科技研发基地7家，大学生虚拟创业企业322家，大学生创业孵化基地6家。

科技园对进入基地的学生给予智力、技术、资金等方面的扶持，安排专业教师为学生提供经常性的咨询、指导和跟踪服务，帮助他们解决实际困难，并通过“燕山大学学生、教师创业网站”为创业学生和教师提供高效便捷的公共信息服务。2009年，学校投入25万元作为创业教育工作专项经费，保证了创业教育工作的正常开展；投入30万元建立了大学生创业基金，用于扶持重点创业项目。当年，基金直接支持的重型卡车刮板自卸系统、温室温度控制系统和思为文化传播室等三个创业项目取得了良好

的经济与社会效益。2010年，在省教育厅拨付我校10万元创业教育专项资金重点扶持下，我校学生创办的秦皇岛迅捷维通无线通讯工作室、秦皇岛朱雀能源开发工作室、海鸥斯材料开发工作室三个创业项目也已经结出硕果。

在学校的扶持下，学校各级团组织均成立了大学生科技协会。此外，机械工程学院成立了就业发展协会，文法学院成立了素质与能力培训中心。我校一批大学生创业社团的活动开展的有声有色。每年举办“世纪杯”大学生创新创业计划大赛、“国家大学生创新性实验计划项目”和“燕山大学大学生创新性实验计划项目”选拔活动。这些组织和活动极大地提高了大学生的创业能力和素质。目前，我校已有学生创业团队成立的10家实体公司获得了工商行政管理部门颁发的营业执照并成功投入实际运行。

2009年我校成为国家科技部和教育部首批确立的11个“大学生科技创业实习基地”之一。2010年1月被河北省教育厅命名为“河北省创业教育示范学校”。2010年3月成为科技部认定的首批149家“大学生科技创业见习基地试点单位”之一。2010年11月被中华全国妇女联合会授予“女大学生创业实践基地”称号。

燕山大学学生创业团队基金注入仪式

三、把学生就业工作和经济发展形势相结合，着力搭建大学生就业指导与服务平台

定期开展“就业指导服务月”活动。为帮助即将走向职场的毕业生了解就业政策、择业方法和技巧，及时掌握用人单位的招聘信息，我校从2007年开始每年举办“毕业

生就业指导服务活动月”活动，邀请企事业单位、政府部门的领导，成功校友和就业、创业领域的相关专家来校与学生交流，开展就业知识宣传展览、大学生职业测评与自我分析讲座、“成功之路”报告会、大学生职业生涯规划讲座和就业指导讲座等活动，为毕业生顺利就业创造了有利条件。

发起确立“原机械工业部七校就业联盟”机制。原机械部部属七所高校（燕山大学、河南科技大学、北京信息科技大学、西安理工大学、太原科技大学、沈阳工业大学、哈尔滨理工大学）组成全国性的高校就业合作组织，其目的主要是加强行业体系内高校强强合作，整合就业市场资源，拓展就业市场，提高毕业生就业率和就业质量。七所高校约定：共享大学生就业资源，拓宽就业渠道，消除大学生就业的校际和地域壁垒，共同打造就业平台。《人民日报》、《中国教育报》、《中国青年报》、《半月谈》等各大媒体都曾予以过广泛报道。

原机械部七校就业联盟就业工作总结研讨会

大型校园招聘会

职业生涯规划大赛

走访用人单位

实施扶助特殊群体就业的“温暖工程”。我校一直高度重视并关心和关注家庭经济困难毕业生、少数民族毕业生和残疾人毕业生的就业问题，努力做好困难家庭和零就业家庭毕业生的就业援助工作。通过提供就业信息、就业见习、优先推荐、补助交通费、个体培训等形式，对特殊困难的毕业生采取“一对一”的指导和帮扶，近两年投入就业援助经费超过 14 万元。

倡导推进“基层就业”。为引导学生正确处理个人与国家、集体的关系，把自己的理想追求和祖国的前途命运紧密结合起来，帮助他们树立正确的的择业观，学校通过专题报告会、主题班会、座谈会等形式深入宣传党和政府有关高校毕业生到基层就业的政策，大力宣传高校毕业生在基层创业成才的先进典型，在分类指导的基础上，整体推进毕业生面向基层就业工作。近年涌现出“河北省百名风尚人物”优秀村官孟兆琪等一批基层就业的优秀毕业生。

我校“海燕计划”实施几年来，得到了社会广泛关注，人民网、新华网、科学时报、光明日报、中国教育电视台、河北电视台、河北日报、燕赵都市报等多家新闻媒体以“渤海群‘燕’出燕山”为题进行了专题报道。2010年8月全国高校学生信息咨询与就业指导中心在《大学生就业动态》中给予全面介绍。

从北方边陲到秦皇岛海滨的千里跋涉，从哈尔滨工业大学的一个学院到独立办学再到全国重点大学的艰辛历程，燕山大学始终坚持以改革求生存，以创新谋发展的前进思路，坚持艰苦奋斗，勇于迎难而上，抱定必胜决心。“海燕计划”正是这种理念和精神的集中体现。雄关漫道真如铁，而今迈步从头越。在未来的征程上，燕山大学将认真学习贯彻党和国家促进毕业生就业的方针政策，不辱使命，不负重托，勇于创新，锐意进取，为服务国家和区域发展做出新的更大的贡献！

河北农业大学就业工作典型经验特色材料

河北农业大学

一、学校概况

（一）学校简介

河北农业大学创建于1902年，是我国最早实施高等农业教育的院校和河北省建立最早的高等院校，现为河北省重点骨干大学。

学校校园占地320万平方米，建筑面积160万平方米；全日制在校生43000余人。在职教职工3000余人，教授及相应职称的375人，副教授及相应职称的650人，博士生导师125人，硕士生导师494人。

学校拥有5个博士后科研流动站、7个一级学科博士点，56个二级学科博士点，20个一级学科硕士点，88个二级学科硕士点，83个本科专业；有1个国家重点（培育）学科，2个部级重点学科，4个河北省强势特色学科，13个省级重点学科，专业涵盖了“农、工、管、理、经、文、法”七大门类，形成了以农业学科为优势，多学科协调发展的格局。

学校秉承“农业教育非实习不能得真谛，非试验不能探精微”的办学原则，开创了享誉全国的“太行山道路”，凝结成“艰苦奋斗、甘于奉献、求真务实、爱国为民”的“太行山精神”，形成了“崇德、务实、求是”的校训，受到党和国家的肯定与表彰。

（二）学校就业工作

1. 基本工作情况介绍

河北农业大学对大学生开展就业指导课程教育始于1995年，是河北省最早开设此类课程的高等学校，也是全国最早的高等院校之一。学校设有大学生就业工作委员会和工作领导小组，下设专职的大学生就业指导中心具体统筹全校就业工作。

长期以来，河北农业大学一直坚持把高校毕业生就业工作摆在学校工作的突出重要位置，全校上下怀着对学生的满腔热情和无限关爱抓就业。在具体工作中，学校坚持以就业为导向，创建并初步形成了“教改依据就业”、“教师参与就业”、“教学结合就业”、“科研支持就业”、“技术服务带动就业”、“教育目标指向就业”、“全面服务促进就业”的良好就业工作氛围。

2. 就业工作业绩及荣誉

（1）毕业生就业率年年位居河北省高校前列，2010年毕业生初次就业率达到95.99%。

（2）学校被评为“2010-2011年度全国毕业生就业典型经验高校”。

（3）2010年被评为全国普通高校毕业生预征工作先进集体。

（4）2010年学校就业指导中心获评“河北省高校示范性就业指导中心”，并连续获得2004-2010年“河北省高校毕业生就业工作先进集体”称号。

（5）2010年1月1日，胡锦涛总书记在三河县李家旗村调研时亲切接见了带领群众创业致富的我校毕业生齐福高。

二、典型特色工作

河北农业大学在毕业生就业工作中一直坚持以人为本，全面、扎实、细致、超前、创新、高效地做好各项就业及相关工作，并在工作中积累了许多宝贵的工作经验并形成了“创建一个机制、打造四个模式、实现三个目标”的就业工作体系。

“创建一个机制、打造四个模式、实现三个目标”就业工作体系的具体内容是：创建一个机制，即构建教育部提出的“领导主抓、中心统筹、院系为主、全员参与”的高校就业工作新机制；打造四个模式，即打造以职业生涯规划为引领的大学生成才教育模式，打造以全面提升大学生实践能力为核心的全员见习实践教育模式，打造以人为本，无缝隙全覆盖的网络化就业服务模式；打造专业教师技术服务在先，毕业生人才输送跟进的就业带动模式；实现三个目标，即通过努力工作实现毕业生对学校就业工作和就业水平整体满意的目标，通过提高人才培养质量，热情服务，加强合作，实现用人单位对毕业生使用效果整体满意的目标，通过以就业为导向，引领教学改革，实现以就业促教改的人才培养模式变革目标。

（一）人才培养方面的典型特色做法

1. 坚持“太行山精神”育人，走以创新和实践为核心的专业技能培养道路

长期以来，学校校一直坚持走“太行山道路”，不断发扬光大“太行山精神”，把人才培养与毕业生就业与地方经济建设紧密结合。

（1）依托“新农村建设”，构建科研、实习实训基地。新农村建设为学校进一步拓宽“太行山道路”提供了新的机会和更加广阔的平台。截至2010年底，学校结合新农村建设活动已在全国各地建立各类教学、科研、生产实习实训基地180余个，每年有近万名大学生到基地接受实习实训。

（2）深化“校地”、“校企”合作，全面构建人才培养与毕业生就业资源共享平台。为了拉近学校人才培养与社会需求之间的距离，近几年学校不断加大“校地”、“校企”合作工作建设力度，使更多的社会资源不断被整合成为学校的人才培养资源和毕业生就业需求资源，实现了学校人才培养质量提高和用人单位人才需求得以实现的双赢目标。

2007年，学校与长城汽车工业集团公司联合组建了“河北农业大学长城汽车学院”，双方开始了在科研、人才培养、实习见习、毕业生就业等方面的全方位合作。长城汽车向学校投资300万元人民币，并提供汽车整车、发动机等核心设备供教学实习使用，学生实习见习由学校与长城汽车共同安排，长城汽车优先录用该院毕业生。2010年学校城乡建设学院与亚洲最大的门窗生产企业奥润顺达达成战略合作协议，双方共同创立国内空白的建筑门窗设计专业方向，为该公司培养专业技术人员。目前，

学校已与多家企业组建了集人才培养与毕业生就业为一体的校企合作项目，如“华裕班”、“正大班”等，并与6个地市建立了全面的的战略合作伙伴关系。

2. 以职业生涯规划为引领的大学生成才教育模式＋以全面提升大学生实践能力为核心的全员见习实践模式，提升了农大学子以知识与技能为基础的就业能力

学校从新生入学开始进行正规的职业指导教育，职业指导教师会同辅导员帮助每一名大一新生制定自己的职业生涯规划。学生个人的《职业生涯规划书》由学生和辅导员分别保存，辅导员依据规划书指导学生的学习和生活，使职业生涯规划既是一份引领大学生学习生活和未来职业发展的蓝图，又成为学校对学生实施科学管理的有效工具。

为了配合职业生涯规划的具体落实，学校在2009年建立了“以全面提升大学生实践能力为核心的全员见习实践教育模式”，所有在校学生结合自己的职业生涯规划，利用寒暑假进入各类用人单位进行职业见习实践活动。2009年学校组织见习团队32支，2010年组织见习团队82支，两年共有近2万名学生参加各类实习见习活动。

（二）毕业生就业服务方面的典型做法

1. “专业教师技术服务在先，毕业生人才输送跟进”的就业带动模式成熟有效

为了落实“全员参与就业”的就业工作要求，学校充分发挥专业技术应用性强，辐射范围广的专业优势，在校、院两级建立了教师支持就业实施办法，要求教师在为企事业单位进行科技服务时，积极推荐我校毕业生，对于表现突出的教师给予相应的奖励。目前学校已树立教师支持就业先进典型30余名，每年都有近千名毕业生通过专业教师的帮助落实就业单位。

2. 开发网络就业咨询服务系统，就业服务水平与效率明显提高

为了方便学生与企业咨询就业相关事宜，学校专门开发了就业咨询服务系统，形成了企业、毕业生双路并行的网上即时咨询服务体系。不论是学生还是企业，咨询者只要在系统发布咨询问题，就能得到就业指导教师的帮助。另外，该系统还提供了咨询者自助式服务功能。

上述介绍的4项就业工作做法只是学校积累的就业工作典型做法中的一部分。随着就业环境的不断变化，河北农业大学全体师生将一如既往，以创新的精神，不断开创学校毕业生就业工作新局面。

构建就业质量保障体系　提升高职毕业生就业力

邢台职业技术学院

邢台职业技术学院把创新就业工作机制作为“内求发展，外树品牌、争创一流”的重中之重，实现了就业率与就业质量双提升，被教育部评为2009年度全国普通高校毕业生就业工作先进集体。

一、“三大支撑”的就业质量保障体系建设

人才培养各环节坚持“以围绕提高就业能力抓就业，以提升就业质量促就业，把就业教育贯穿教育教学全过程”的总体思路，构筑起“以校企合作、工学结合创新人才培养模式为基础；以加强和改进学生教育管理，培养学生综合素质为内涵；以提高就业指导和服务水平，提升就业能力为保障”为三大支撑的毕业生就业质量保障体系。

（一）“产教四合、工学四化”人才培养模式奠定坚实基础

1. 产教四合。教育与产业契合：围绕京津冀主导产业设置调整专业和重点建设对应的专业及专业群，牵头组建省域和市域职教集团，主动服务区域经济转型。学校与企业融合：形成“双向引进、双向培训、共同管理”校企合作运行机制，企业全程参与人才培养。教学与职业吻合：校企共同组建30个专业教学指导委员会，制定工学结

合人才培养方案，开发理实一体核心课程，国家级精品课15门、省级精品课17门。学业与就业耦合：组建“订单班”实现定向就业；校外实习由校企共同考核颁发《工作经历证书》；企业内部建教学车间带薪顶岗实习和预就业。

2. 工学四化。能力培养系统化：建立工作过程系统化课程体系和专兼结合“双师”团队，分层段系统化培养学生的职业素质、基础理论和专业技能。实践教学生产化：建立“校中厂、厂中校”、“技术产品研发中心”、“公司经营＋教学车间”等实训基地模式，生产性实训达95％。师生身份双重化：校内教学车间由企业能工巧匠与教师共同以真实生产任务为载体开展实景教学。基地建设企业化：校内实训基地按企业生产流程运行，引进企业文化与制度，进行成本核算和5S＋1精细化管理。

（二）“军人作风＋职业素养”育人传统增强毕业生综合素质

1. 军人作风。发扬军队办学传统，传承准军事化的学生管理，培养学生“遵守纪律、雷厉风行、吃苦耐劳、团结协作”的军人作风：建立与企业“5S”管理相一致的一日生活规范，增强学生责任纪律意识；创立“带班员”制度，选拔优秀学生由部队官兵严格训练，负责军训和新生管理，增强学生关键能力和团队意识。

2. 职业素养。结合军地企业对人才要求，将学生思想品德教育、基本职业素养教育融入到丰富多彩的第二课堂活动和社会实践中，在全国职业技能、创新设计、毕业设计等赛事上年均获奖100余项，各类文体赛事上年均获奖300余项，提升了职业修养和个人素质。

（三）就业指导与服务突出学生和用人单位“双主体”

1. 转变观念提升服务。强调学生和用人单位“双主体”地位，成功实现由“管理”向“服务”转变，以信息化为纽带，以现场招聘、网络招聘、电话咨询“三位一体”的服务方式，为学生和用人单位提供“一对一”的高效热情服务。

2. 四个结合拓展市场。结合就业政策和形势动态用好就业政策；结合毕业生特点推荐合适岗位；结合顶岗实习和订单培养直接就业；结合校友、行业协会、专业指导委员会以及人才市场等社会资源，建立牢固的人才供需关系。

3. 就业基地搭建平台。密切校企合作关系，为学生和用人单位搭建双向选择平台，与北京经济开发区、天津滨海开发区、曹妃甸经济开发区、芜湖开发区等多家开发区建立密切的人才供求关系；与200多家知名企业、品牌企业建立稳固就业基地。

二、“全员全程”的协同作战运行机制与生涯规划就业指导

（一）坚持“学院主导、系为主体、全员参与”的就业工作运行机制

1. 协同作战长效机制。学院就业工作领导小组在“战略”上主导、统筹就业工作；各系就业工作小组作为中坚在“战术”上具体实施，组织本系教职工全员参与就业指导与就业推荐，开展专场招聘活动，指导参加社会招聘，加强与用人单位的联系；招生就业指导处及就业指导中心作为“参谋部”，具体负责各系就业计划和任务完成情况的监督、审计；职业指导教研室作为“智囊团”负责就业创业指导课程和相关理论与实践研究。各级就业指导部门分工明确、职责清晰、层层落实、全员参与，形成了协同作战就业长效机制。

2. 就业工作责任制度。实行“一把手工程”，建立目标责任制，分解各项工作指标落实到就业指导部门和各系部，建立毕业生就业质量考核评估体系和奖惩激励机制，各系书记和主任是第一第二责任人，将就业工作考评直接与其述职考评挂钩。

（二）构建“职业生涯规划”为主导的就业与创业课程体系

1. 职业规划。围绕“规划、就业、创业”这一条主线，将职业生涯规划、就业与创业指导课程列入公共必修课；通过五个结合，即：结合新生教育帮助学生建立职业生涯意识，结合职业生涯规划训练和赛事帮助学生构建合理的知识、能力结构，结合军人素养、军队传统教育增强学生关键能力，结合成功案例与实战演练提高学生分析解决问题能力，结合社会需求和职场规则采取个体为主体的体验式教学模式，实现从“校园人”到“职业人”的转变；实现二个引领，即：引领广大学生自觉树立面向基层、服务社会的成才观、择业观和就业观，提高就业能力；引领学生树立创业意识与创业精神。

2. 创业教育。学院成立创业指导中心，以创新精神培育为主线，实施创业通识教育，开设“就业与创业”、“实践与创新”、“创业基础”等系列讲座活动，开展“科技创新与创业设计大赛”活动，结合“产品研发中心”组织学生参与产品营销、产品开发、创业策划等实践活动以及市场营销、服装表演、影视表演专业等专业组织经营服

务和演出活动，锻炼学生的创新能力和机会意识。

（三）理论研究推进就业工作“专业化、专家化”

就业研究。职业指导与服务团队以就业工作课题研究为依托，提高就业工作理论研究水平，实现理论——实践——理论的良性循环；先后承担省、市就业工作科研课题6项；在省级以上刊物发表就业论文10余篇；荣获省市教科研成果奖3项；研究成果应用到自编教材和教学实践，有力推动了就业工作“专业化、专家化”进程。

三、“就业好才是真正好”，关键是谁说好

我们认为，高职毕业生就业质量的评判标准关键在于学生、企业、社会“三满意”。

1. 学生满意。毕业生就业率多年来保持在98%以上，位居同类院校前列，金融危机影响“就业难”的背景下仍达到98.3%；落户“国字、中字头及五百强”等大型企业的毕业生明显增多，岗位稳定率和薪资水平显著提高，实现高质量就业。

2. 企业满意。用人单位普遍反映，邢职毕业生作风过硬，岗位适应力强，稳定率和成才率高，在相关企业员工比例中占据明显优势；多家经济技术开发区与学院签订人力资源战略合作协议，连续3年以上录用我院毕业生的单位达到77.9%。

3. 社会满意。学院高就业率和高质量就业，引起社会各界广泛关注，毕业生家长对高职教育高度认可，近年来报考率、报到率不断上升。光明日报、中国青年报、河北日报、中国教育电视台、河北电视台等20余家主流媒体先后深入报道，荣获“全国普通高校就业工作先进单位”、多次评为河北省就业工作先进集体；荣获中青报“全国就业星级示范校”荣誉称号。学院的社会影响和品牌形象不断提升。

随着国家经济转型和产业升级，就业结构必将进行调整，中央也提出“体面劳动”的时代命题，在这一新的经济发展形势和时代要求下，我们将贯彻落实《国家中长期教育改革与发展纲要》，结合经济结构调整进一步推进人才培养模式改革；加大就业指导与服务的科研力度，完善就业机制，更加科学有效地开展工作；突出人文关怀，强化个性化就业指导与服务，促进高职毕业生“体面就业”；深入展开创业教育，增强创新能力和创业情商；继续推进与用人单位建立人力资源战略合作关系的就业基地建设。

提升就业工作质量　服务国家发展需要

东北大学

东北大学是一所以工为主的多科性教育部直属大学，是国家首批“211 工程”和“985 工程”重点建设的学校，是本科教学工作水平评估优秀学校。学校现有全日制在校学生 3 万余人，专任教师 2300 余人，“两院”院士 5 人。有 3 个一级学科国家重点学科，4 个二级学科国家重点学科，共涵盖 15 个二级学科，1 个国家重点（培育）学科。有 2 个国家重点实验室，4 个国家工程（技术）研究中心。设有 65 个本科专业，173 个学科有权授予硕士学位，81 个学科有权授予博士学位。

学校就业工作遵循“科学化引领、专业化推动、体系化运作”的总体思路，实现了“稳定就业率、提升就业质量、促进人才培养、服务国家和区域发展战略”的工作目标。近三年，相继被评为辽宁省、国家“高校毕业生就业工作先进集体”、“全国毕业生就业典型经验高校”。就业工作形成了以下四个特色。

一、强化主流价值导向，唱响“国家至上”的就业主旋律

1. 以加强创新型人才培养为根本，主动适应国家发展需要

学校面向国民经济建设主战场，大力推动教育教学改革和人才培养模式创新。一

是依托“985”和“211”工程建设，改善学科专业结构与布局，建立多学科协调发展格局。在巩固冶金、矿业等传统优势学科同时，大力发展自动化、计算机等新兴学科和生物医学工程等交叉学科。仅2010年，学校就立足国家大力发展战略性新兴产业的需要，成功申办了物联网工程等四个新办专业。

二是适应创新型国家建设需要，提升学生综合素质，构建个性化人才培养模式。学校不断调整教学计划，增加专业类、实践类、创新创业类课程学时，强化学生的专业素质、动手能力和创新精神。同时，还与辽宁省政府合作，共同建立辽宁省大学生就业实训示范基地，在5大类工科专业按照32个岗位方向培养学生技能。此外，学校还积极与东软集团、济钢等单位联合打造“定制班”、“4＋1”等多种产学研相结合的特色人才培养模式。

三是构建基于就业工作的人才培养反馈机制。学校加强对社会需求的研究，每年收集一次用人单位及毕业生对人才培养的意见，每四年开展一次社会人才供需分析及学校毕业生质量分析，并及时将就业信息应用到招生、课程设置等人才培养环节。如：变社会急需的采矿、选矿专业隔年招生为每年招生，并适当扩大规模。

2. 以思想政治教育为抓手，激发学生成才报国的责任意识

学校以思想教育为先导，突出“我与祖国共发展”的择业观教育，深入挖掘校史中蕴含的丰富爱国主义教育资源，通过“践行理想·成才报国”、“青年志·成功行”等主题教育活动，融入形势教育、国情教育、价值观和成才观教育等诸多内容，倡导爱国奉献的时代主题。五年来，毕业生到国家重点用人单位就业的比例由21.8％提高到30.2％，就业质量不断提升。

3. 以就业项目为重要载体，积极引导毕业生服务国家需要

学校将“入伍预征”、“西部计划”和“辽西北计划”等国家和地方就业项目作为学生成长成才的重要途径。强化组织领导，建立起以思想发动、氛围营造、典型引路、课堂教学等为重点的立体化宣传、教育体系，并划拨10万元经费，专门用于就业项目的宣传、动员等工作，同时建立激励机制，修订并完善《东北大学学生服务西部、基层和艰苦边远地区奖励实施办法》。仅2010年，就有25名志愿服务西部、基层的学生在毕业典礼上被授予荣誉称号，并获得13.5万元的奖励；到国家重点引导的西部地区和基层就业的比例分别达到11.64％和34.6％。教育部有关工作简报曾就“东北大学积极引导毕业生到基层就业”进行专题报道。

4. 以区域及国家发展战略为导向，加强重点就业市场建设

学校紧扣我国经济社会发展主导行业、重点领域、战略性新兴产业，科学规划目标就业市场，将珠三角、长三角、东北老工业基地、滨海新区和西部等国家重点建设地区以及冶金、航空航天等重点行业作为市场开拓重点，确定了10000余家重点用人单位，通过深化与企业、政府的就业合作，畅通向这些领域输送优秀毕业生的就业渠道。近两年，这些地区和领域进校招聘单位数量平均增长22%。

二、大力提升“全程化、全员化、专业化、信息化、人性化”建设水平，打造更高质量的就业指导与服务

1. 科学规划，将生涯发展指导贯穿人才培养全过程

学校结合学生成长规律，科学规划并制定《东北大学学生生涯发展指导内容体系》，分年级实施，一年级以“目标教育”为牵引，重点开展就业形势及职业生涯规划指导，二、三年级以“能力提升工程”为载体，重点开展以培养职业化精神与能力为核心的素质拓展训练，四年级以“求职辅导系列活动”和“职业辅导月系列活动”为依托，侧重择业与职场适应指导。

2. 构建组织领导体系，打造就业工作合力

学校不断强化“大就业”概念，建立起“领导主抓、中心统筹、院系为主、全员参与”的运行机制。一是学校成立了由书记、校长任组长的领导小组，各学院成立了由院长、书记任组长的工作小组和就业指导专家委员会，各级组织和部门明确“一把手”是第一责任人。二是建立起由学生指导服务中心统筹，校友会办公室、团委、学生处、教务处等广泛参与的部门联动机制。三是充分发挥学院党团组织、研究所及专业教师的作用。2010年，工程力学专业教师成功推荐毕业生就业比例达50%以上。

3. 系统推进队伍建设，夯实就业工作的专业化基础

学校抓住规模、结构、水平等队伍建设核心，以队伍专业化推动工作专业化。一是科学规划学生工作队伍研究方向，目前学院学生工作干部中有15人从事就业方向研究。二是根据就业工作总体要求，制定专业化、分类别的培训方案。仅2010年培训专、兼职人员38人次。目前全校就业指导师（职业规划师）33名，100％覆盖到各学院。三是搭建学习平台、研究平台和工作平台，开展课题研究、工作研讨和组织课堂教学等活动。近两年，就业工作队伍承担或参与部省以上课题11项，发表就业工作相关论文百余篇。

4. 以信息化建设为推动，开创指导服务工作的新模式

学校充分利用现代信息技术，以就业信息网的建设为着力点，在优化就业工作流程的基础上，整合学生、单位、学校主管部门等多方面需求，开发建设了包括远程面试、手机短信平台、职前教育网络学堂、网络办公等诸多系统在内，集指导、管理、服务等多种功能于一体的综合性就业网络服务平台，开展了职业测评、网上招聘、政策咨询、发展指导等多种深度的个性化服务，实现了就业工作“一网打尽”，建立了全新的网络化、信息化指导服务模式。

5. 完善“三全”模式，打造人性化就业服务

几年来，学校怀着对学生和用人单位的满腔热情，倾心打造了“三全”服务模式。一是全天候，学生随时有困难，学校随时解决。二是全覆盖。学校不断完善普遍指导、分类指导与个别指导相结合的服务模式，在为全体学生打造就业指导课群、“青年·成功”讲坛等精品服务载体的同时，也为考研、出国、考公务员等群体打造个性化的“专题加油站”，更为有特殊需求的个体打造了大型发展咨询会、生涯发展咨询室等服务平台。三是全过程。一报（学生指导服务报）、一网（就业信息网）、一台（常年设立的就业服务台）、一线（生涯发展咨询热线）伴随学生成长成才全过程。同时，学校严格选拔出的大学生就业服务队，伴随用人单位进校招聘全程。2010年调查显示，毕业生和用人单位对学校的满意度分别高达94.5％和99.3％。

三、创新工作体制，构建“四助”帮扶模式，大力促进就业困难学生充分就业

学校把解决好自身条件差、专业需求少、家庭经济困难等学生群体的就业摆在更加突出的位置。针对这部分群体，学校以体制创新为抓手，从深层次解决学生就业问题。

2005年，学校将心理、资助工作并入到就业工作中，成立学生指导服务中心。几年来，学校充分发挥体制优势，全面构建了集“经济援助、心理援助、岗位援助和能力援助”为一体的“四助”帮扶模式，有效促进了就业困难群体的全面发展并成功就业。首先，每年划拨20万元专项经费用于就业困难群体求职路费补助和参加技能培训，并免费提供信息查询、长途电话和传真等服务。其次，学校以“阳光心理工程”为依托，采取团体心理辅导和个性化心理咨询相结合的办法，帮助就业困难群体树立求职信心。再次，学校充分发挥就业基地和专业教师的作用，采取“一对一”推荐与举办特殊专业类毕业生专场招聘会相结合的方式，给就业困难群体提供岗位。最后，学校实施“六项能力提升工程”，帮助就业困难群体适应社会，走向成功。

2010年家庭经济特别困难和地震重灾区毕业生再次实现100%就业。《部属高校深入学习实践科学发展观活动简报》、《中央深入学习实践科学发展观活动简报》曾就“东北大学积极采取针对性措施，破解困难学生就业难题”进行专题报道。

四、拓展有效途径，大力推进创新创业教育

学校将创新创业教育作为人才培养和就业工作的重要内容，以意识、精神和能力的培养为基础，以科技创新为抓手，有效提高学生创新创业素质。

一是构建了集组织保障、教学科研优势资源保障、政策保障、队伍保障等为一体的保障体系，保证创新创业教育落到实处。学校由专门成立的学生创新中心牵头，与团委、学生指导服务中心等部门共同开展创新创业教育。

二是构建了课堂教学、创新创业实践、校园文化、科研训练、科技竞赛等5个平台，大力推进创新创业教育。目前学校已打造了三个层次的创新创业类课程、校内外相结合的创新创业基地、以“创意节、科普节、科技节、创业节”等品牌活动为主体的校园文化、以“国家大学生创新性试验计划”为核心的学生科研训练体系和以“挑战杯”为龙头的学生科技竞赛体系。

三是创新创业教育取得了阶段性成果。学校形成了浓厚的创新创业氛围。2010年，创新项目立项首次突破百项，8000多人次报名参加了校级以上各类科技竞赛，科普立项工作实现全覆盖，每名本科生每年至少参与一次创新创业教育活动。学生创业热情日益高涨，在校生在学校科技产业集团共孵化出29个公司，仅2010年学校就向辽宁省推荐了4个创业孵化项目，2个成功入驻。校友中不断涌现出以东软集团总裁刘积仁、神州数码公司总裁郭为等为代表的创业典型。

突出航运特色　打造“六大”平台全方位提升学生就业质量

大连海事大学

大连海事大学是交通运输部所属的全国重点大学，是被国际海事组织认定的世界上少数几所“享有国际盛誉”的海事院校之一，在交通航运行业中具有强大的优势，在我国从航运大国向航运强国迈进的征程中也扮演着非常重要的角色。学校培养的人才质量得到了港行企事业单位的充分认可，航海类毕业生供求比一直保持1∶3左右。即便这样，学校仍然高度重视学生就业工作，始终坚持以科学发展为统领、以学生需求为根本、以提高质量为重点、以按需投入为保障、以完善机制为动力、以创新载体为手段的就业工作实践，突出航运特色，全力打造“六大”就业平台，全方位提升学生就业质量。

一、打造强大的就业服务平台——按需投入，坚持把就业工作放在首位

学校党政领导深刻认识到，学生就业工作是学校的生命线，是全局工作的重要组成部分。明确提出“待生如子、爱校如家，帮助毕业生找到满意的工作”，并多次强调：“大连海事大学还不是中国最好的大学，但要努力成为对学生最好的大学，学生就业工作一定要摆在首位。”要舍得为就业工作投入，不能仅仅是满足于学生就业，而是

要千方百计地让学生更好地就业，全力以赴地提高学生的就业质量。

学校全面落实就业指导服务“三到位”。一是机构到位。将学生就业指导中心设为独立的正处级单位，一正三副，共设12个编制。专职就业工作人员14人。二是场地到位。单独建立一栋4000平方米的大楼，作为就业工作专用场地。三是经费到位。于2008年投入就业经费100万元，后逐年增加，今年增至138万元。

学校深入推进就业指导服务“四化”建设。一是全员化。在学校高度重视和大力支持下，职能部门、学院（系）及广大教职员工也积极参与学生就业。二是全程化。自新生入学起就开设《职业生涯规划课》；大二、大三年级开设《就业与创业实训》课；大三、大四开设《就业指导》必修课。三是专业化。将就业指导人员纳入教师岗位管理，组织参加职业指导师等培训，提高专业化水平。四是信息化。开展网络在线咨询，利用测评软件进行职业测试并帮助规划职业生涯。

二、打造稳定的就业拓展平台——巩固航运优势，实行“星级”攻略

共和国几乎每一条远洋船舶都有大连海事大学学子的身影。学校就业工作的优势领域主要是交通运输行业，特别是航运界。在交通运输部人劳司、科技司、海事局及教育部高教学生司的指导下，学校于2002年发起成立了“全国航海类专业毕业生就业工作协作组”，现已发展到130家会员单位，包括35家航海教育机构和95家港航企事业单位，成为国内最大的行业协作体，为航海类人才供求配置发挥了重要作用。自协作组成立以来，学校连任三届理事长单位，扩大了在航海类专业学生培养机构和航运企事业单位中的影响，对非航海类专业学生就业市场开拓也起到了积极的推动作用。

学校每年根据毕业生向往用人单位的问卷调查，确定用人单位等级。对学生向往的“四星、五星级”用人单位，书记、校长亲自带队，主动登门宣传，打开突破口。近年来，校领导亲自带队先后到北京、上海、广州、天津、南通等地开拓就业市场；邀请中国交通建设集团、中国航空工业集团公司、中国外运长航集团有限公司等进校招聘。与北京经济技术开发区、南通人事局等建立了长期合作关系。学生就业指导中心及时跟进保持密切联系。对历年进校的企业实行动态“星级管理”，加强情感维护。不断加大“走出去、请进来”的力度，通过“以点带面”、“派生”等创新手段加强就业市场开拓与维护。加强“海大就业网”平台建设，提高学生就业信息化服务水平。

三、打造完备的创新创业平台——完善创新创业培养机制，实现与用人单位的“无缝对接”

近年来，学校一直努力探索人才培养的新模式。自2006年起每年投入40万元，学校在全国率先启动了“大学生专业技能等级大赛”，结合各专业特点设计了57项专业技能等级项目，引导学生从课堂中来到实践中去，使学生的能力素质更贴近社会的实际需求，实现了学生专业与就业的“无缝对接”。此举得到了用人单位的充分认可，受到广大师生的热烈响应，70％以上的学生积极参与其中。

为了提高学生的创新、就业与创业能力，支持学生思维上创新、岗位上创业、理论中实践，努力培养出适应社会发展需求的高素质创新型人才，学校今年增加增加投入30万元，作为学生创新创业专项经费。与大连凌峰科技发展有限公司签署战略合作协议，每年向我校出资100万元，建立“大连海事大学大学生凌峰科技创新创业基金”。这是辽宁省高校首例设立100万基金用于大学生创新创业。

学生创业人数逐年增加，涌现出许多成功创业的典型。在读博士生杨健作为全国大学生创业典型，受到温家宝总理的接见，2010 年被教育部、中宣部、团中央选定为全国大学毕业生建功立业先进事迹报告团成员；去年毕业的硕士研究生崔伊霞，现已是 3 家公司的老板，被评为大连市“女大学生创业标兵”……

四、打造独特的情商培养平台——加强情商素质培养，努力提高学生就业、从业的综合竞争力

学生就业和从业能力的竞争是综合素质的竞争。近年来，学校在加强智商培养的同时，深入开展学生情商培养。在全国率先设立了“情商奖学金”，每年投入 72 万元激励学生加强情商培养。

学校开设“情商发展”选修课；要求指导员为学生开展情商培养专题讲座。以学生社团为载体，组织“百团大战”，开展“表达工程”、“读书会”等丰富多彩的情商培养实践活动。2008 年，我校学生梁艳当选奥运火炬手，郑丽成功入选中国大学生首支北极考察队。

五、打造特色的半军事管理平台——以军人般的素质，赢得用人单位的青睐

半军事管理是高等航海院校培养航海人才的重要手段。长期以来，学校坚持对航海类学生实施具有鲜明特色的半军事管理。率先实施“校衔制”管理；创建半军事管理军政素质养成区、专业素质拓展区。航海类学生每天早晨跑操锻炼，上课统一列队。统一着制服参加各项大型活动，充分展示了海大学子的优异风采！实行卫兵勤务制度，提高了学生岗位责任意识。自1989年起，每周一早晨或重大纪念日，全校学生都统一着装参加升国旗仪式，加强爱国主义教育。

多年来，特色鲜明的半军事管理，为高素质航运人才培养创造了优良的土壤环境，培养了学生强烈的爱国热情和军人般的素质。学校成为国际海事大学联合会主席单位；组建的学生“变形方队”体现出军事院校才有的水平；航海、轮机专业号称全世界最好的专业。学生多次受到党和国家各级领导人、专家及社会各界人士的高度评价，也得到用人单位的广泛认可和好评。交通运输、港航企事业单位历来认为我校航海类毕业生不仅拥有丰富的专业理论知识，还拥有较强的动手实践能力和严格的纪律遵守观念。近几年来，航海类毕业生供求比一直保持1∶3左右。许多航运企业老总纷纷表示：“大连海事大学的毕业生，素质高、纪律强，有多少我们要多少。”

六、打造规范的教育教学改革平台——以高质量的人才培养，提高学生的核心竞争力

学校一直致力于建立科学、规范的教育教学质量监控体系。1998年，学校的质量管理体系通过挪威船级社（DNV）和部海事局的认证，成为我国第一所获得ISO9001质量管理体系认证证书和DNV三个认证规则证书的大学。

学校根据国家和地区、行业经济建设与社会发展的需要，结合用人单位对人才需求的反馈情况，以社会需求为导向，以质量求生存，开展毕业生质量跟踪调查。以此为依据，科学制定分省、分专业招生计划，提高学生的生源质量；科学调整人才培养方案，加强教育教学改革，以培养出最适合、满足企业需求的毕业生。

2009年，学校制定《关于进一步推动就业工作的意见》，明确要求本科生、研究生就业率与招生规模挂钩，毕业生就业率和就业质量有了明显的提高。学校不断加强对就业“出口”反馈信息的重视，紧紧抓住就业“龙头”，建立健全“倒推”机制，通过就业工作反馈信息“推动”招生、教学、教育、管理、培养等各项工作。

近年来，学校就业工作扎实推进，毕业生就业质量逐年提高。学校连续三年被评为“辽宁省高校毕业生就业工作先进集体”；2010年被评为“辽宁省大学生创业教育示范校”；涌现很多全国、全省就业先进个人。在深入学习实践科学发展观活动中，我校成为中宣部在全国遴选的四所宣传典型高校之一，于2009年6月7日中央电视台一套《新闻联播》题为“以学生为本，突出实践特色，促进学生就业，服务经济社会取得实效”报道了我校就业工作。2010年，“大连海事大学五招化解就业压力”一文在《中国交通报》刊发……

积极创新人才培养模式和就业工作模式 不断开创毕业生就业工作新局面

长春理工大学

一、学校概况

长春理工大学，原名长春光学精密机械学院，1958年由中国科学院创办，著名科学家、两院院士王大珩为主要创始人。学校先后隶属于中国科学院、国防科委、五机部、机械委、机电部、中国兵器工业总公司；1999年被划转为以吉林省管理为主，并与国防科工委共建；2002年更名为长春理工大学；2004年被确定为吉林省重点大学；2005年在教育部本科教学工作水平评估中获得优秀。学校现已发展成为一所以光电技术为特色，光、机、电、算、材相结合为优势，工、理、文、经、管、法协调发展的教学研究型大学。

学校现有全日制在校生21422人，其中，博士生326人，硕士生3260人，本科生17643人，留学生193人；教职工总数2033人，其中双聘院士5人，博士生导师76人，教授（研究员）173人。

学校有7个博士学位授权一级学科，20个博士学位授权二级学科；16个硕士学位授权一级学科，77个硕士学位授权点；有6个博士后科研流动站，1个国家重点学科，

3 个国防特色学科，12 个吉林省重点学科；有 52 个本科专业，覆盖工、理、文、经、管、法 6 大学科门类。学校具有硕士研究生单独招考权和优秀应届本科毕业生免试攻读硕士学位推荐权。

近年来先后承担“863”、“973”、“国家自然科学基金”等国家、部委和省级科研项目 1100 多项，190 多项科研成果获国家、省部级奖励。学校连续两年科研经费到款超过亿元。

多年来，长春理工大学始终高度重视就业工作，把就业工作作为学校生存发展的生命线，坚持以科学有效的机制体制保障就业工作，形成了人人参与就业、人人服务就业的良好氛围；坚持以人才培养模式创新夯实工作基础，形成了高质量培养和高质量就业的良性循环；坚持以人为本，打造全方位服务平台，有力助推学生高比率就业。学校的就业工作形成了鲜明的特色，取得了良好的成效。2010 年本科生就业率为 95.72%，其中，进入世界和国内 500 强的占 31.5%（见图 1），进入经济排名前 10 名城市和直辖市的占 32%（见图 2），考研率为 22.7%。

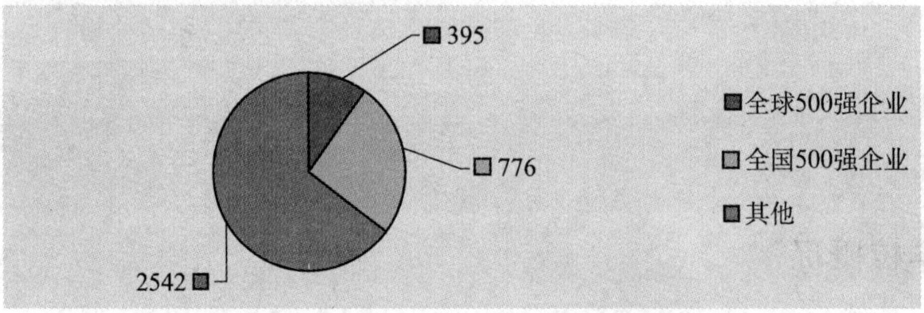

图 1　2010 届毕业生进入世界 500 强、国内 500 情况示意图

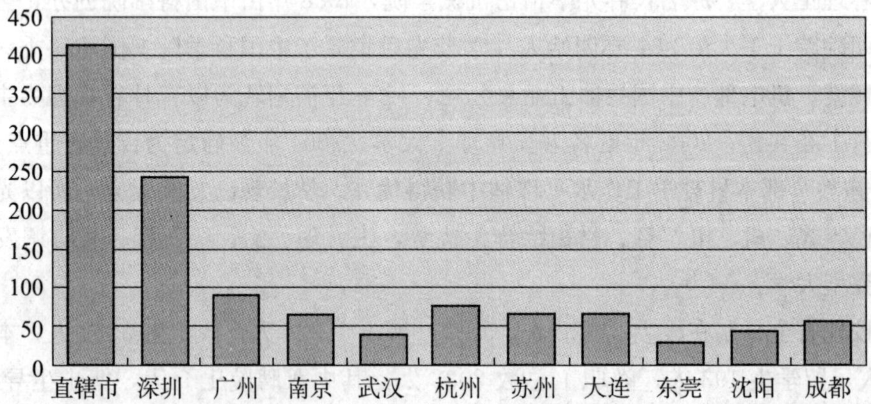

图 2　2010 届毕业生进入经济排名前十位城市及直辖市就业人数示意图

二、工作特色

（一）深化全员育人理念，以科学的机制体制构建全员化格局

1. 构建了“全员、全方位、全过程”的工作体制

实施一把手工程和两级管理体制。学校成立了大学生就业工作领导小组，负责指导和协调各部门开展工作。各学院也成立了相应的工作小组，负责本学院的就业工作（见图3）。学校从学生成长成才需要出发，将就业教育与指导贯穿于大学四年，形成了党委统一领导、党政齐抓共管、部门分工协作、贯穿学生培养始终的“全员、全方位、全过程”就业工作体制。

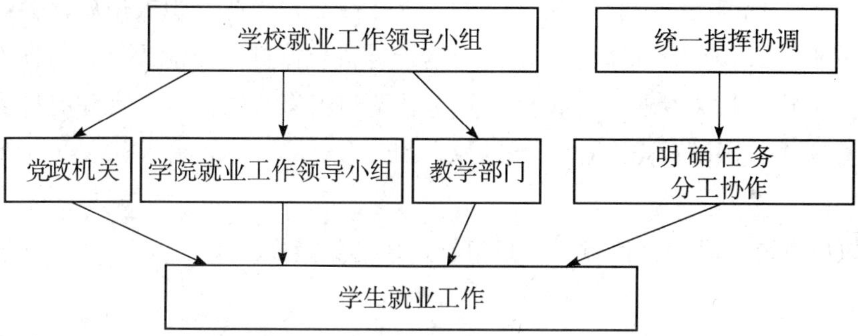

图3

2. 构建了“多元化、多角度、多层面”联动的工作机制

一是实现了“招生、培养、就业”的多元联动。学校在27个省市实现一批次招生，学苗质量好；不断深化教育教学改革，创新培养模式，人才培养质量高；招生和培养促进了就业，好的就业又拉动了招生和培养，形成了多元联动、良性循环。

二是实现了“思想教育、专业教育、就业教育”的多角度联动。全方位的思想教育，锻造了学生过硬的综合素质；科学化的专业教育，夯实了学生的理论和实践基础；各项就业教育，提升了学生的就业能力。多角度教育联动，促进了学生成长成才、顺利就业。

三是实现了“专业教师、辅导员、就业队伍”的多层面联动。专业教师充分发挥自身的教学科研优势，拓宽就业渠道；近百名一线辅导员为学生就业付出了辛勤的劳动；专业化的就业队伍为学生提供优质的服务。多层面队伍的联动，营造了合力育人、共促就业的良好氛围。

3. 建设了“高标准、高素质、高水平”的工作主体

学校确保机构、人员、经费三到位。就业指导中心为正处级建制，3个科室，专兼职就业指导人员38人，就业专用场地4000余平方米，每年投入经费100余万元，人员、经费、场地满足了年5000余名学生就业的需要。

（二）深化教育教学改革，以高质量人才培养促进高质量就业

1. 以社会需求为导向，不断优化专业结构

近年来，学校围绕中石化、电子信息、新材料三大产业，积极拓展社会经济发展所需的新专业。2010年获教育部批准的光电子材料与器件、新能源材料与器件2个国家战略性新兴产业相关专业，使我校专业建设站到国家战略高度。现建有国家级特色专业建设点7个、国防重点专业1个。

2. 以提高培养质量为目标，不断创新人才培养模式

学校注重理工融合、文理渗透，建立了有利于学科交叉融合、与经济社会发展相适应的课程体系，有利于培养学生创新意识和实践能力的实验教学体系；构建了“教学科研结合”的教学模式和“互动研究”的教学方式；实施了“培养模式改革”、“优质课程建设”、“精品教材建设”、“教学能力提升”、“教学质量保障”等工程。已建成国家级人才培养模式创新实验区2个、国家级教学团队2个、国家级精品课4门、国家级双语教学示范课2门、国家级教学成果奖2项。

3. 以提升学生创新能力为重点，不断完善实践平台建设

学校秉承老校长王大珩院士提出的“教学、科研、实践”三结合的办学模式，不断加大实验室和实践基地建设整合力度，建成3个国家级实验教学示范中心；大力加

强校外实践基地建设，每年到校外实习学生约1万人次；开设了创新创业课程，设立创新学分，在省属高校中率先设立学生竞赛专项经费、科研基金，开展各类创新创业活动20余项，每年参与学生5000余人次。2005年至今，学生共获国家级以上创新创业奖项244项、申请专利5项、软件著作权18项；学校被批准为国家大学生创新性实验计划实施学校，2008－2010年有115项学生创新性实验计划项目被立为国家级项目。人才培养质量的不断提升，强有力地推动了就业率和就业质量的提高。

（三）深化全程就业指导，以全方位就业服务助推高比率就业

1. 搭建全程化就业指导平台

学校出台了《全程化就业指导工作实施意见》，按照“讲训结合、以赛代练”的原则，多措并举，搭建全程化就业指导平台。

一是健全了分年级、全过程的教育体系。一年级开设职业生涯规划课，二年级进行规划设计实践，三年级开设就业指导课，四年级进行实战演习（见图4）。

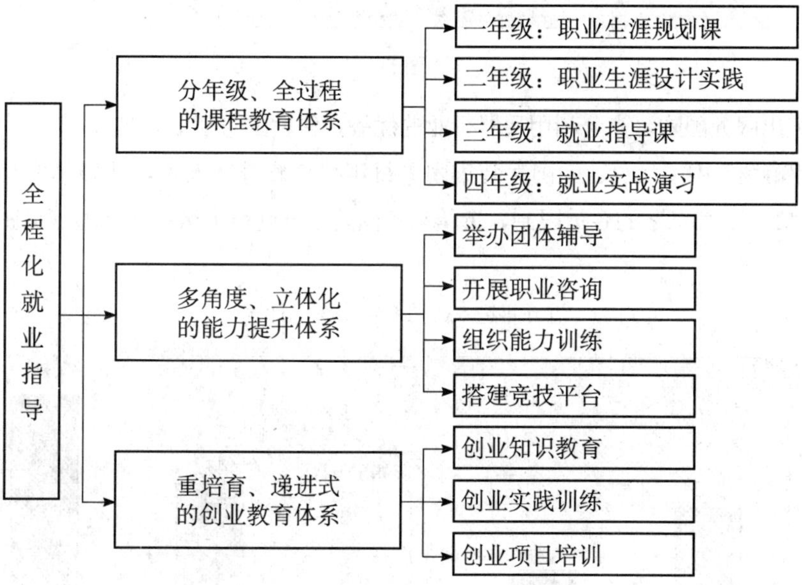

图4

二是健全了多角度、立体化的能力提升体系，开展“就业导航”、“就业能力助推计划”等活动，举办职业生涯规划、模拟招聘和简历设计大赛等，在省内高校中率先成立了“职业规划咨询工作室”。

三是健全了重培育、递进式的创业教育体系。学校成立了创业指导委员会，出台了《学生创业指导实施意见》，设立种子基金。2009年，学校被长春市认定为大学生“创新 创业 创造”活动培训基地。

2. 搭建特色化就业市场平台

学校确立了“依托专业特色、发挥行业优势”的市场开发战略，主打一类品牌，突出两项服务，搭建了学校特色与社会需求有效对接的市场平台。

一是主打光电技术传统特色专业品牌，以特色专业带动其他专业，积极占领国内重点城市和重点区域，2010年进入直辖市和东南沿海就业的毕业生达46.5%（见图5）。

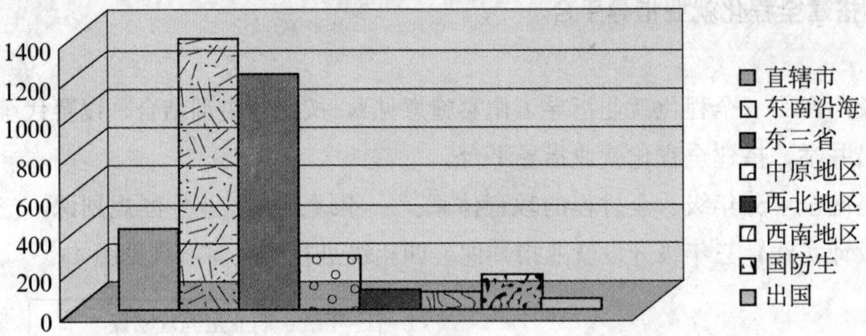

图5

二是突出服务国防，充分利用兵器行业的优势，建设国防就业基地25个，形成了稳固的国防就业市场。中国兵总、中国兵装集团等每年都来校遴选人才，部分单位对我校毕业生破除了“211”、“985”的政策限制，近年来到国防系统就业人数逐年递增（见图6）。

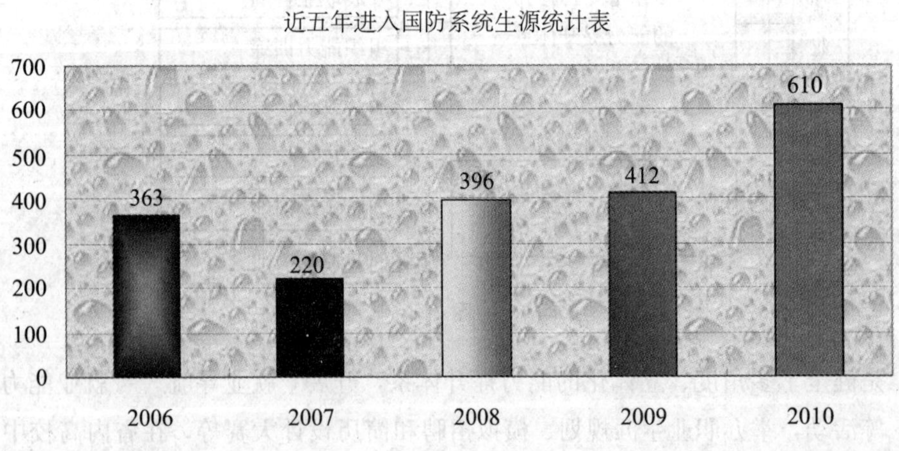

图6

三是突出服务吉林，紧紧抓住振兴东北老工业基地、吉林省八大产业跃升计划的有利时机，积极为吉林经济建设输送人才，近五年共输送毕业生4459人（见图7）。

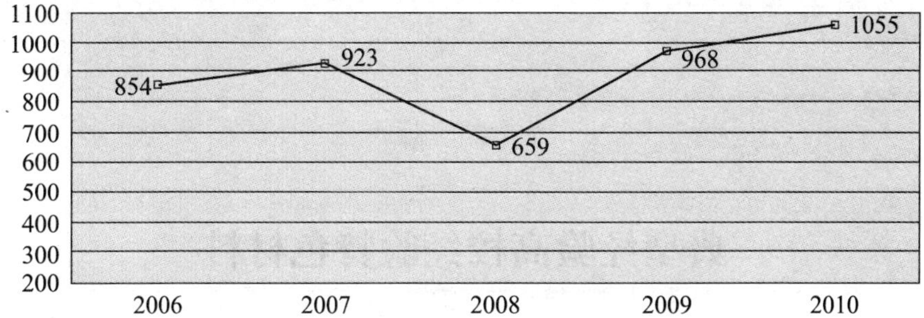

图7　近五年毕业生进入吉林省就业示意图

3. 搭建人性化就业服务平台

学校着力把握信息服务、政策引领、就业援助三项工作，有效提升就业服务水平。

一是建设了四大信息服务系统，即由就业信息网、手机短信发布、用人单位信息库等组成的“就业信息系统”，由就业计划审核、派遣管理等组成的“管理系统”，由职业测评、远程面试、在线咨询等组成的“咨询服务系统”，由辅导员博客、心理健康教育、学生资助等组成的“思想教育系统”，有效提升了现代化服务水平和就业效果。

二是充分利用各种宣传媒介，落实国家就业政策，鼓励学生到基层就业。

三是制定了分群体、分目标的就业援助措施。对经济困难和就业困难的学生，实施“助航计划”；对报考公务员、研究生的学生，实施“远航计划”。学生自发组建的“就业自助协会”等组织，切实发挥了自我援助的作用。

学校的人才培养质量和就业工作得到了社会的认同，社会声誉逐年提升。2010年学校获得“全国普通高等学校毕业生预征工作先进集体”、“吉林省就业管理工作先进集体”、“长春市就业工作先进单位”等表彰奖励；近三年涌现出国家级先进个人1人，省市级先进个人7人，各级媒体宣传报道30余次。2011年，吉林省委主办刊物《新长征》对学校就业工作予以专版报道。

典型经验高校经验特色材料

长春职业技术学院

长春职业技术学院是经吉林省政府批准成立，具有高等教育招生资格，以高等职业教育为主、社会培训与认证教育协调发展的公办综合性职业技术院校，是国家百所示范性高职院校。现有全日制在校生10200人，年非学历教育近万人。学院始终将就业工作作为总抓手、生命线，秉承“立德为先、强能为本、突出特色、和谐发展”的办学理念，坚持以服务为宗旨，以就业为导向，走产学研用相结合的办学方针，结合区域经济社会发展特点，把培养生产、建设、服务、管理一线的高素质技能型专门人才作为根本任务。“围绕一个宗旨、构建一个机制、创新两个平台、实施三个工程”开展就业工作，就业率连续三年保持在95%以上。2007年，荣获“全国高等职业院校就业质量50强”。2008年，被评为首届全国高职院校就业“星级示范校”。2009年，被评为吉林省普通高等学校毕业生就业工作先进集体。

一、以提高人才培养质量为宗旨，不断推进就业导向的教育教学改革

1. 以就业为导向，创新“五同”人才培养模式

学院遵循市场规律和高职教育规律，形成了政府主导、行业指导、企业参与的

学院鸟瞰图

“一主多元”办学模式。创建了股份制、校企联盟、定向协议、订单培养和中外联合办学等校企合作办学模式，使学校与企业在合作中形成了体制多元化、投资多渠道、管理多样化的共生共赢的共同体，建立了责、权、利统一的长效机制，稳定了学生就业的主渠道。学院探索出校企“共同制定人才培养方案、共同进行专业资源建设、共同实施实践教学管理、共同开展职业技能考核、共同完成顶岗实习就业”的“五同”人才培养模式，吸纳行业、企业参与人才培养与评价，将就业率、就业质量、企业满意度和对企业贡献大小等作为衡量人才培养质量的核心指标，全面提高了人才培养质量，为就业工作提供强有力的质量保障。

政府主导、行业指导、企业参与“一主多元”办学模式

2. 以行企需求为目标，实施专业结构调整与优化

专业设置适应市场需求是高职毕业生充分就业的根本保证。我院依托区域性汽车、

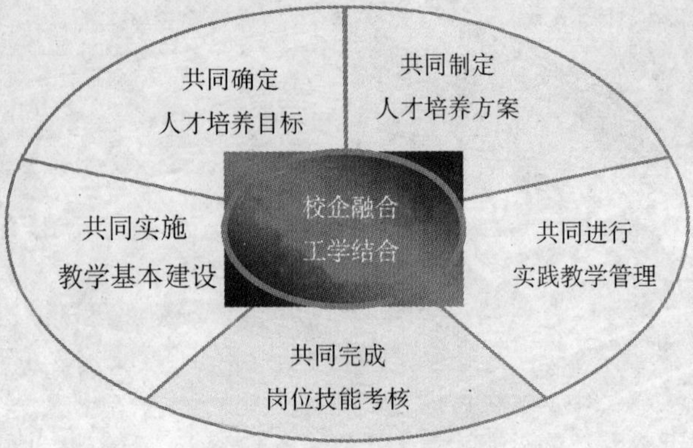

校企融合“五同”人才培养模式

农产品深加工、轨道装备三大支柱产业和五大战略新兴产业，主动服务于区域产业结构调整和经济发展方式转变，围绕区域性经济发展的重大项目深入调研，重点建设了汽车、食品、工程、信息、旅游五大品牌专业（群）。学院组成了由行业、企业、学校参加的专业建设指导委员会，根据长春市产业结构调整和自身办学条件，让专业建设围着产业发展转，新开设了城市轨道交通车辆、城市轨道交通控制等8个专业，停招了播音主持等5个专业，不断优化专业结构，做强专业特色，实现了学院专业设置与区域产业结构的对接，使人才培养的针对性、实效性更强。

3. 参照职业岗位标准，深化课程体系改革

遵循高技能人才成长规律和认知规律，学院参照行业、企业职业岗位标准，以符合专业相关技术领域职业岗位（群）所需要的知识、能力、素质为内容，构建并实施了“职业导向、双系交融、层阶递进”的课程体系。校企共同开发“工作过程导向”的专业课程和教学资源，推进任务驱动、项目导向等“教学做”一体的教学模式改革。2007年以来，学院共投入1300多万元，结合近200个生产项目，与行业、企业技术人员一起开发了58门全新的专业核心课程和相关教学资源。实现了“五个衔接”：即学校育人与企业用人目标相衔接；学校专业与企业需求相衔接；学校课程设置与企业岗位标准相衔接；学校教学与企业生产过程相衔接；学历证书与职业资格证书相衔接。企业评价我院学生“上手快、用得上、留得住、有贡献”。

4. 以实习就业双促进为抓手，加强实践教学能力建设

学院选择社会责任感较强、参与职业教育积极性较高，设施、技术、管理、效益

较好的企业作为合作伙伴，把校内实训与校外实习结合起来，把建立实习基地与就业基地结合起来，把企业需求与学校教学结合起来，建立了418家校外实训实习基地。在合作中，校企共同制定顶岗实习管理办法，实习教学有标准、有记录、有监督、有考评，提高顶岗实习质量，增强学生就业竞争力。三年来，学院通过“阶段轮岗”、“企业内训”、“季节性顶岗”等实习方式，使半年顶岗实习达到100%，通过实习而就业的学生占学院推荐就业学生总数的80%。

我院毕业生在实习就业基地——中国北车长春轨道客车股份有限公司工作

我院毕业生在实习就业基地—— 一汽—大众汽车有限公司工作

近三年，学院新增国家级优秀教学团队2个，省级优秀教学团队4个，国家级教学名师1人；国家重点建设专业5个，省级示范试点专业9个；国家级精品课程7门，教育部教指委精品课程18门，省级精品课程9门；国家教学成果二等奖1项，省级教学成果6项。学院曾荣获“全国职业教育先进单位”、“高校为振兴老工业基地服务先进单位”、“吉林省精神文明单位”、“吉林省五一劳动奖状”、“长春市人民满意学校”等荣誉称号。

二、构建“一个机制”，确保就业工作有序进行

学院构建了组织机构、制度政策、经费设施“三位一体”的保障机制，确保就业工作有序进行。

1. 学院成立“政企校三结合”就业工作领导小组，形成了就业工作长效机制

政府负责统筹指导，企业负责定向协调，学校负责具体实施。在校内由学院院长负总责，分管院长具体负责，实行学院、分院两级管理。通过推行就业包保责任制，人人有责，层层落实，学院每名毕业生均能得到有针对性的就业指导。

2. 学院制定“五法一例”，形成了就业管理长效机制

学院相继制定了毕业生跟踪管理办法、“双困”毕业生帮扶办法、毕业生创业促进办法、就业工作考核评价办法、就业指导课程管理办法和就业工作管理条例，通过工作制度的规范，确保就业工作质量。

3. 学院设立专项经费，形成了就业保障长效机制

在经费管理上，学院按照每年度应收学费总额的1%作为就业工作专项经费，并列入年度经费预算。学院就业指导工作设有“3个中心、6个办公室、5个创业基地”等硬件设施，有力保障了就业工作的开展。

三、创新“两个平台”，完善就业服务体系

1. 创新就业市场开发平台

在市场开发上我们及时跟进省内外新建、在建项目，敏锐捕捉就业信息，实行“培育、开发、巩固、拓建”多措并举，抢滩新兴人才市场，扩大就业基地。通过“播种”引导方式与企业架起桥梁——先选派少量的学生到企业顶岗实习，让企业了解、认可我院学生的专业技能、职业素质，进而使企业成为稳定的实习就业基地；通过“互利”合作方式，建立校企合作就业基地；学校领导、教师主动深入企业，以“他方为中心”，和毕业生一起，为企业提供技术服务和支持，赢得了企业信任，与他们建立了长期的合作关系；通过“网络”链接方式，充分利用互联网的互动性和开放性，建立就业网站，与吉林省、长春市人才网、高校毕业生就业网及上海、苏州等地的人才网站广泛合作，实现了无形就业市场的网络链接。多年来实现了按毕业生数量1∶3的比例为学生提供就业工作岗位，使毕业生充分就业。

2. 创新学生就业服务平台

（1）开展就业指导服务，培养学生职业精神，提高求职竞争力。一是全程化的职业生涯指导，学院将《职业指导与创业教育》课列为必修课，实行分年级、分模块、全过程职业指导。2009年，学院该门课程被评为教育部教指委精品课。二是信息化的个性指导，学院建立“QQ群”，开通在线咨询，设立心理健康咨询室、职业生涯规划与指导咨询室，多维度进行个性化指导，举办职业生涯规划大赛，以赛促教、以赛促学，并在全国职业生涯规划大赛中屡获佳绩。三是专业化的“零距离”职业指导，学院通过定期举办行企专家就业讲座、优秀毕业生座谈访谈会、企业参观和招聘会等形式，培养学生的职业道德、职业意识、职业态度和职业形象。

（2）开展就业咨询与顾问服务，为学生当好参谋、解决问题。学院就业工作人员和就业指导教师都是就业咨询员，随时受理学生的电话、网上及现场咨询，帮助学生解决在求职过程中遇到的求职准备、职业选择与规划、信息获取、应聘策略等问题，为学生做个性化的模拟招聘，极大地提高了毕业生的应聘成功率。

（3）开展心理健康服务，益增学生热爱生活、热爱生命的力量。学院设立心理健康咨询中心，通过开展心理健康讲座、咨询热线等方式，为广大学生提供个体咨询、团体咨询及危机干预。几年来，学院先后对近万名学生进行了心理健康状况普查，建立了学生心理健康档案，避免了多起心理问题的恶性发展。

四、实施“三个工程”，促进毕业生全面就业

1. 实施“创新、创业教育”工程

学院每年投入10万元专项资金，面向全体学生开展“大学生应用技术研究介入计划”工作。仅2009年就有51个项目立项，21项成功结题，极大地调动了学生的创新热情，培养了创新能力。我院学生多次在全国职业院校技能创新大赛中获金奖。

实施创业教育“四步走”计划。面向全体学生开展创业精神和创业意识教育；面向有创业意向和素质的学生开办创业培训班，开设创业服务网站；依托专业建立了五个学生创业基地；对创业学生给予资金扶持。几年来，我院创业项目分别荣获“昆山杯”全国大学生优秀创业团队大赛吉林省赛区选拔赛一、二等奖，第五届“挑战杯”吉林省大学生创业计划竞赛金、银及优秀奖。

我院学生在校内大学生创业中心——唯美图文社、中新国旅蓝星营业部工作

2. 实施“双困”毕业生就业帮扶工程

学院构建了“奖、贷、助、勤、补、免、捐”七位一体的资助体系，仅2007－2009年，学院共向“双困生”发放了困难补助、勤工助学金、国家助学金等共计1518

万元。学院建立“双困生”档案库，采取“一对一”的方式进行指导推荐，与企业沟通协调，帮助实现就业。

3. 实施毕业生跟踪调研工程

学院对毕业3年内的毕业生进行全员跟踪，4－5年进行半数跟踪，6－10年进行10％跟踪。采用多层次立体化调研方式，如开发测评软件、实施网上调查、开展问卷调查、建立用人单位和毕业生信息库以及实地走访等形式，跟踪毕业生情况，密切校企关系，也为学院人才培养及教育教学改革提供了重要的参考依据。2009年，具有公信度的第三方高校质量评估专业机构对我院2008届毕业生进行调查。结果显示，2008届毕业生对母校的总体满意度为89％，高出全国高职院校总体水平12个百分点；学生在中外合资、国有大中型企业、政府机构、科研事业单位就业的学生占总毕业生的56％；2008届32个专业毕业生平均月收入为2116元，高于全国高职院校毕业生月收入近500元；学院2008届毕业生自主创业的比例达4％，高于全国高职院校毕业生自主创业1％的比例。

学院到一汽——大众汽车有限公司成都分公司进行毕业生跟踪调查

“十二五”期间，学院将以社会需求、市场需求、企业需求为导向，以学生的职业生涯发展为主线，以职业能力培养为核心，进一步建立和完善就业制度体系、就业指导队伍体系、就业指导课程体系、就业基地市场体系、就业信息化体系、就业质量持续跟踪和动态测评体系、就业工作考核评价体系、就业管理与服务体系等就业工作“八大工程”，实现就业率高、就业质量高、企业单位评价高、毕业生评价高、顶岗实习预就业稳定率高的“五高”目标，不断提升学院就业工作的层次和水平。

服务区域经济　突出理工特色
促进毕业生充分和谐就业

哈尔滨理工大学

哈尔滨理工大学是黑龙江省省属规模最大的理工科大学。历经60年的发展，现已成为一所以工为主、理工结合，经、管、哲、文、法、教育等学科协调发展、具有较强办学实力和特色鲜明的教学研究型大学。建校已来，共为全国装备制造业培养了十万余名合格人才，被社会誉为“现代工程师”的摇篮和电线电缆行业的“黄埔军校”。

学校把毕业生就业工作当作一项系统工程，整合全校的资源，集全校的力量来推进。认真实施毕业生就业工作“一把手”工程，实行“校、院、系”三级管理，以院为主的毕业生就业工作体制，形成了“学校党政统一领导，招生与就业工作处统筹协调，各院、系全力以赴，职能部门积极配合，全校师生共同努力”的毕业生就业工作体系，全员参与毕业生就业工作，为毕业生就业工作的顺利开展保驾护航。在就业工作中，学校以优质的人才培养质量和水平为底蕴，以大学生“双实双业”综合基地为平台，以评选“心系祖国需要，志愿服务基层”优秀毕业生活动为载体，以借鉴和引入市场营销理念来维护和开发就业市场为中心，以强化对毕业生和用人单位服务为重点，努力促进毕业生和谐就业。2010年，毕业生初次就业率达到88.84%，年终就业率达到93%以上。

一、立足理工，强化质量，构建创新型人才培养体系

近年来，学校把“着力培养具备完整知识结构、较强工程实践能力和突出创新意识的优秀人才”作为推进人才培养模式改革与质量工程的落脚点，不断深化教育教学改革，立足理工科办学特色，从优化学科专业结构、强化学生工程实践能力、完善教学质量监控体系等方面入手，制定并实施多样化人才培养方案，培养具有科技研发和工程实践能力的现代工程师以及创新型、复合型管理人才。在专业建设方面，学校一直坚持专业方向的合理设置，保持行业优势与特色，鼓励各专业兴办辅修专业，条件成熟的学科可以接收其他学科学生攻读双学位，所培养的学生深受社会的好评与认同。2009 年以来，我校学生获省级以上创新创业竞赛奖项达 800 余人次，创新创业能力获得明显突破。

学校主动抓住振兴东北老工业基地的有利时机，依托学校的学科专业优势和特色，主动引导教师深入企业，“把项目做到企业里，把论文写在产品上”，与企业共同制定人才培养方案。近年来，通过对哈尔滨电站集团等 30 余家老工业基地改造的重点企业进行广泛深入的调研，学校通过“主流工作岗位需求目标导向”方法，在专业方向模块中嵌入企业实际需求的课程，并多数选用案例教学方式；在专业实践环节中强调学生进入企业实习，校企共同指导毕业设计，形成理论、实验、实习、毕业设计、就业相互关联一体的新的培养模式，努力打造行业的品牌，所培养的学生得到用人单位的广泛好评。2009 年，我校《面向东北老工业基地“定制式”人才培养模式的研究与实践》项目获国家级教学成果二等奖。

学校强化就业工作的导向作用，逐步建立了“招生——培养——就业”的一体化反馈机制，根据社会需求情况及时调整各专业的招生计划人数和专业设置。积极整合行业、企业、校友等社会优势资源，分别与大连软件园、昆山花桥经济开发区管理委员会、特变电工沈阳变压器有限责任公司等单位建立集学生实习、实训、就业等内容的基地 135 个。2010 年，学校用于学生实习实训经费达 220 多万元。

大型招聘会现场

学生工程实践基地

二、优化环境，依托平台，实施大学生创业就业促进工程

在创业教育的实践过程中，我们深刻体会到：以创业的理念引领大学生就业，不仅是应对严峻的就业形势，全面提升大学生就业竞争力的应时之需，更是教育创新模式、提升育人质量的应势之举。2009年初，我校开始实施大学生创业就业促进工程，依托我校国家大学科技园“双实双业”综合基地为平台，在学生的实习、实训、创业、就业四个方面进行有效整合，开展前期以创业论坛、创业培训、创业大赛为主的创业辅导；中期以创业实训、创业见习、创业导师辅导、鼓励政策为主的创业孵化；后期以孵化资金支持，实现小部分人自主创业、大部分人提高就业能力的目标。现在，我校已成为黑龙江省高校中以科技园为平台，面向大学生系统开展创业就业促进工作的引领者。

两年来，学校共投入基础建设、孵化基金等经费500万元，建成面积达2300平方米的大学生“双实双业”综合基地，其中可供大学生创业的场地面积达1200平方米。基地内包括嵌入式软件开发实训中心、仪器仪表测试实训中心，大学生创业财务咨询服务中心等6个实训中心，为大学生创业提供免费实训服务。同时，学校建设了大学生创业导师团，由校内专家学者、园内外企业家和管理人员共计40余人组成，开展大量富有成效的创业指导工作。对进入大学生创业基地的学生团队，从入驻之日起，第一年可享受房租免费政策，第二年享受教师开办企业场地租用费用的优惠政策，并免费向大学生创业者提供创业咨询、信息服务、项目推介、专业化辅导、融资服务等“保姆式”服务。

哈理工科技园“双实双业”综合基地

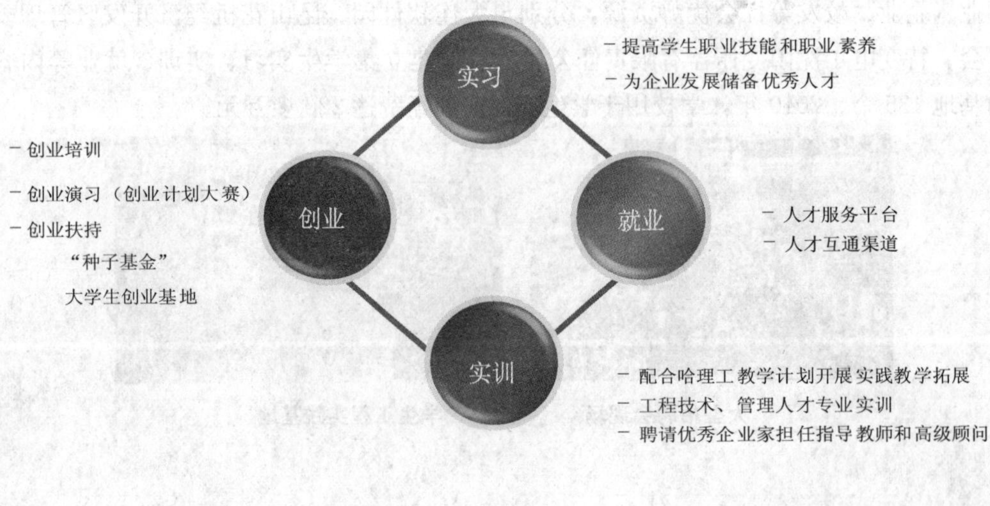

目前，在基地内注册的大学生创业企业 31 家，其中 16 家企业进行高科技项目创业。目前，10 家企业已孵化成功，在孵的 21 家企业大部分实现盈利，还有 20 家创业团队正申请注册，参与的学生达 300 余人，创业成功率高达 43.6%。2010 年，我校国家大学科技园被教育部、科技部批准为首批全国“高校学生科技创业实习基地”。

三、健全体制，创新思路，不断提升职业指导工作的力度和水平

1. 以评选“心系祖国需要，志愿服务基层”优秀毕业生活动为载体，积极引导和鼓励毕业生面向基层就业

学校从 2005 年开始，从加强教育引导、给予物质和精神奖励、减免校内贷款等多方面举措，切实引导和鼓励毕业生到基层企业、到艰苦行业建功立业。六年来，我校共有 402 名品学兼优的学生获得此项荣誉称号，学校共为他们减免校内贷款 398500 元，奖励人民币 894000 元。两年来，大学生预征入伍报名人数近 400 人，入伍学生 29 人。涌现出“中国十大杰出青年”曾满军，大学生志愿服务西部计划甘肃省先进个人、首届“黑龙江省十大杰出志愿者”陈艳刚等一批在基层成长成才的先进典型，对引导学生树立健康向上的择业观起到了积极的促进作用。2005 年 8 月 14 日，《光明日报》在头版以“哈尔滨理工大学鼓励毕业生把‘根’扎在基层”为标题对我校鼓励毕业生面向基层就业的做法进行了专题报道。

校领导与面向基层优秀毕业生合影

走访用人单位并探望校友

2. 以借鉴和引入市场营销理念来维护和开发就业市场为中心，完善校内就业市场体系建设

学校坚持每年春季和秋季分别组织就业工作人员开展大规模的用人单位走访活动，

开展就业信息收集、往届毕业生调研、推荐学生就业等工作，拓宽了学校毕业生的就业渠道，成效显著。2010年度共派出17个走访组，走访了18个省份的300余家用人单位和20余家就业指导机构，收集有效就业信息400余条，提供就业岗位近五千个，推荐就业困难学生近百人。2010年度共为毕业生组织大中小型及专场招聘会400余场，接待用人单位1000余家，校内就业市场体系建设初具规模，为毕业生充分就业提供了有力的支撑。

3. 以强化对毕业生和用人单位服务为重点，构建多层次、多渠道、全方位的就业服务体系

一是加强对就业工作人员的培训，努力打造“专家型”的就业工作队伍，切实提高职业指导和服务的水平；二是以珍惜每一次机会、珍惜每一个岗位为原则，协助用人单位开好校内各种类型招聘会，为他们提供周到细致的服务；三是把课堂与网络相结合，加强就业指导课程体系建设，为学生开设《大学生就业指导》、《职业生涯规划》、《创业管理》、《创业与创新管理》等课程，总学时为106学时，同时为毕业生提供个性化指导，提高毕业生的就业竞争力；四是以就业网络为平台，及时收集、整理和发布用人单位的需求信息，为毕业生和用人单位搭建便捷的交流平台；五是积极借助媒体途径以及校友的影响力，宣传学校的办学特色，推荐毕业生就业，得到了用人单位和毕业生的广泛好评；六是关爱特困学生，积极进行就业帮扶。2010年，学校90%左右的特困学生都实现顺利就业。

学校承办黑龙江省大学生创业大赛

广东校友企业联合召开招聘会

四、工作实绩

近年来，我校多样化的人才培养模式取得了积极的成效，“定制式”人才培养方案

逐步成熟，得到了用人单位的充分肯定，合作单位逐年增加。2009年，我校先后荣获黑龙江省毕业生就业工作“先进集体”、黑龙江省就业工作评估“优秀院校”和全国毕业生就业工作“先进集体”等荣誉称号。2006年，我校被推选为黑龙江省高教学会学生就业工作专业委员会理事长单位，校党委书记高军担任理事长。学校多次承办黑龙江省毕业生就业工作的大型活动，为黑龙江省毕业生就业工作的开展起到了积极的促进作用。

深化教育教学改革　创新人才培养模式 全程全员全方位做好毕业生就业工作

黑龙江东方学院

一、学校概况

黑龙江东方学院是在改革开放大潮中由黑龙江省一批离退休教育家创办的省内第一所民办高校，是全国首批民办本科高校之一。建校十八年来，在没有外部经费投入的情况下，完全依靠学费积累滚动发展，现已发展成为万人规模的综合性大学。学校现占地面积39.6万平方米，固定资产总值5.1亿元。设有计算机科学与电气工程、食品与环境工程、建筑工程、机电工程、经济贸易、管理、人文社会科学、外国语和艺术设计9个学部，涵盖工学、理学、经济学、管理学、文学、法学六个学科门类29个本科专业38个专业方向，在校生10212人，专任教师512名。建校伊始就提出把毕业生质量及其在人才市场上的竞争能力作为学校生存与发展的生命线。1993年在全省率先实行"学校推荐，供需见面，双向选择，自主择业"的毕业生就业制度。1999年起，学校实行就业工作的战略变革，逐步从"精英化就业"模式转移到"大众化就业"模式，大力推进毕业生面向基层就业和自主创业。学校曾获省教学成果一等奖；多次被评为省招生和毕业生就业先进单位；被授予黑龙江省民办高校示范单位和科教兴省先进单位；被黑龙江省确定为“特色应用型本科高校建设”试点院校。

二、就业工作的典型特色

（一）深化改革，开拓创新，创建“应用性、职业型、开放式”人才培养模式

1. 主动适应社会需求，不断优化人才培养方案

东方学院从建校之初就确立了应用性的办学方向。深化改革、提高质量贯穿了东方学院18年的发展历程。在专科教育阶段，“办社会之所需，补公办之所缺”，突出专业技能的培养和训练，形成了鲜明的专科办学特色，学院自建校以来，坚持深入开展专业改革建设大讨论，四次修定人才培养方案。密切适应人才市场需求，全面提升了人才培养质量。

2. 突破传统观念束缚，积极创新人才培养模式

学院始终坚持规模与质量的统一，树立了以提高质量为核心的教育发展观。学院不照搬套用公办院校的办学模式，敢于突破条条框框束缚，积极探索创新，逐步形成了“应用性、职业型、开放式”人才培养模式。这个模式的内涵是：以社会需求为导向，以专业建设为龙头，以“五个突破、五个创新”为主线，优化知识结构，强化能力培养，注重素质提高，面向行业，立足地方，与国家重点院校展开错位竞争，为生产、建设、管理第一线培养有社会责任感、有创新精神、有实践能力、有发展后劲的应用型、复合型、技能型人才，努力把东方学院办成培养应用型人才的摇篮。

在专业设置上，突破传统的专业设置束缚，构建立足地方、面向行业的专业结构体系，努力创新应用性特色专业方向，打造品牌专业；

在课程体系和教学内容上，突破知识本位和通识教育的模式的束缚，构建“基础理论够用、专业基础理论适用、专业理论管用”五大课程模块，努力把人才培养的重心从知识系统化转移到能力系统化上来；

在理论与实践的关系上，突破长期形成的重理论轻实践的传统教学观念，构建以

培养专业实践能力为核心的实践教学链，创新应用能力培养体系。每个专业制定实践能力考核指标，列入学生成绩考核内容；各专业普遍实行“3＋1”、“3.5＋0.5”教学模式，实现顶岗实习和就业的“无缝对接”；

在人才培养规格上，突破千人一面的培养模式，从学生的实际出发，构建多类型、个性化的培养平台，创新因材施教的培养机制。实行学分制和主辅修制，分类分层次教学，考取职业资格证书和考研辅导列入教学计划，提高学生的成才率；

在教学管理上，突破“以考为本”的应试教育模式，构建“以人为本”的教学管理机制，创新考试内容、方式和方法。把理论知识与实践能力的考核结合起来，多种形式进行考核。使考试变一元为多元，使学生变被动为主动，充分调动学生的学习主动性和积极性。

（二）积极探索出全程把关、全员参与、全方位服务，全面提高毕业生就业水平的工作机制

1. 全程把关“三维互动”，提高毕业生竞争力

学院视毕业生就业质量和就业竞争力为学院生存与发展的生命线。为提高毕业生竞争力，实施招生、培养、就业“三维互动”，全程把好质量关。一是在招生上，由省内招生扩大到全国17个省市招生。优化专业方向，吸引考生，提高生源质量，把好招生质量关；二是培养阶段，针对人才市场需求，科学制定培养方案，不断优化人才培养模式，加强特色专业建设，把好人才培养质量关；三是就业阶段，精心组织，突出政策导向，开展有针对性和实效性的就业观、择业观教育，唱响到基层就业的主旋律，与重点院校展开错位竞争，制定优惠政策支持鼓励毕业生自主创业，把好就业质量关；并根据就业状况，有针对性地调整招生计划、优化培养方案，灵活设置市场急需的特色专业方向，实现“入口旺、出口畅、中间培养有保障”“三维互动”，良性循环，保证毕业生的充分就业。

2. 全员参与就业指导，提高毕业生就业能力

（1）毕业生就业工作为学校“一把手”工程，实行问责制。制定工作制度，目标任务分解，层层落到人头，人员、机构、经费“三到位”，定期考核检查。（2）发动全校师生员工、校友及学生家长全员参与毕业生就业工作。依靠主任教授和任课教师的

学术地位、社会声望和人际关系向用人单位推荐毕业生；依托校友会、往届毕业生和学生家长建立毕业生就业联络点，搜集就业信息，开辟就业渠道；发挥校内各部门作用，开展职业资格证书培训，考研、考公务员辅导，增强毕业生的就业能力。(3) 构建创业启蒙、创业见习、创业实践、创业资金支持、创业发展“五层递进式”创业教育模式。成立就业创业指导教研室，把职业生涯规划课、就业创业指导列入教学计划，编写《大学生科学就业职业素质拓展训练指导教程》；设立奖励基金，大力扶持优秀毕业生自主创业。对自主创业的毕业生每人奖励2000元，每吸纳一名毕业生再奖励1000元；学校与北京光华慈善基金会签订协议每年支持每名创业的学生1万至3万元无责任担保贷款。(4) 创立“大学生科学就业职业素质拓展训练营”，请专家开展求职演讲、社交礼仪、面试技能、创业实训、职业技能、模拟笔试和面试等8个就业能力模块培训，以促进毕业生就业观念的转变和就业技能的提高。

3. 全方位提供就业服务，提高毕业生就业质量

(1) 发挥信息网络作用，优化就业信息服务。建立毕业生就业咨询服务室，组织网上双向选择招聘会，通过QQ、邮件、公告栏、手机短信等随时向全体毕业生发送就业信息。(2) 在北京、深圳、杭州、苏州、大连、天津、上海、青岛等8个地区建立了就业指导工作站，在17个城市建立了“校友会”，形成就业工作网络，面向全国推荐毕业生就业。(3) 每年邀请千家用人单位召开百余场校园招聘会和百余场网上招聘会，为每名毕业生提供8个以上就业岗位。(4) “走出去”，每年组织十几路人马，走访全国各地人才市场和用人单位，广泛收集就业信息；“请进来”，请专家、用人单位领导、往届优秀毕业生来校做就业辅导报告；毕业生就业工作人员实行“一对一”谈话制度和定期与家长沟通制度，及时了解毕业生思想及就业情况。对家庭经济困难或有其他特殊困难的毕业生，给予特殊关怀，优先向用人单位推荐。

由于毕业生基础扎实、实践能力较强，能较快适应岗位的需要而受到用人单位的欢迎。16届毕业生遍布全国20多个省市，毕业生就业率均在90%以上，毕业生的初次就业率和年终就业率始终居全省高校前列；有的学部毕业生考研率连续8年达到16%，有的专业达到31%；在本省就业的毕业生占毕业生总数的45%以上，为振兴东北老工业基地、黑龙江省社会经济发展输送了应用型人才。多次被授予高校毕业生就业先进单位称号，《光明日报》、《中国教育报》、《黑龙江日报》等多家媒体予以报道。2009年《黑龙江日报》以“一所民办高校就业率96.5%的启示”为题报导我校就业工作，中宣部新闻阅评小组以“由大学生就业难反观高校教育缺陷，黑龙江日报对东方学院的调查有启示意义”为题，刊登在供领导同志参阅的新闻阅评第455期上。

秉持“四全”理念　立足“三化”建设
构建具有复旦特色的就业创业工作服务体系

复旦大学

复旦大学作为全国首批“985”、“211”综合类高校，一直以来围绕建设世界一流大学的人才培养目标，将毕业生就业工作放在突出重要位置，积极探索并总结出了“全员参与、全程渗透、全方位拓展、全面覆盖”的就业工作理念，按“个性化、专业化、社会化”的就业工作内涵建设目标，构建具有复旦特色的就业创业工作服务体系。

在2010届的毕业生就业工作中，创新创业教育稳步推进，就业指导与服务的专业化水平稳步提高，市场开拓卓有成效，并进一步健全了就业工作与我校本科生、研究生的招生、培养的联动机制。截至2010年8月31日，我校毕业生总体就业率96.7%，其中研究生就业率98.4%，本科生95.1%，专科生97.9%，且用人单位的满意率高。

一、重视学生创新精神与实践能力培养，推进创新与创业教育

1. 以科技园为依托，大力推进创业工作

学校建立了“创业苗圃——深度孵化——加速孵化”的分类孵化体系，发挥科技

园在创业孵化中的主导作用。近5年来，我校产业办负责运营的上海市大学生科技创业天使基金复旦分基金累计评审通过大学生创业项目113项，支持成立大学生创业企业84家，注册资金4474万元，企业累计获得社会投资3000多万元，银行贷款820万。

2. 开展校园科技创新活动，提升创新能力

校教务处先后启动“莙政项目”、“望道项目”、“曦源项目”，支持本科生从事课外科技创新活动，累计资助1825项，资助金额为1103万元。2001年初，研究生院设立了研究生创新研究基金，累计资助项目664项，资助金额为892万元。在“挑战杯”全国大学生竞赛中，我校4次夺冠，成为第一所永久保留挑战杯的高校。

研究生创新基金启动

创业项目推介会

3. 多层次推进创业教育，营造创业氛围

我校坚持多年开设《创业学》课程，研究生院启动“创新创业英才计划——职业（辅修课程）项目”，校团委举办创业与创新课程，校产办“复旦分基金创业培训”已举办了10期；“聚劲杯”创业计划大赛已经连续举办5届。2009年我校国家大学科技园被科技部、教育部授予“大学生科技创业实习基地”称号；2010年5月，我校与上海市杨浦区人力资源与社会保障局签订了合作协议，设立“中国（上海）创业者公共实训基地复旦就业创业工作站”。2010年8月我校学生代表队在“昆山杯”全国大学生优秀创业团队大赛全国总决赛中荣获一等奖。

中国（上海）创业者公共实训基地复旦就业创业工作站成立

我校团队获得2010年“昆山杯”
全国大学生优秀创业团队大赛全国总决赛一等奖

二、建立健全机制，合力构建具有复旦特色的就业服务体系

1. 深化教育教学改革，探索具有复旦特色的人才培养模式

我校积极推进本科生的通识教育，改革研究生的培养机制，建立健全招生、培养

与就业联动的机制。近几年，我校大力推进的通识教育，侧重于学生综合能力与创新精神的培养，取得了较为显著的成效，第一届自主招生的毕业生已走上工作岗位，得到了用人单位的普遍认同。以课程结构调整为重点，全面推进学分制建设，全面改进教学管理制度，完善选课制，调整了转专业规定，开展暑期教学、第二专业修读等计划，增加学生自主选课与选择专业的机会。创立复旦学院，加强通识教育核心课程建设，培养学生健全的人格和社会责任感，推进研讨型课程建设。我校实施本科自主招生改革，探索优秀人才的选拔机制。学校教务处会同院系，每年根据毕业生就业状况和社会需求变化修订各专业的招生计划和人才培养方案，并以毕业生的地域流向、行业流向作为学校制定招生计划的重要依据。在研究生的招生计划调整上，寻求学科需求与市场需求的平衡点，逐步扩大专业学位研究生的比重。

“红皮书”、“白皮书”、“蓝皮书”

我校从2000年起每年编写反映当届学生就业状况的“白皮书”，每3年左右编写反映往届学生就业状况的“蓝皮书”和各专业毕业生就业流向规律的“红皮书”。并针对在校生积极开展调研工作，完成“毕业生就业需求与期望调研”、“就业绿色通道毕业生调研”等报告，总结就业过程中的问题和规律，并为学校招生、培养工作的科学决策提供重要支撑。

2. 满足学生多元需求，做好生涯发展教育与就业指导

为进一步扩大生涯发展教育和就业指导的覆盖面，校就业中心每学期集中举办“生涯规划与就业指导主题月”活动。建立和完善了《复旦生涯报》、生涯午茶会、生涯工作坊等“生涯系列”品牌活动，每学期40余场，参加者4000余人次。

就业形势分析会

《复旦生涯》

同时，开设全校性选修课《大学生生涯发展》、《大学生就业指导》等课程，每学年合计360学时。通过教学实践编撰了《大学生职业生涯规划与就业指导》、《大学生如何进行生涯规划》等教材；并注重完善相关培训及讲座服务体系，如特别针对学习、经济困难且就业不顺利的“双困”学生、求职不顺利的少数民族学生以及残疾同学建立“信息库”，专门成立“绿色服务通道”提供全方位的指导和服务，包括：一方面由资深职业咨询师做全程咨询辅导，另一方面以朋辈互助方式予以了解和帮助，在此基础上提供合适的就业岗位信息，并向用人单位重点推荐等。

就业绿色通道学生座谈会

三、按照“立足上海，面向全国，辐射长三角”的思路，大力开拓就业市场

针对2010届毕业生，就业中心共举办招聘宣讲会249场，大型招聘会1场、中型招聘会4场、小型招聘会9场。时时关注用人单位招聘计划并通过各种渠道动态掌握用人单位招聘进程，对我校毕业生去向较为集中的政府事业单位、知名外企、国有企业等用人单位进行沟通或跟踪，根据反馈信息及时调整对学生的就业指导。2010年再度改版了复旦就业网，使之更加便捷有效。全年在复旦就业网上发布招聘信息的用人单位数为3826家，招聘岗位数31298个，有效岗位需求信息较去年同期增加15%。我校按照“立足上海，面向全国，辐射长三角”思路，与宁波、杭州、嘉兴、绍兴、湖州、南通、苏州、无锡、常州等地建立稳固的合作关系，同时在16个知名企业中建立了实习基地。定期组织召开国企、外企、医院和银行等分类别的用人单位人才合作研讨会，2010年又召开了“复旦大学与长三角地区

人才合作研讨会"，通过听取用人单位的意见和建议，实现人才培养与社会需求的有效对接。

复旦大学与长三角地区人才合作研讨会

与用人单位座谈会

四、夯实校院两级服务工作基础，育人工作重实效

通过近十年的实践，我校形成了稳定的校院两级专业咨询队伍并将之制度化，建立个性化咨询档案。学校层面就业中心与学工系统及相关部处密切配合，2002年起在学院层面先后成立职业生涯发展办公室，由专人负责学院的职业生涯和就业指导工作，并通过培训提高整个队伍的专业化服务水平，目前已有上海市中级职业咨询师40名，形成促进就业工作的合力。

与此同时，我校注重毕业生择业观教育，倡导毕业生面向西部、基层和国家重点单位就业。学工系统与院系合力开展各类主题教育活动。加大对报考公务员、事业单位、选调生，有意向参加"三支一扶"、"西部计划"、"村官"的各类群体的培训力度。我校还设立专项基金，对到中西部地区求职的毕业生进行补贴，求职成功的给予奖励。

一直以来，我校毕业生得到了社会用人单位的青睐，并以"专业知识扎实、综合素质强"等特质，在不同领域工作岗位上显示了较好的发展潜力。针对我校2010届毕业生所做的学校就业工作和人才培养工作的调查报告中，用人单位的满意率和基本满意率累计为98.2%。毕业生在上海就业的占已就业总数的79%，江苏、浙江、广东和北京就业的占12%，就业岗位质量较高。西部就业为72人，离开上海到江浙地区就业的人数较上一年略有增加。

在教育部的关心和指导下，在今后的工作中，我校将进一步优化就业工作服务

“村官”、“三支一扶”辅导讲座

体系，提升个性化、专业化服务水平；进一步服务于国家战略，倡导复旦学子将自身发展和祖国需要结合起来，为国家的经济发展和社会繁荣做出更大贡献。

以卓越工程人才培养为目标　提升学生的就业竞争力

上海理工大学

上海理工大学源于1906年创建的“沪江大学”，现有在校生22000余人，是以工学为主，理学、经济学、管理学、文学协调发展的上海市属重点建设大学。学校的毕业生在国家的先进制造业、服务业、交通运输等行业发挥了重要的作用。

上海理工大学每年毕业生近6000人，近几年，上海理工大学依托行业背景，发挥专业优势，以卓越人才培养为目标，形成了就业工作特色，学校的就业率在上海市高校中处于前列。

一、就业指导定位于学生的终身发展，提升学生的就业竞争力

（一）就业指导内涵的创新性

就业指导内容由原来以就业信息、就业形势、就业政策咨询为主，转变为以职业生涯规划指导、创业教育指导为主。成立了“辅导员、社会专家、就业专职人员”组成的师资队伍，建立了“校区、社区、科技园区、工业园区”四位一体的学生培养发展体系，实现由“为学生就业”向“为学生终身发展”的指导模式转变。

（二）职业发展教育实施的系统性

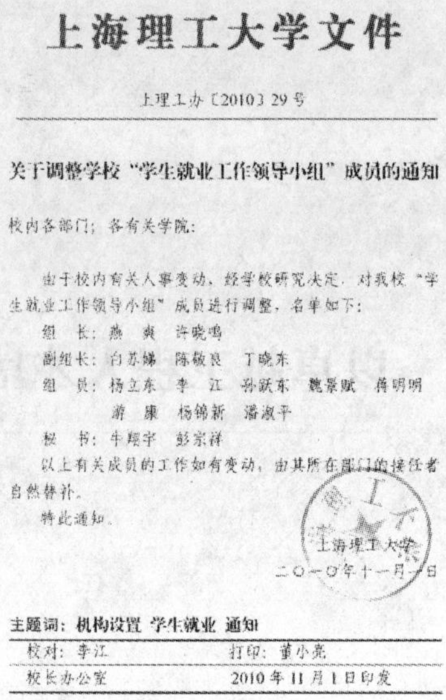

上海理工大学文件

上理工办〔2010〕29号

关于调整学校“学生就业工作领导小组”成员的通知

校内各部门；各有关学院：

由于校内有关人事变动，经学校研究决定，对我校“学生就业工作领导小组”成员进行调整，名单如下：

组　长：燕　爽　许晓鸣

副组长：白苏娣　陈敬良　丁晓东

组　员：杨立东　李　江　孙跃东　魏景赋　蒋明明
　　　　游　康　杨锦新　潘淑平

秘　书：牛翔宇　彭宗祥

以上有关成员的工作如有变动，由其所在部门的接任者自然替补。

特此通知。

上海理工大学

二〇一〇年十一月一日

主题词：机构设置　学生就业　通知

校对：李江	打印：董小亮
校长办公室	2010年11月1日印发

成立由党委书记、校长任组长的就业工作领导小组，从学校党委、院系党组织到学生党支部，人人关注和参与就业。并建章立制，保障就业指导工作顺利开展：

一是建立就业考核与经费投入挂钩的制度。把对就业工作的考核与对二级学院的拨款挂钩，建立网上考评系统，就业工作指标占所有指标权重的25%。

二是建立“全员参与就业”的鼓励制度。从2002年开始评选校“优秀就业指导师”，鼓励专业教师将就业推荐和学业辅导相结合，每个学院专业教师人均年推荐工作岗位累计30人次以上，形成了全员参与就业的格局。

学校建立了校内创业、就业实践基地，包含就业报告厅、就业招聘厅、素质拓展室、团队辅导室等5000平米的学生发展中心，为学生实践和发展提供了系统化的实践平台。

表彰优秀就业指导师和就业工作先进个人

（三）个体职业咨询的层次性

为了对学生进行个性化的就业指导，学校按照学生发展的四个阶段分类指导和咨询：一年级：通过讲座，普及职业发展教育理念；二年级：通过选修课、第二课堂，让学生学会如何进行职业生涯规划；三年级：通过团队辅导、素质拓展等活动，开展模拟招聘及实习、见习活动；四年级：对学生进行毕业指导及就业工作推荐。

通过“学校、学院、辅导员”三级指导体系，建立“大学生职业发展档案”，建立系统科学的学生实践能力评价档案和数据库，对大学生的心理素质、职业倾向等要素进行测试、评估，建设一个大学生成长的测试、记录、分析、评价、反馈平台，实现大学生从入学至毕业的全覆盖，为每一位学生提供具有针对性的“精细化”指导和培养。

个体职业咨询

（四）就业市场开拓的典型性

开拓“五个典型市场”，拓展学生的就业空间：

1. 挖掘校友资源，发展校内招聘市场。利用校、院“校友会”推进学生就业工作开展，每年春季组织召开“校友专场招聘会”每场招聘会需求人数近500人以上。2010年校内招聘会286场，提供岗位人数近7000个。

2. 整合各类资源，发展联合招聘市场。整合区人力资源和社会保障部门和现有行业资源，每年召开毕业生就业供需洽谈会；与杨浦区公共人事服务中心共同举办的春季招聘会；上海东部高校毕业生就业专场大型招聘会，提供数量岗位近10000个。

3. 组建学生梯队，开发知名企业市场。组建学生梯队参与赛格电子市场、正大集团的有关项目的开发运作工作，从而通过优秀学生进入知名企业，占领行业领域制高点，为学生就业市场开拓起到以点带面的辐射作用。

4. 加强联系沟通，开拓周边城市市场。带领和组织学校就业工作负责人员及学生到嘉兴、昆山、浙江等上海周边地区考察，本年度走访企业近100家，鼓励学生根据自己的专业特点到周边城市和基层就业，寻求更广阔的个人发展空间。

5. 鼓励学生面向基层就业，扩大西部服务市场。制定政策，鼓励学生到基层就业，号召学生到西部、到农村、到祖国最需要的地方就业。积极推进“村官计划”、“西部志愿”、“三支一扶”计划，我校获得2010年上海市“三支一扶”工作先进集体。

（五）就业信息平台搭建的科学性

就业信息平台的搭建更体现了学生就业工作的科学化。信息平台涵盖学生和企业互动的招聘系统、在线职业咨询预约系统、就业信息调查系统、网上职业测评系统、职业教育网络系统、档案管理与查询系统、就业信息发布系统、就业数据管理平台等系统。“学生就业信息服务网”平台获“我校 2008－2009 年度十大优秀网站”。目前，我校就业信息网上注册企业 2000 余家，每年发布招聘需求信息 2000 余条、需求人数 8000 余人，就业信息网每天浏览数达 1000 人次。

二、以卓越工程教育为核心培养学生创新创业能力

上海理工大学的创业教育始于 2002 年，是上海市首批试点创业教育的改革院校之一，上海市最早的“天使基金”授理点之一，也是上海市创业教育体系建设的三所试点高校之一。学校为提升学生职业发展力，不断深化教育教学改革，创新人才培育机制。

（一）打造以“创业文化”为核心的大学文化氛围

学校把创业教育的实施贯穿本科教育的全过程，建立了“课堂教学——创新实验——项目训练——企业孵化”的创新创业教育体系。全校任课教师、辅导员、职能部门人员及社团组织者以及企业社会人士，共同参与，取得了实效。

1. 举办“创业培训班”，已举办 10 期，参加培训的学生达 1000 余人。2005 始，我校接受创新创业教育的学生已超过 4 万人次。

2. 形成创新创业品牌活动，为学生成功就业打下良好基础。管理学院的“职业能力训练营”，外语学院的“大学生社会实践世界杯竞赛”（SIFE），理学院的“大学生数学建模竞赛”，机械工程学院的“机械科技活动创新大赛”，光电学院的“光电杯创新设计大奖赛”，能动学院的“大学生节能减排社会实践与科技竞赛”，出版与艺术学院的“未来编辑杯优秀论文”评选和“广告艺术设计大赛”等成为了所在学院实施创业教育的品牌，为学生创业和成功就业打下良好基础。

3. 鼓励学生积极参加各类竞赛活动。两度（2003年、2008年）在大学生社会实践世界杯竞赛（SIFE）中获得中国区冠军，代表中国参加世界杯总决赛，并在总决赛中获得了优异成绩；参加“用友杯”全国大学生ERP沙盘模拟对抗赛均取得一批奖项；获得了“挑战杯”、“数学建模竞赛”、“国家印刷大奖赛”以及德国“红点设计大奖”等多项世界性及全国性大奖。

我校SIFE团队

我校学生喜获第三届全国大学生节能减排大赛一等

（二）建立创新创业人才培养体系，提高学生的创业意识

学校根据不同学生发展需要，建立分层次的创业教育目标。一是创业通识教育课程。目前我校有关创新创业的课程已经覆盖了大一至大四年级所有学生，每年有大约7000人次左右选修这些课程，五门课程已被市教委列为重点课程建设项目。二是创业辅修专业。共计40个学分，面向有创业志趣的学生，使其较为系统地掌握创业的相关知识和技能。三是设置创业教育专业方向。2009年，学校依托工商管理专业率先在高校中开设《创业学》专业。

（三）搭建创新创业实战平台，提高学生实践能力

学校依托国家级“创新创业人才培养模式创新实验区”和国家级“高新技术创业服务中心”、国家级“大学生科技创业实习基地”以及学校的虚拟制造平台、数控制造技术平台、电气自动化技术平台、医疗器械与食品安全技术平台、公共商务服务平台、

女子职业训练营等平台，学校的实验平台全天候向学生开放，同时容纳1000人以上学生做实验，提高了学生的实践能力，成效明显。

（四）造就一批具有创新精神的毕业生，创业带动就业成效明显

截至2010年，我校受“上海市大学生科技创业基金”资助的创业学生已注册经营80余家公司，学校已直接投资2500多万元，为社会提供就业岗位500余个。学校勤工助学基地“创新创业孵化平台”为困难学生设置创业项目岗位，每年有500名左右的学生参与，营业额达30万元左右。学校借助杨浦区大力推动的“三区联动”战略，与杨浦区多个街道合作建立的多个大学生创业之家。学校获得了“全国大学生电子设计竞赛”、全国大学生“挑战杯”大赛、“大学生数学建模竞赛”等全国性竞赛二等以上奖励80余项，学生竞赛经历和获奖成绩对于学生的继续求学和就业产生了极大帮助。创业失败者也得到了创新创业能力的提升，在就业中赢得了的竞争优势。

三、建立“双困生”就业帮扶长效机制

2009年就形成了“双困生”帮扶的学校文件，学校从党委到学院总支共同关注“双困生”的就业工作，建立“双困生”帮扶的长效机制。一年级起，指导他们正确规划大学生活；二年级，帮助他们在对自身情况、专业职业面向和社会人才需求了解，开展团队训练和个别咨询；三年级，为他们提供社会实习机会；四年级，从就业指导讲座到就业推荐，由专人负责帮扶。连续两年召开针对“双困生”的面试签约会，2010年的“面试签约会”上，33名学生与用人单位成功“携手”，现场签订三方协议，

签约率达20%。

为双困生举办了专场面试签约会

构建贯穿人才培养体系的就业创业工作链

南京大学

一、学校概况

南京大学是教育部直属重点综合性大学、国家“985 工程”首批重点建设的 9 所高校（C9）之一。学校坐落于钟灵毓秀、虎踞龙蟠的金陵古都，前身系创建于 1902 年的三江师范学堂，先后历经两江师范学堂、南京高等师范学校、国立东南大学、第四中山大学、国立中央大学、国立南京大学等时期，1950 年更名为南京大学。

南京大学设有 26 个学院、75 个系，在校本科生 13000 多人、研究生 14000 多人。拥有一级学科国家重点学科 8 个，二级学科国家重点学科 13 个；有国家实验室（筹）

1个，国家重点实验室6个，国家基础学科人才培养基地12个。

南京大学师资力量雄厚，中国科学院院士28人，中国工程院院士3人，第三世界科学院院士4人，俄罗斯科学院院士1人，国家级有突出贡献的中青年科学、技术、管理专家17人，国务院学位委员会学科评议组成员19人，973计划和重大科学研究计划项目首席科学家14人，“中组部海外高层次人才引进计划（千人计划）”15人，教育部“长江学者奖励计划”特聘教授、讲座教授76人，国家级教学名师9人，国家杰出青年基金获得者85人，等等。

人才培养方面，南京大学“融业务培养与素质教育为一体、融知识传授与能力培养为一体、融教学与科研为一体”，培养“具有国际视野、创新精神、实践能力”的各行各业精英人才和领军人才。南大毕业生以“基础好、后劲足、能力强、素质高”的特点深受海内外社会各界的好评。

二、就业工作典型特色

近年来，南京大学认真贯彻党中央、国务院关于加强大学生就业创业工作的相关精神，着眼培养中国特色社会主义事业建设者和接班人的战略，结合学校新一轮教育教学改革，逐步形成贯穿学校整个人才培养体系的就业创业工作链。

（一）就业创业工作的“三个理念创新”与“三高一基目标”

南京大学党委书记洪银兴强调，“就业是整个教学和人才培养的一个重要方面。是社会检验、评价高校办学质量和效率的重要指标。”“一流大学不仅要有一流的生源、一流的培养，还要有一流的就业。”“毕业生就业是学校教育的民生工程，是我们办好人民满意教育的关键环节。”

长期以来，南京大学党委和行政高度重视和切实加强学生就业和创业工作，早在1999年就成立了正处级建制的专职部门“南京大学学生就业创业指导中心”。毕业生就业工作实行校、院（系）两级“一把手”负责制，学校、院系成立就业工作领导小组，学校发文明确院系学生工作办公室同时为学生就业工作办公室。2003年，在全国高校率先成立了“南京大学学士后流动站”，通过校企合作的方式，开展学生创业孵化与创业扶持。

南京大学不断完善就业创业工作的制度建设，出台《南京大学关于加强毕业生就业工作的意见》、《南京大学毕业生就业工作实施细则》等一系列规章制度，就业工作纳入“学校十二五规划纲要”，毕业生就业情况纳入“院系科学发展考核指标体系”、“院系党政正职考核指标体系”。

南京大学将学生就业创业工作放在教育教学改革与人才培养模式创新的整体框架之中来研究和部署。针对新形势下的高校就业创业工作，南京大学强调三点认识和工作理念：“一是为毕业生中长期发展创造更好、更高和更适合的新起点；二是促进学校人才培养与经济社会发展相互衔接、相互协调、相互促进。三是为国家发展、社会进步以及南京大学建设世界一流大学创造更加丰富和优质的人才资源”。由此，确立了毕业生就业工作的“三高一基”目标，即“提高毕业生就业竞争力、职业发展力、创新创业力；保持就业率高位稳健；不断提高就业质量和就业层次。鼓励和引导更多优秀毕业生到基层和中西部艰苦地区就业”。

（二）教育教学改革强调就业创业能力培养与发展路径

1. 人才培养体系强调提升就业竞争力、职业发展力和创新创业力

南京大学“学科建设为龙头、队伍建设为核心、人才培养为根本”的办学理念中，着重强调人才培养是学校事业的根本。新一轮本科生教育教学改革和研究生培养创新工程，确立“学科建设与本科教学融通，通识教育与个性化培养融通，拓宽基础与强化实践融通，学会学习与学会做人融通”的“四个融通”的培养思路。学校的自主招生、思政工作、课程建设、教学改革、实习实践、创新训练、校园文化等各个环节，充分考虑学生求职择业、职业发展与自主创业的实际需求。

2. 招生、培养、就业实现制度化“三联动”

《南京大学增设本科专业暂行管理办法》明确规定，“申请新增专业的院系必须在近三年内毕业生就业率平均值排名在全校前2/3”，“增设专业的论证报告中，应首先包括对该专业毕业生的市场需求分析”。《南京大学关于进一步加强本科招生工作的意见》中，要求“进一步加强招生工作与人才培养工作之间的联系，提高学生就业创业能力”，“通过学生的学业成绩、就业方向和发展状况的掌握和统计，研究推进我校各类型招生工作，尤其

是自主招生的选拔定位和方式方法”。

3. “三三制”教育教学改革明确就业创业类人才培养路径

2009年以来，南京大学开始着手推进“三三制”教育教学改革。“三三制”将学生在校期间的成长大体上分为三个阶段：大类培养阶段、专业培养阶段、多元培养阶段，并建立和打通三条发展路径：专业学术类、交叉复合类、就业创业类。通过“三三制”改革，有效地打破了院系界限和专业壁垒，开放各院系课程资源，将课程选择、专业选择、发展路径选择权交给学生。

（三）不断完善贯穿人才培养体系的学生就业创业工作链

1. 职业规划教育与就业指导工作“重心下移、全程实施”

南京大学将就业形势报告纳入新生入学教育，引导广大学生进校即关注就业，广泛组织低年级同学参与院系、学校两级职业规划大赛。就业指导课程形成了较为完整的体系，在教育部规定的3门主干课程的基础之上，从今年起以院系专职教师为主要力量，开设20门行业性就业创业课程，将就业创业指导课程从基础性阶段引入到行业性新阶段。针对中高年级同学，通过创新训练、就业实习、创业实习、社会实践等途径，培养创新与实践能力。针对高年级和毕业生，广泛开展求职训练、求职团队培育、个性化辅导等活动。

2. 优化毕业生就业市场与提供更加优质的就业服务

加强“走出去”，广泛开展“走访用人单位、调研毕业生职业发展状况”项目活动，深入了解就业形势与市场，把握用人单位对人才素质、能力方面的需求以及对学校人才培养工作的意见和建议，从用人单位与毕业生两个角度来加强充分就业、满意就业。针对用人单位推出“一对一个性化招聘定制服务”。建立“三级管理、四位一体、功能平台”的南京大学毕业生就业创业信息网。

3. 在全国高校率先开展毕业生就业权益保障工作

2010年，南京大学就业创业指导中心依托南大法学院等相关学科专业、江苏省高级人民法院、江苏省法律援助中心等机构学者专家的力量，在全国高校率先成立了就业权益部，面向广大毕业生开展就业权益方面的咨询、教育和维权工作，进一步提高毕业生和用人单位的就业满意度。该校就业工作一线人员的著作《大学生就业中的法律问题》于2011年4月出版，成为我国该领域研究的首部专著。南京大学加强毕业生就业权益保障工作的举措，被《教育部简报》（2010年11月）予以专题报道。同时，学校重视对双困生的就业帮扶，在华民慈善基金会、苏州工业园区、欧莱雅（中国）等机构的支持下，每年向近200名同学提供总额近百万元的就业资助，并开展针对性的就业辅导。

4. 依托校企合作和政产学研合作平台扶持学生自主创业

在鼓楼高校科技园的支持下，于2003年成立的南京大学学士后流动站每年支持10个左右的学生创业团队（项目）进站孵化，学士后流动站培育了一批学生自主创业典型。

2009年，学校成立学生创业工作领导小组，统筹协调相关部处和院系，共同构建学生创业平台。创业平台包括“创业课程教育教学、第二课堂创业活动、创业孵化与创业扶持”三个模块。同时，南京大学—约克大学创业和就业联合中心、南京大学—纽约理工分校创新创业学院的相继成立，进一步推动就业创业教育国际化。

在支持大学生自主创业方面，南京大学注重依托校企合作和政产学研合作平台，通过资源共享、力量整合、市场运作等方式加大扶持力度。学校与江苏南大苏富特科技股份公司联合实施“南京大学创业英才计划”，由苏富特公司出资500万元设立南京大学学生创新创业基金，专门扶持具有创业潜质、创业意愿的南大学生开展自主创业。对于获选创业项目，除了资金支持外，还提供市场拓展、管理培训等扶持。南京大学在江苏省建立了18个政产学研合作平台，学校将学生创业实习、创业孵化和自主创业纳入政产学研合作平台，鼓励学生对接江苏区域性经济发展与产业转型升级开展自主创业。

就业导向推进教学改革　园区依托助推创业教育　着力提升学生的就业创业竞争力和满意度

江南大学

一、江南大学概况和就业工作现状

江南大学坐落于太湖之滨的江南名城——江苏省无锡市，是教育部直属的国家“211工程”重点建设高校。以“生态校园，曲水流觞”为设计理念的校园占地3125亩、建筑面积95万平方米。作为“中国轻工高等教育明珠”，经过一个世纪的风雨和半个世纪的独立办学，江南大学已建设成为一所涉及理、工、文、艺等10大学科门类，全日制在校生近26000人，规模结构较为合理，教学质量优秀，

办学效益显著，科研、教学、服务均得到社会公认，在国内外具有一定知名度的综合性大学。

学校是我国轻工、食品、工业生物技术高科技的摇篮与依托单位之一，建有国内唯一的食品科学与技术国家重点实验室和粮食深加工国家工程实验室。在教育部学位与研究生教育发展中心公布的 2009 年全国一级学科评估结果中，江南大学食品科学与工程、轻工技术与工程排名第一，纺织科学与工程排名第二。

学校秉承“笃学尚行，止于至善”的校训，始终以教育质量为生命线，以培养“高素质创新型专门人才”为目标，成立了由海尔集团、茅台酒集团、青岛啤酒集团、宝洁公司等 100 多家企事业单位加盟的董事会，在学校设立奖学、奖教金。独立办学以来，已为国家和社会输送了 10 万余名毕业生，他们中的许多人已成为各行各业的科技精英和领导骨干。

江南大学始终高度重视毕业生就业工作，一如既往地认真贯彻执行教育部、江苏省有关高校毕业生就业政策，切实落实就业“一把手工程”，以“全局部署、全员参与、全程关注、全心服务”为理念，以“全面提升就业竞争力，不断提高就业满意度”为总目标，健全高效畅通的就业工作运行机制，完善便捷务实的就业指导服务体系，探索联动园区的创新创业教育模式，就业目标全面完成，就业满意度不断提高，就业创业工作取得显著成绩。三年来，学校获批成为教育部创业教育类人才培养模式创新实验区、江苏省首批创业教育示范校、获江苏省高等学校学生教育管理创新一等奖，连续三次获“江苏省高校毕业生就业工作先进单位”，就业率连续多年稳定在 95%以上，在麦可思 2009 年对 211 高校毕业生对

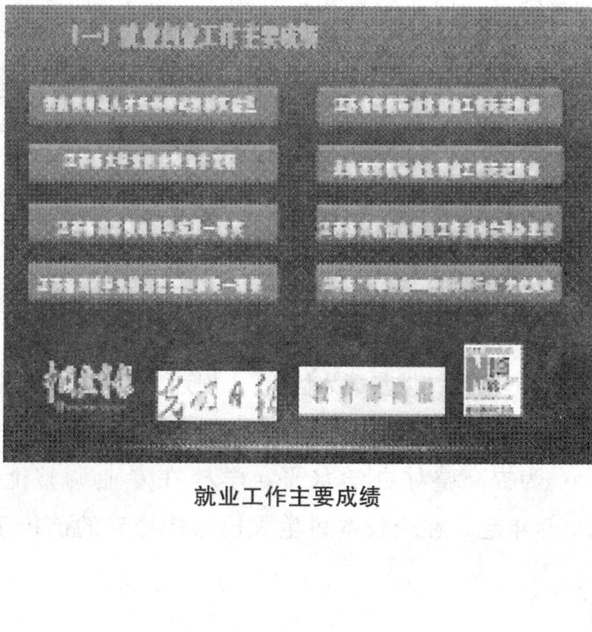

就业工作主要成绩

母校总体满意度排行榜中我校名列第18位。创业教育的成功做法在全国大学生自主创业经验交流会上作专题发言。

二、江南大学就业工作典型特色

（一）增强“就业导向”意识，全面推进教育教学改革

1. 坚持“以就业为导向”，落实“四挂钩”、“七加强”措施

2003年全校就业工作会议上我校就提出了人才培养以就业为导向的“四挂钩”、“七加强”措施。“四挂钩”是将就业状况与招生规模、学院任期目标管理责任制、专业设置和发展规模明确挂钩。“七加强”包括：加强宽口径人才和跨学科创新人才的培养；加强辅修专业、第二专业教育；加强专业技能培训和证书教育；加强就业实践基地建设；加强创新教育；加强毕业实习环节改革；加强文理兼容教育等措施。使得我校毕业生以“社会责任感强、科技创新力高、终身学习力足、就业竞争力优、人格健全性佳”的特点受到用人单位的欢迎。

武书记在全国大学生自主创业工作经验交流会上发言

2. 突出“以集群为优势”，规划“大专业”、“强资源”思路

为提高整体办学水平，学校在专业调整上做减法，质量建设上做加法。自2009年起，在全校本科生规模保持稳定的前提下削枝强杆，对连续2年初次就业

率低于80％的社会学、行政管理、数学与应用数学等13个专业实施停招。目前学校本科专业由原来的63个削减到50个。同时，各学院都制定出了本学院的本科建设规划，全力办好2—3个重点专业群，进一步优化专业建设方向，细化专业建设方案，强化教学资源建设，使学校的办学资源更集中，优势专业更凸显，办学特色更鲜明。

3. 强化“以人才为核心”，探索“多元化”、“重质量”培养

学校人才培养按照由专才向通才转变、培养模式由教学向教育转变、培养过程由传授向学习转变的“三个转变”的原则，逐步形成多元化人才培养体系，具体包括：“校内外联动，合作培养创新创业型人才模式”、“高水平研究型工程创新人才培养模式”、“以实践教学的强化培养创新性工程人才模式”、“以产业链为主线的创新型人才培养模式”、“基于学科交叉的复合性人才培养模式”等五类人才培养模式。此外，坚持“大众化背景下的选择性精英教育”理念，于2009年成立“至善学院”，通过能力强化、资源优先、荣誉吸引等举措，探索高素质、创新型拔尖人才培养模式。全校来自不同专业的3％—5％的具有特殊专长或突出培养潜质优秀学生成为“至善”学生。

4. 明确“以开放为手段”，深化“嵌入式”、“共赢型”合作

大力推进政产学研结合，全面开展校市合作。2007年以来，我校与无锡市人民政府签署协议，共建江南发展研究院、“太湖水生态修复与保护研究中心”等22个研究中心，研究的方向涉及到了无锡市经济社会发展诸多领域，使我校专业培养与教育教学更好地

结合市场需求。与此同时，为积极应对地方产业结构调整，对接支撑地方生物医药产业、低碳经济产业、动漫和创意产业、物联网产业建设，学校调整专业设置，先后组合成立了医药学院、环境与土木工程学院、数字媒体学院、人文学院、物联网工程学院。连续几年，我校为无锡软件外包、动漫设计、530企业、文化创意等产业输送了大量毕业生，毕业生供不应求。

（二）依托“园区助推”模式，大力加强创新创业教育

创业人才培养具有实践性、开放性、体验性三大特点。创业教育必须整合盘活各方资源，建构主动依托的实践体系；必须深度对接各类园区，营造开放共生的创业生态；必须全真体验园区创业，培养拼搏进取的创业精神。江南大学具有毗邻科技园区的地域优势。我校创业教育主动走出校园，走进园区，全力构建集“教育、实践、孵化、研究”于一体的创业教育链，突出四个基点，打造“园区助推型”创业教育模式。

1. 明确立足点——依托园区，开展创业教育

一是全程陪伴的创业导师团队。通过“选拔、引进、聘用、挂职”等方式，遴选出100余名创业导师，发挥“师导生创”的作用，其中有专业教授21人、行业专家33人、创业校友30人和实训导师18人。二是全面贴近的创业课程设置。结合园区产业及行业发展现状，先后2次修订人才培养方案，建立《创业学》、《企业管理》等46门课程在内的创业课程体系，开通“大学生创业教育网”、“职前教育网络学堂”等创业教育网络平台。三是全息投影的创业职场文化。打造“企业家进校园”、“创业大讲堂”等精品讲座，让学生感知创业文化；精心组织参观考察，

让学生真实感受职场氛围。

2. 把握结合点——依托园区，衔接创业实践

在精品赛事承办上，学校和园区先后联合承办“无锡市创业先锋校园行”、“挑战杯”江苏省第五届创业计划大赛、首届国际（无锡）中国经典文化创意系列——“演绎三国”动漫设计等赛事。在创业模拟实训上，与园区联合引进“全球模拟公司”创业实训项目，每年为500名有创业意愿的学生提供免费创业实训；每年组织数十支队伍参加无锡市模拟公司网络交易会，获奖面达50%。在创业见习基地上，与园区企业联建了食品生物类、电气信息类、设计艺术类等六大创新实践基地，每年为学生提供2000人次的实践岗位。

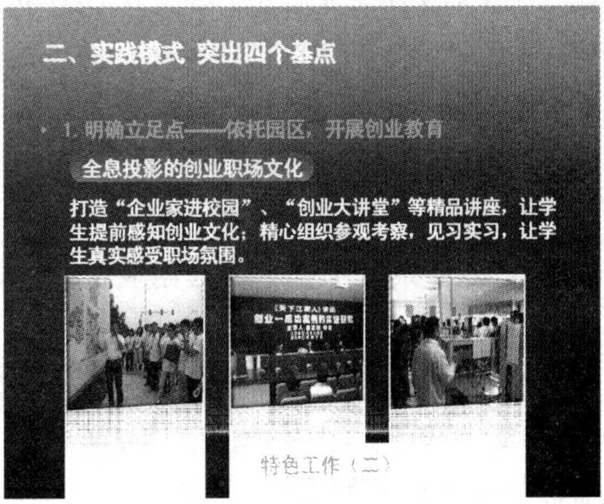

3. 找准着力点——依托园区，护航创业孵化

最优物质保障。学校与园区共设500万元创业风险基金，并另筹150万创业教育经费，用于教学改革、师资培训、项目孵化等。园区对创业企业提供办公场所与设施，实行“一免两减半”等优惠扶持。

最优创业服务。学校与园区共建包括动漫产业技术、科技成果中介等在内的8大创业服务平台；园区成立创业服务中心，为创业学生提供全程“保姆式”服务。最优政策呵护。学校和园区先后制订《关于申请入驻“江南大学国家大学科技园大学生创业服务中心”的办法》、《江南大学国家大学科技园大学生创业基金管理办法》等8项规章制度。

充实的资金保障

4. 抓住关键点——依托园区，深化创业研究

以机构共建为基础。作为高层次创业人才的积聚地，双方共建教学科研机构，建立了包括“创业学院”、“中欧中小企业研究中心”等12个机构。以理论研究为支撑。紧贴园区创业实际开展理论研究，双方联合申报创业课题，发表论文100多篇，编写教材、专著19部，获得江苏省教学成果一等奖1项。

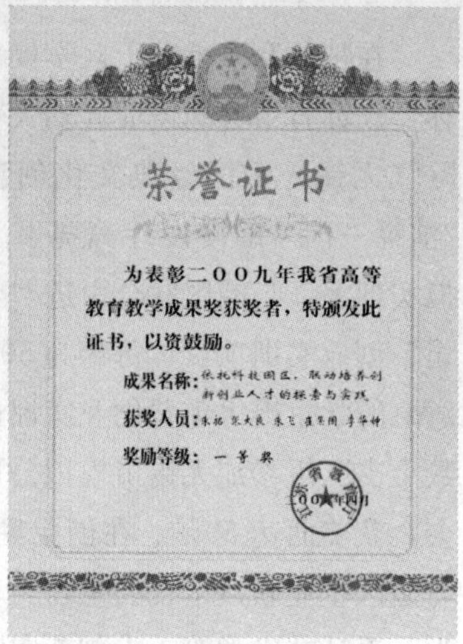

创业教育理论研究成果

学校创业氛围日益浓郁，据不完全统计，迄今学校已有2000余名毕业生参与创业，创业典型不断涌现，有马腾、邹晓燕等近10名校友被评为省级“创业明星”。五年来，我校入园学生创业企业累计已超60家，并以每年20%的速度递增，成活率超过70%，注册资金连续两年实现翻番，年产值已突破两千万元，“大学生创业联盟”品牌凸显。成功举办了“江苏省高校创业教育工作现场会”，省内外先后有110多所高校来我校参观交流。先后30多次被光明日报、中国教育报、新华网等知名媒体深度报道。

兄弟高校来校参观交流

深化教育改革　强化就业服务
多措施并举力促大学生就业

南京林业大学

南京林业大学是一所中央与地方共建并以地方管理为主的多科性大学。作为一所以生态环境建设和生物资源培育、保护与开发利用为特色的多科性大学，在百余年发展历程中，学校坚持全面贯彻党的教育方针，把提高教学质量作为永恒的主题，把德育教育放在首要位置，紧紧围绕培养社会主义建设者和接班人这一根本任务，为实现“黄河流碧水、赤地变青山”的宏伟目标，继承发扬了艰苦创业的光荣传统，形成了“团结、朴实、勤奋、进取”的优良校风。

长期以来，学校毕业生就业工作坚持以“保持高就业率，着力提高就业质量”为工作目标，不断深化教育教学改革，提高人才培养质量，主动适应社会发展和大学生就业形势变化，党政合力，全员参与，多措并举扎实推进毕业生就业工作。多年来，学校毕业生就业率一直保持在97%以上，其中2010届本科生就业率为99.19%，协议就业率为96.96%。学校连续6次被评为“江苏省就业工作先进集体”。《新华日报》、《南京日报》、《扬子晚报》、新华网和中新网等主流媒体先后报道了我校就业工作的经验和做法。

一、深化教育教学改革，努力提高学生核心竞争力

学校坚持“明确定位，突出特色”的办学方针，以“质量工程”为契机加强内涵

建设，不断深化教育教学改革和人才培养模式创新，以提高毕业生的就业竞争力。

（一）依据社会需求设置、调整专业

学校学科建设、专业调整、招生计划，坚持“以就业为导向”，培养社会需要的人才。“十一五”期间，学校依托优势学科，稳步发展传统专业，积极增设适应行业发展和地方经济建设需要的非林类新专业，本科专业由2006年的47个增至58个，已形成可进可出的专业设置机制。

（二）强化专业建设，提高人才培养质量

一是强化专业调整。对不符合要求的专业通报并限期整改；对招生时报考率较低和协议就业率较低的专业，在一定范围内予以通报，敦促学院进行整改；二是加大新专业建设力度。以省级、国家级“质量工程”项目为抓手，全面加强专业内涵建设；三是加强实习实训基地建设。

（三）优化人才培养方案，全面提升学生综合素质

一是强化实践教学，加大实践教学比重；二是强调创新能力培养，注重提高学生的综合素质；三是将就业指导课程纳入教学计划；四是强调文理交叉渗透；五是构建以核心课程与选修课程相结合的课程体系；六是压缩课内总学时，增加学生自学时间。

（四）加强教学过程管理，提高教学质量

学校已形成系统的教学过程管理和质量监控体系，完善了教学基本状态数据库：一是加强教师“教”的过程管理，落实教学质量考核“一票否决制”；二是强化学生“学”的过程管理，落实“学业警示”制度；三是加强学生毕业论文质量管理，引进毕业设计（论文）信息管理系统，确保了毕业设计（论文）整体质量。

（五）探索创新人才培养模式

一是实行强化班培养模式。从新生中择优选拔组建生物与环境、化学与工程、材料与工程三个强化班，培养“高起点”、“个性化”、“研究型”的拔尖人才；二是实施

素质教育培养计划。与南京农业大学共建“国家大学生文化素质教育基地”，以增强人才的全面素质；三是开展大学生创新训练计划和各类学科竞赛活动，提高人才的科研与实践能力和人才的实战竞争力；四是实施校企合作人才培养计划。通过与行业、企业合作，开展“订单式”人才培养，使实验条件等教学资源实现共享、学生与主要生产环节无缝对接，提高了人才的岗位适应能力、就业素质和教师对行业发展的跟进能力。

二、强化就业指导与服务，多措施并举力促大学生就业

学校认真贯彻执行国家和省就业工作方针、政策，保证就业工作所需的人力、财力及物力，在多年的探索与实践中，建立起以四项制度为主要内容的毕业生就业工作长效机制：包括就业工作奖励制度、就业情况周报制度、校院两级就业市场联动制度、学院毕业生就业目标管理考核评估制度。并以此为基础，构建“一个体系”，倡导“两个面向”、搭建“三大平台”、落实“四化”要求，采取切实有效的措施，确保高就业率，不断提高就业质量。

（一）构建“一个体系”，打造校园就业市场特色

学校狠抓校园就业市场建设，积极探索与创新校园就业市场体系，并实行“学校主办、学院承办”的运作方式，逐步将早期“大型为主、小型为辅”的校园就业市场转向“中小结合、定期举办”的模式。学校坚持紧密依托学科、专业力量，充分利用专业优势和行业特点，深化校企、校地就业工作合作内涵，着力打造“产业链式”人才招聘活动，已经建立起单位招聘专场、行业招聘专场、地区招聘专场、网上广泛招聘相结合的灵活多样的校内就业市场体系，搭建起用人单位选才和毕业生就业的低成本便捷平台。

（二）倡导“两个面向”，引导理性就业

学校高度重视对毕业生的就业思想教育，采取有效措施引导毕业生面向基层、面向林业等艰苦行业就业。一是从新生入学起，充分利用就业指导课程教学、召开主题班会、宣传政府鼓励学生面向基层就业的有关政策；二是举行专题讲座、校友报告会，

引导毕业生树立行行建功、处处立业的科学就业观，自愿去基层、林业等艰苦行业工作；三是注重利用年度毕业生就业动员的时机，广泛深入动员毕业生勇于投身“西部计划”、“苏北计划”、“三支一扶”计划、“大学生村官”计划等基层就业项目；四是加大力度表彰和奖励到基层和林业等艰苦行业就业的毕业生；五是高度重视并为特殊毕业生提供个性化就业指导与服务。

（三）搭建“三大平台”，提升综合实力

一是构建校企合作平台。积极与企业开展多模式的合作与交流，如与中国圣奥集团联合创办“圣奥班”，与广东大甬镇合办“太兴班”，与深圳兴利合办“兴利俱乐部”等；二是搭建校地就业工作平台。积极与各省（地）人事、人才部门合作，共建校地就业工作站，并依托此平台及时发布毕业生资源、发放校园招聘会邀请函等信息，力促地方政府组团进校招聘，提高效率，实现共赢；三是搭建大学生海内外实习实践平台。通过举办暑期实习生双选会、开展“中外服——美邦国际”海外实习实践项目、组建暑期社会实践团队开展社会实践活动等方式，拓宽大学生实习实践渠道，有效提升大学生就业竞争力。

（四）落实“四化”要求，促进大学生充分就业

一是就业工作全员化。学校已经形成了校、院、各职能部门领导重视、关心、支持、参与就业工作的良好氛围。校就业指导中心统筹规划、协调指挥全校各部门、各学院就业工作，校、院就业工作专职人员、全体辅导员、学院院系领导、毕业班班主任为就业工作的骨干力量，充分利用校友资源和动员校内专业骨干教师参与。同时，成立由毕业生党员骨干组成的“班级就业信息服务小组”，帮助师生充分利用好就业信息，促进就业工作健康开展。全校建立起全员参与就业工作的格局。

二是就业指导全程化。学校重视加强覆盖大学全程的、个性化的职业生涯设计辅导，建立了以“五个一”为主要内容的全方位就业指导服务体系：一堂课——就业指导课为核心，一个网站——毕业生就业网为工作平台，一份报——《就业工作简报》为宣传阵地，一个协会——“学生职业发展协会”为载体，一系列就业指导活动为补充的全方位就业指导服务体系。

三是就业信息网络化。学校就业网站全年免费为毕业生提供就业信息、就业指导、就业咨询、档案查询、就业指导网络课程学习、就业政策法规等服务，并安排专人多途径收集需求信息，及时通过就业网、QQ就业工作群、就业信息橱窗、“院信通”短

信平台、“校园版飞信平台”等渠道向毕业生发布，使信息发布实时化、信息覆盖全员化、就业信息条理化。

四是指导人员专业化。第一，举办就业工作人员业务培训班、就业指导课教学研讨会，有效提高全体就业工作人员和任课教师的业务水平；第二，组织专兼职就业工作人员参加教育部、人力资源和社会保障部、江苏省教育厅举办的各类就业指导课教师培训班，提升就业指导课授课教师的教学水平；第三，建立一支专兼结合、校内外结合的就业指导专家队伍，为大学生提供“一对一”个性化职业辅导与就业咨询服务。

三、社会合作多样化，形成明显的就业服务特色

多样化社会合作不仅带动相关专业建设与发展，为教学与人才培养提供了机会，也为全面提高大学生综合素质，增强就业竞争力，提高就业率创造了条件。围绕教学与就业，以特色品牌专业为龙头，发挥特色品牌专业的社会优势资源作用与影响力，全面与社会各界合作。

（一）优势社会资源合力为毕业生就业服务

依托园林、家具设计、木材科学与工程、轻化工程等特色品牌专业，与企业、行业协会开展“产、学、研”一体式合作，形成优势社会资源合力，共同为毕业生就业服务的特色。

（二）深入实践预就业

与企业、科研单位等共建大学生教学实习、社会实践、就业实训基地，深入开展大学生教学实习、社会实践、就业实训等活动，以增强就业竞争力的预就业特色。

（三）就业信息畅通及时

与各省、市人才管理部门合作，共建毕业生就业工作站，形成就业信息畅通及时的就业信息服务特色。

（四）创新校园就业市场形式

紧密依托、充分利用学科优势和行业专业特点，深化校企、校地就业工作合作内涵，着力培育单位招聘专场、行业招聘专场、地区招聘专场相结合的灵活多样的校内就业市场体系，形成了为毕业生提供低成本、便捷平台的校园就业市场特色。

服务学生成长　引导学生成才

常州信息职业技术学院

一、学院概况

常州信息职业技术学院是全国职业教育先进单位、国家示范性软件职业技术学院、国家示范性高职院校，迄今已有49年的办学历史，现隶属于江苏省经济和信息化委员会。学院设有计算机学院（软件学院）、电子与电气工程学院、经贸管理学院、机电工程学院、外国语学院、艺术设计系等6个院系，33个专业，在校学生一万余人。

多年来，学院秉承“立足信息产业，培养信息人才，服务信息社会”的办学理念，坚持“面向国际、依托行业、紧扣应用、合作共享”的办学特色，不断深化“三依托、三合一”人才培养模式的改革，学校的办学水平、综合实力得到了极大的提高，社会声誉逐年提升。胡锦涛、温家宝、贾庆林、罗干、陈至立、刘延东等党和国家领导人先后来到常州科教城、来到我院视察，给全院师生以极大的鼓舞。

学院高度重视就业工作，把毕业生就业工作提高到事关学院的生存和发展、事关每位教职工的切身利益的高度，确立了“一切为了学生就业，一切为了社会需求，一切为了学院发展”的就业工作理念，按照“提高质量、构建体系、创新机制、强化服务”就业工作“十六”字方针，以人才培养模式改革为契机，夯实人才培养基础；以职业规划、创新创业为平台，构建就业工作载体；以就业与社会需求为导向，创新就业工作方法，形成了“一中心，二级管理，三到位，四化一考核”的就业管理服务体系，学院就业工作因此取得显著成效。

近几年，学院学生双证持有率100%，就业率持续保持在98%以上，学生广泛受到用人单位好评，深受用人单位欢迎。学院被评为“全国高职院校就业工作星级示范校”、连续四年被评为“江苏省毕业生就业工作先进集体”，央视新闻频道《新闻1＋1》、央视四套《今日关注》等中央主流媒体多次对我院的人才培养、招生就业工作专题报道，并给予高度评价。学院通过国家示范院校建设验收，走出了一条特色更加鲜明的行业职业教育发展之路。

二、就业工作典型特色

特色一：就业工作与教育教学改革相结合

1. 就业调研与培养模式创新相结合

学院从解决学生就业的根本——人才培养质量出发，依据社会对高职人才的要求，在就业工作调研和毕业生跟踪调查工作基础上，分析用人单位对高职人才的知识、能力和素质需求，不断创新人才培养模式，确立“三依托、三合一”人才培养模式改革思路：依托校内工业中心和常州高职园区工业中心实训基地，实现学做合一；依托校内信息产业园，实现工学合一；依托五大“校企联盟”，实现顶岗与就业合一，形成了“工学交替，两轮顶岗”、“职业情境，项目主导”等人才培养创新模式。“职业情境，项目主导”创新软件人才培养模式获江苏省高等教育人才培养模式创新实验基地。

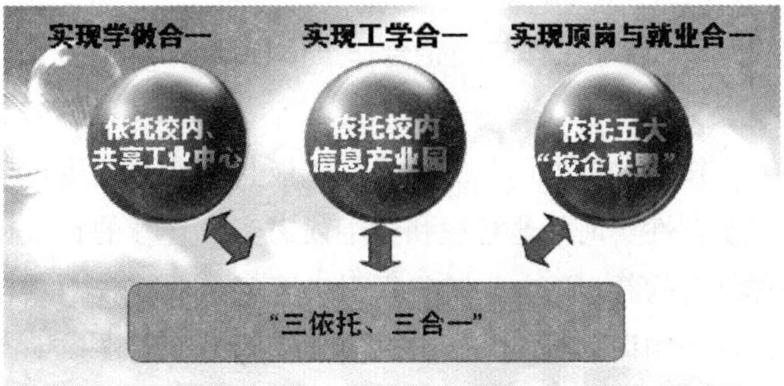

2. 就业指导与综合素质教育相结合

学院十分重视就业指导教育，将就业指导课程列入人才培养方案之中，并且不断探索就业指导教育与综合素质教育相结合的新方法，构建了大学生素质训练体系（素质拓展中心和大学生创新创业园）、四大基地的大学生综合素质训练体系，开发完成素质训练模块11个计39个项目，按照“共性与个性结合，系统与重点兼顾，强化过程体验，重在内化提升”的素质教育理念，通过“体验→感悟→内化→成长”的模式，提高学生的就业综合素质。

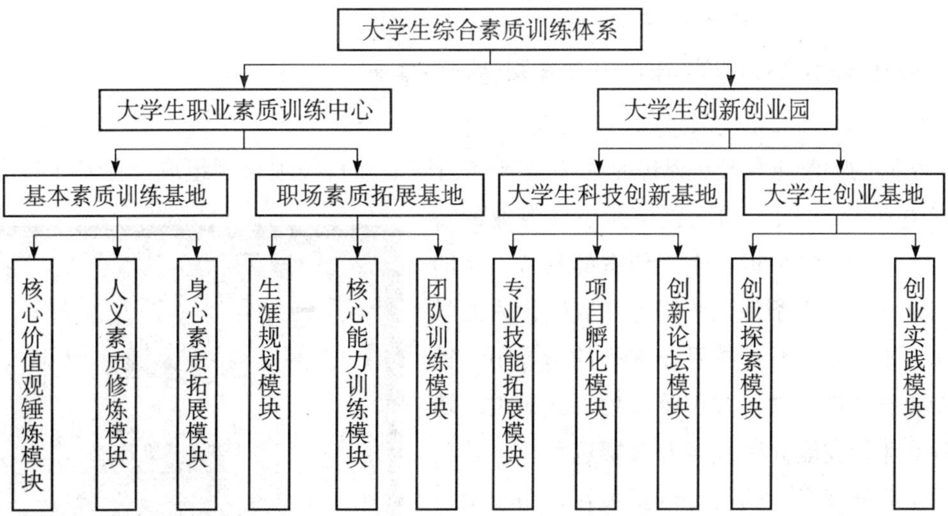

3. 就业工作与校企合作工作相结合

按照“校中厂”的模式，积极与企业共建生产性实训基地、开展订单培养，建立了生产性实训基地管理和学生顶岗实习管理的长效机制，探索就业工作与校企合作工作结合的新方法。学院先后引进五家企业在校内共建了华之杰电子实训车间、诚联电源电子实训车间、荣威模具实训车间、思瑞科技生产车间、OKI软件开发实训室等生产性实训基地，每年为4000余人次的学生提供工学交替；积极与英华达科技（上海）有限公司、苏州华之杰电讯公司、常州天合光能有限公司、江苏华威世纪电子集团有限公司等企业开展订单培养，每年有近二十个订单班。

特色二：以创新促创业，以创业带就业，构建“大学生科技创新基地”和“大学生创业基地”

1. 以创新促创业——构建大学生科技创新基地

学院的大学生科技创新基地由专业技能拓展室和科技项目园组成，在专业技能拓展室中有18个固定的涵盖该园主要专业的特长生工作室，每个特长生工作室都具备一定的实训条件和工作条件，选拔专业成绩优秀的学生作为工作室成员，在专业教师的指导下，针对专业技能进行项目式训练或项目式研发，培养各专业的技能高手或竞赛参赛选手。科技项目园主要培育学生的科技创新项目，用于项目

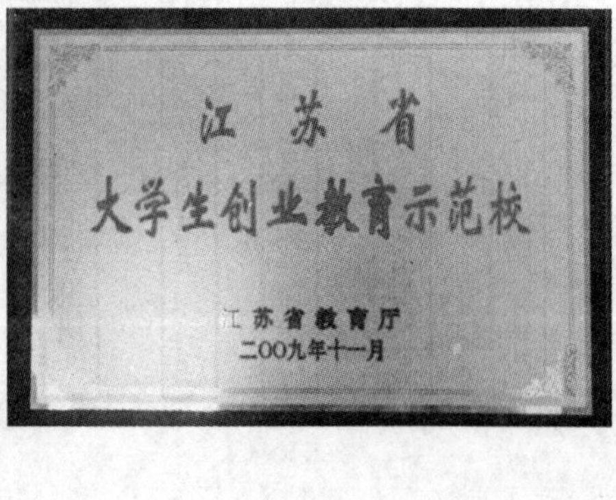

孵化室中学生科技创新项目的孵化，经审批立项的学生创新项目可以入驻科技项目园，开展技能创新活动，提升创新创业的实际能力。目前，已有45个创新项目进驻科技项目园。

2. 以创业带就业——构建大学生创业基地

学院的大学生创业基地由大学生专业创业园与大学生商贸创业街组成，其中商贸创业街位于学生生活区，每间面积为20—30平方米，共19间。大学生创业基地是有志创业者的“天下”。这里的学生店铺除了卖数码产品、修电器外，还有电子洗鞋等新颖服务项目。大学生创业园是紧扣学生专业技能，经项目孵化后，通过技术服务进行创业实践，先后有5家工商登记注册公司入驻。

特色三：以“一中心，二级管理，三到位，四化一考核”为基础，完善就业服务体系

1. 成立大学生就业指导服务中心

学院党委高度重视毕业生就业工作，视就业工作为学院生命线，始终把毕业生就业工作作为学院教育、教学质量和办学水平的重要检验标准，明确就业工作思路，专门成立了大学生就业指导服务中心，建立了院、系两级管理体系，明确工作职责，学院党委书记和系主任分别为就业工作的二级第一责任人。构建了由学院就业工作领导小组、招生就业处、系就业工作领导小组、专职就业工作辅导员和毕业班班主任组成的学院就业工作管理服务网络。真正实现就业工

作全程化、全员化、信息化、专业化。

2. 注重实效，加强就业队伍建设

学院配有专职就业工作人员 14 名，均具有本科以上学历，其中招生就业处 7 名，常驻用人单位管理人员 1 名，6 个系（院）各配有专职就业工作辅导员 1 名，学院专职就业工作人员的配备远远高于 1∶500 的要求。在专业化、职业化队伍建设中，我们有组织、有计划地对相关人员进行培训，开展经验交流和理论探讨，不断提高就业指导工作人员的思想素质和业务能力，使就业指导与服务队伍逐步朝着职业化、专业化方向发展。目前学院有 66 名教师分别取得国家职业指导师、北森 TTT 职业指导规划、心理咨询师、人才测评师等证书。

3. 加大投入，确保就业工作经费和硬件全面到位

学院每年划拨的就业工作专项经费超过全院学生应缴学费总额的 1%，主要用于毕业生就业指导、就业工作人员培训、就业市场开拓、就业调研、就业奖励等。学院现有毕业生就业工作专用场地 1760 平方米，设有多功能招聘大厅（装有投影仪、远程视频等设备）、就业指导与服务室、信息查询室、洽谈面试室、素质拓展训练室等。职能部门和各系（院）均有专门的就业工作场所和工作设备，从而为学院就业工作的开展提供良好的硬件保障。

4. 就业工作目标管理实行过程考核和年终考核相结合的办法

学院先后制订了《关于切实加强毕业生就业工作的通知》、《毕业生跟踪调查工作实施办法》、《弹性实习管理办法（试行）》、《学生顶岗实习管理条例（试行）》、《系（院）就业工作考核评价实施办法》、《困难毕业生就业援助工作实施方案（试行）》、《关于就业创业指导教育的实施意见》、《校企共建校外生产性实训基地管理条例》、《学院引进企业合作项目暂行办法》等管理制度，规范了学院和各系（院）就业工作程序

和要求。并且实行就业工作目标管理考核办法，年终对系（院）就业工作进行考核评优，引导系（院）就业工作向规范化、系统化、高效化方向发展，不断提高学院就业工作的层次。

特色四：以“信息产业园”为校企合作平台，构建合作办学新模式

学院与江苏津通集团、弘扬集团控股有限公司，遵循市场化机制、企业化运作的原则，按国际化标准，联合打造一座融招商、研发生产、教学、实训和服务一体的“信息产业园”。“信息产业园”占地面积155亩，规划建筑面积75000平方米，学院已与常州远宇电子集团、北大众志网络计算机有限公司共建了达30000多平方米的研发大楼和标准厂房；已通过国家示范性高职院校建设项目，建成了13502平方米的研发大楼。目前，“信息产业园”是常州市科技产业园、江苏省软件和信息服务产业园，已经入驻企业十三家。“信息产业园”成立了由政府、行业、企业、学校的专家组成的校企合作专家指导委员会，在校企合作专家指导委员会下设立产学合作部，负责学院各系（院）与“信息产业园”的沟通与联系，对“信息产业园”的校企合作实施与运行工作进行监督、指导和检查。目前，已制订了《“信息产业园”引进企业合作项目暂行办法》、《“信息产业园”校企共建校外生产性实训基地管理条例》、《“信息产业园”学生校企合作顶岗实习管理条例（试行）》和《“信息产业园”工学交替实施方案（试行）》等制度。

创新育人模式　搭建就业平台
实现学生就业与人才培养的良性互动

金华职业技术学院

金华职业技术学院创办于1994年，是由浙江农业机械学校、金华师范学校、金华农业学校、金华卫生学校等6所国家和省部级重点中专合并升格而成，具有100多年的办学历史。2007年入选国家示范性高职院校建设，2010年通过验收。是全国职业教育先进单位、浙江省文明单位。

学校占地2200余亩，建筑面积59万平方米，固定资产8.5亿元，教仪设备总值1.3亿元。现有专业76个，其中国家示范专业3个，省级特色专业11个，全日制在校生2.3万余人。有专任教师1000人，其中正高职称80余人、副高职称350人、双师素质占73.8%；聘请兼职教师786人。

学校现有国家精品课程15门，省级精品课程30门，国家规划教材19门。获国家教学成果二等奖1项，省教学成果奖4项。获国家级科研项目2项，省部级立项课题116项；省科学技术二等奖1项，省哲学社会科学优秀成果三等奖1项；获授权专利56项，其中发明专利8项；年科技服务到款近1000万元，年社会培训4万人次。学生学科竞赛获国家级奖22项、省部级奖280余项。质量工程和科研实力位居省内高职之首。2008、2009、2010届毕业生初次就业率分别为99.53%、97.3%、97.4%。麦可思人力资源信息管理咨询公司对我校2009届毕业生的就业与能力状况进行第三方独立评价，全部14项对比性数据有11项高于全国示范院校平均水平。

作为地处浙江中西部经济不太发达的金华的一所综合性的、毕业生基数庞大的高职院校，取得的就业成绩有目共睹，主要得益于我们能够紧紧抓住“理念、模式、平台、服务、文化”五个关键要素和核心内容，扎实开展教育教学改革和就业指导与服务工作。

一、理念：就业导向、优化结构

1. 紧扣地方产业人才需求，适应就业市场变化，不断优化专业结构

近年来，学校在专业设置上形成了“增、调、稳、退”的机制，在产业与就业市场调研基础上进行动态的调整，保持专业与产业的对接，从源头上保证学生就业。增设或重点支持朝阳产业、国家或地方重点扶持产业对应的专业，如针对区域小商品外贸发展迅猛、中东地区外商常年云集的情况增设阿拉伯语专业。面对地方支柱产业的转型升级及时调整专业培养方向，如将机械制造与自动化专业逐步调整为电动工具方向。对产业之间通用性较强、就业状态保持良好的专业稳定其规模。对进出口都不畅的专业实行淘汰，如农业设施与机械、服装工艺技术等。

2. 找准专业定位，狠抓人才培养的源头设计，完善专业人才培养方案

学校提炼出“岗位、能力、课程体系、培养途径和方法、考核评价”五大要素的人才培养方案逻辑主线。就是在专业指导委员会指导下，从学生预期就业岗位群出发，分析岗位工作任务与职业能力，基于工作过程重构课程体系，寻求着力于如何培养人的途径与方法，建立起多元的评价方案。为了落实人才的培养，我们又归纳出 5 个方面的任务：就是个性化人才培养模式、两化基地建设、课程改革与建设、专兼一体师资队伍建设、社会服务与辐射能力建设。在课程体系的构建中既重视技能培养，更关注职业成长。就是以职业能力培养为主线，融入职业道德、职业态度、职业心理和职业精神的培养，做到素质教育与专业教育的全程融合；设置了大学生职业规划和就业指导、创新教育等课程模块，做到就业教育与专业教育的有机结合。这种以就业为导向的设计，避免了专业设置、专业教学、学生就业的盲目性。

二、模式：能力本位、五位一体

1. 主动寻求与区域行业企业的紧密合作，创立“五位一体”育人模式

学校坚持“开门办学、校企合作”，主动走出校门，与行业企业的紧密型合作，创立了“基地、招生、教学、科研、就业”五位一体育人模式，我们将基地、入口的招生、出口的就业和过程的教学、科研五大要素一体化思考，努力使他们产生互动与辐射。

2. 以“校内基地生产化、校外基地教学化”为载体，构建实践教学管理平台

近几年，学校教仪投入6600万元，营造真实或仿真的职业环境，开展生产性实训，承担生产任务或对外服务。校外基地按照一般、紧密、示范三个层次建设，设定了各自的标准，目前已建成校外基地728家，紧密型基地237家，“教学化”示范基地70家，2010年与区域骨干企业联合组建“众泰汽车学院”、“皇冠学院”“高新IT学院”等校企利益共同体。相关成果获国家教学成果二等奖，基地的建设与深化，不仅为学生提供了学习和训练场所，也为学生提供了稳定的就业市场，2009年在基地就业的学生为1104人。

学校专业众多，占了教育部19个专业大类中的15个，为此，我们将专业划分为工程技术、设计制作、管理服务和公共教育四类，进行分类管理。特别是针对实践教学，我们将各类专业的实践教学划分为四个层次，形成“四种类型、四个层次”的实践教学框架体系，如工程技术类划分为仿真实训、跟班作业、轮岗实训、顶岗实习。各个环节采用不同的组织方式、管理要求，切实提高学生的职业能力。

3. 对接区域产业特征和专业优势，实施工学结合的个性化人才培养模式

各重点专业在“五位一体”育人模式指导下，以工学结合课程实施和实践教学组织为重点改革人才培养模式。比较典型的有：互换式，“能力递进、角色转换”，“院校融通、学做一体”，“工作室制、项目教学”。个性化的培养模式具有工学结合的共性，

又适应了专业与行业特点，对学生的职业能力与就业竞争力培养提供了支撑。如：机械制造与自动化（电动工具）专业的互换式核心是校企实现“智力、技术、资源、角色”的互换。应用电子技术专业的“能力递进、角色互换”主要是指该专业主要有三种能力，要实现递进，学生要完成从“新员工”、“技术工人”到“高技能人才”三个角色的转换。

4. 以就业为导向，强化工学结合人才培养的过程管理

学校以适应工学结合为目标，再造教学管理流程，制订各环节的工作流程、标准和细则，管理制度和作业文件。以信息化建设推进教学运行的精细管理，采用“按周排课制”，重点解决了企业生产复杂性给学校教学安排与管理带来的困难。明确学生半年以上顶岗实习要求，创新了“12345”、“滚动式”、“双向选择、三方协议”等顶岗实习组织与管理模式。实行校院两级督导，聘请专职督导专家、兼职督导员和校外基地兼职督导专家确立教学质量的监控点，细化评价标准，实行多元评价。

三、平台：“三结合”招聘、校企互动

1. 创新“三结合”就业招聘会，促进就业市场建设的可持续发展

2006年开始，学校推出毕业答辩、成果展示、现场签约“三结合”毕业生就业招聘会。就是学校选择和邀请校企合作单位和有人才需求意向的用人单位专家，与专业教师一起参加学生的毕业设计（论文）中期答辩或毕业答辩，参观学生现场技能展示和学习成果，企业通过现场活动深入了解学生的专业知识、技能和解决实际问题的能力，实现双向选择、满意的就签约。通过邀请和慕名而来的企业数量以平均每年30%比例递增。2010年、2011年“三结合”就业招聘会被浙江省教育厅指定为全省高校毕业生高职综合类招聘会。“三结合”招聘会已经从校园招聘会发展成为辐射浙中地区的大学生就业市场，形成了高职院校毕业生招聘会“金华品牌”。教育信息报、浙江电视台曾作头条、专题报道。

2. “三结合”就业招聘会反馈教育教学改革，促进校企互动

“三结合”就业招聘会成效显著，让教师明白了“培养的人能得到企业认可是最大的满足。”，让学生明白“适应企业需求才是自己最大的追求”。学校跳出了“就业率”的圈子，从实际出发进行就业指导与服务；通过招聘会收集行业发展状况、企业人才需求、岗位要求等，并反馈到教学；同时进一步密切了校企关系，企业主动提供基地、设备和奖学奖教金，能优先招聘我校毕业生；教师也更加主动地下企业，企业专家来校担任兼职教师，实现了校企共同实施培养机制。

四、服务：全心服务“两创”教育

1. 全员参与就业指导，注重专业化就业指导队伍建设

学校领导、就业指导中心专职人员、二级学院分管领导、辅导员与班主任、专业教师、企业兼职教师共同组成毕业生就业指导团队。在全员化的基础上注重专业队伍建设，实施资格准入制度。学校现有13名专职、105名兼职、12名校外职业指导教师。80％的辅导员和专兼职工作人员取得国家职业指导师等资格证书，30余名就业指导人员接受北森公司的高校职业规划课程TTT认证培训。

2. 提升就业指导水平与服务质量，认真落实各种项目计划

就业指导部门突出服务意识，实行就业指导全程化、就业帮扶个性化、信息建设网络化、落实国家就业项目。

3. 立足专业，突出实践，开展创新创业教育与实践

学校开设形式多样的创新创业课程，每年举办“职业生涯规划大赛”，连续两年在全省“大学生职业规划大赛”中获奖；举办“挑战杯”创新创业竞赛，占俊翔同学获省竞赛特等奖；2010年选送11个学生科技创新项目全部省级立项，创省内高职院校

之最；成立大学生创业园，实体店1000平方米，跳蚤市场800平方米，创业项目逐年递增；涌现出了一批学生创业成功案例。

五、文化：以学生为本　深化创新

1. 构建和完善个性化职业发展指导体系

在进一步完善群体性服务的基础上，开展针对学生个体职业发展指导。通过多种途径建立特殊需求学生档案，为他们配备指导人员进行一对一的个体咨询和辅导；结合不同专业学生的就业特点对学生分类进行指导；重点帮扶就业困难的学生；扶持创业苗子，加强对其进行创业能力的指导。

2. 促进校企文化互动，打造校企融通的就业文化

通过利益共同体、特色专业建设等载体进一步加强校企深度合作，引进行业企业文化，促进校园文化与企业文化的融合与互通。大力开展各种以就业为主题的校园文化活动，如大学生职业生涯大赛、毕业生就业文化节、毕业生感恩活动月等主题活动，举办各类就业指导论坛和就业工作坊、各种就业仿真训练等活动。同时利用三结合招聘会这一市场平台，并采取“走出去、请进来”的形式，广泛开展与企业用人单位联系的就业文化交流活动，促进校园文化与企业文化的融合与互通，借鉴和吸收企业文化建设的模式、内涵和途径，给学生架起从校园到企业的桥梁。

3. 实行第三方评价，深化教育改革和就业指导理论研究

结合教育教学改革的研究，就业指导人员联合专业教师、企业人力资源专家、第三方教育评价机构共同开展就业工作的研究，通过就业工作理论创新来推动实践创新。近三年来立项《高职院校毕业生就业质量社会评价研究》（省社科联07B121-G）等相关课题10余项，公开发表《就业能力：高职院校专业改革的风向标》等论文30余篇。学校就业工作也得到了中央、省、市媒体的关注，《求是》、《中国教育报》等国家级媒体多次对学校人才培养模式改革与就业工作做专门报道。

应用电子专业
答辩会

现场签约处

浙江省2011届高校毕业生高职综合类招聘会
金华职业技术学院第八届科技文化节暨
“三结合”招聘会

推进高职育人机制创新
提升学生就业创业能力

安徽职业技术学院

安徽职业技术学院是直属省教育厅管理的国家示范性高等职业院校。学院设有9个教学系部，开设65个工程制造类、现代服务类、管理类、艺术类专业，现有高职在校生13000余人。多年来，学院坚持“以服务为宗旨，以就业为导向，走产学研结合的道路”的办学指导思想，遵循“办人民满意的高职教育，育高素质技能型专门人才”的办学理念，不断创新思路，明确定位，转变观念，锐意改革，人才培养质量和办学水平得到不断提升，学院也逐步发展成为一所在本省乃至华东地区颇具影响的高职院校。近年来，学院先后获得60多项省级以上荣誉称号。

学院作为安徽省高校毕业生就业标兵单位，始终高度重视毕业生就业工作。学院坚持把毕业生就业工作放到突出的位置，实施“一把手负责制”，逐步形成了“党政领导主管、职能部门统筹、相关部门配合、系部层层落实”的毕业生就业工作领导体制和工作机制。注重研究探索高职院校人才培养的内在规律，积极实施教育教学改革工程、素质培养工程、创新创业工程，全方位提升毕业生就业、创业能力。同时，不断建立健全促进毕业生就业、创业的保障制度和运行机制，积极推进毕业生就业工作上新台阶。

近几年来，虽然学院毕业生人数逐年增长，同时面临着世界金融危机等不利因素，但经过全院上下共同努力，学院毕业生的就业率和就业质量始终保持着连续上升的良好态势，毕业生一次就业率均在98%以上，在我省同类院校中始终处于领先水平。毕业生以其知识全面、实践能力强，在激烈的就业竞争中一直深受用人单位的欢迎。学院也连续三年被省教育厅评为安徽省普通高校就业工作先进集体。2009年、2010年，学院连续两年被省教育厅授予“安徽省高校毕业生就业工作标兵单位”。2009年，学院被省政府授予“全省普通高校毕业生就业工作先进单位”，并作为全国高职院校唯一代表在教育部2011年普通高校毕业生就业工作视频会议上作经验交流，引起强烈的社会反响。毕业生就业工作特色做法有：

一、以突出学生的职业技能为核心，坚持“三个导向”，推进教育教学改革

1. 坚持就业导向，灵活调整专业结构

学院以服务地方经济建设为己任，坚持“就业导向，合理布局，动态调整，提升质量”的原则，根据安徽省皖江城市带承接产业转移示范区建设、合芜蚌自主创新综合配套改革试验区建设的现状，准确瞄准市场对相关技术岗位的大量需求，主动调整专业结构，及时新增专业15个，停招专业10个。学院目前设置的65个高职专业，其毕业生就业均呈现“专业对接、供需两旺”的良好局面。

2. 坚持工学导向，创新人才培养模式

学院遵循“课堂小企业，理实交融；企业大课堂，德技兼修”的校企合作理念，创新了“校企融合、项目带动、双轮职训”的人才培养模式，实施“校企订单式”、“就业加培训式”、“双证书制”等多种教学形式。学院与海螺集团、安徽华茂集团、合肥江淮汽车集团等200多家企业建立了深度校企合作关系。学院的200多家校外实训基地，均采取校企双方“五共”管理模式，即共同制定顶岗实习管理规定、共同制订顶岗实习计划、共同制定顶岗实习评价标准、共同指导顶岗实习、共同评价顶岗实习效果。目前，学院和企业建立“奇瑞”、“广达”等10多个校企合作班，学生“双证书”率达95％以上。

3. 坚持技能导向，重新构建课程体系

课程设计做到“两个衔接、两个突出”，即：课程体系与岗位职业能力需求相衔

接，课程开发与工学结合的教学形式相衔接；突出学生的可持续发展，突出学生的职业能力培养。学院先后开发优质核心课程44门，开发校本特色教材30本。在课程教学上，体现“教、学、做”一体。先后建成120个与生产、管理、服务工作一线现场职业环境相仿的校内实训室。使学生边学边做，实现技能训练与就业岗位相对接，专业实践课课时占到总课时数50%以上。

通过教育教学改革，毕业生的动手技能有显著提高，多数毕业生岗位适应能力强，刻苦好学，很快成长为企业的业务骨干，不少人已经走上领导岗位。大部分毕业生更是活跃在生产、管理、服务一线，担任企事业单位的基层管理和技术工作，毕业生成才率普遍较高。

二、以学生社团活动为载体，围绕“三个加强”，强化综合素质培养

1. 加强学生社团建设，优化学院育人环境

学院高度重视发挥学生社团建设在提升学生综合素质，提升就业能力的平台作用。学院建有学生社团60个，社团类别齐全，参加社团学生总数9000余人，有78%以上的在校学生参加过学生社团，覆盖面广。

2. 加强学生社团活动，培养合作创新精神

一是谋划、组织社团开展支教、社区帮扶、环保宣传等公益活动，不断弘扬奉献精神，培养大学生的社会责任感。二是本着“深入社会、了解社会、准确定位”的宗

旨，组织社团开展从“校门”进入“农门”、“厂门”等系列社会实践活动，引导学生在“在干中学，在学中干”，把“做人、做事、做学问”融合在实践项目之中，有效地培养学生职业素养。三是以参加“挑战杯”及“大学生课外科技作品竞赛”等活动为载体，广泛开展社团原创活动，不断激发广大学生的团队合作意识和创新精神，努力提升毕业生的创新能力和创业意识。

3. 加强企业文化精神引入，提升学生职业道德

充分利用学院“新思维论坛”，邀请知名企业家、成功创业者、优秀校友为在校生举办讲座、辅导报告等活动，利用院报、校园网等媒介积极传播各类企业文化、企业精神，大力培养学生的责任意识、奉献意识、团队意识、创新意识。

通过毕业生跟踪调查，绝大部分用人单位认为我院毕业生能“下得去，留得住，用得上，干得好”。

三、以开展创业培训为抓手，构建“三个体系”，引领大学生自主创业

1. 构建创业培训组织体系，创新就业创业工作思路

2004年底，学院在全省高校中率先引进国际劳工组织开发的创业培训项目——SIYB（创办和改善你的企业），成立SIYB项目领导小组和SIYB教研室，积极为在校大学生开展创业培训，使学生了解创业、接触创业、学习创业、体验创业。

2. 构建创业培训平台体系，保障创业教育深入开展

设立创业培训、创业咨询、后续服务三个平台，实施“立体化”创业教育模式。在全省高校中率先建立了符合 SIYB 培训要求的创业培训基地，从项目选择、市场分析、成本核算、运营管理等方面对学生进行具体培训和指导。在全省高校中率先建立了符合 SIYB 培训要求的创业培训基地。第一家在合肥庐阳区百帮创业园设立大学生创业实训基地。

3. 构建创业培训服务体系，增强创业培训工作效果

对完成培训的学员“扶上马，送一程”，在经营、贷款和财务等方面给予具体帮扶。2010 年，学院通过多方努力，共为毕业生争取贷款近 30 万元。近年来，学院先后开设创业培训 30 多期，培训毕业生 1000 多人，其中成功创业的近 300 人，创造就业岗位 900 多个。

学院创业培训也得到社会各界的广泛认可和赞誉。学院分别被安徽省人力资源和社会保障厅和国家劳动和社会保障部批准为创业培训教学点、“SIYB”中国项目授权培训机构。《安徽日报》、《安徽青年报》、《新安晚报》等多家媒体对我院创业培训进行了专题报道。

高校毕业生就业工作事关高校事业发展全局，关系到广大毕业生的切身利益，关系到社会的和谐发展。近年来，在上级部门的正确领导和社会各界的大力支持下，我院毕业生就业工作取得了较好的成绩，但与经济社会发展还有较大差距。我们坚信，在教育部和省教育厅的正确领导和社会各界的大力支持下，通过全院广大师生的共同努力，我院毕业生就业工作必将不断开创出新的局面。

狠抓“五化”工程建设
全面提升毕业生就业质量

安徽工贸职业技术学院

安徽工贸职业技术学院前身是学院现任党委书记、院长 1988 年创办的一所乡镇职业学校，1993 年晋升为普通中专，2001 年升格为高职。经历了民办、公办、“试行国有民办”三个阶段的改革与建设。目前，拥有七系三部和一个二级学院，设置 12 个专业群 49 个专业方向，面向全国 14 个省、市、自治区招生，在校生规模达 10315 人。

学院长期践行“一把手工程”，坚持“专业有特长，就业有优势，创业有能力，提高有基础，发展有空间”的培养方向，狠抓“五化”工程建设，不断深化教育教学改革，创新人才培养模式，提高人才培养质量，促进毕业生充分就业、适时创业。毕业生就业率一直稳定在 98%左右。2005－2007 年，连续三年被评为全省普通高校毕业生就业工作先进集体。2008－2010 年连续三年被评为全省普通高校毕业生就业工作标兵单位。2009 年毕业生就业工作受到省政府表彰。2010 年被评为首届全省普通高校创新创业教育示范校。现将具体情况汇报如下：

一、创新创业教育全程化

长期以来，我院坚持将大学生创新创业教育纳入质量工程建设，结合学院自身的发展史、创业史，改革就业创业指导的内容和教法，强化校友就业创业典型案例教学，实行开放式的就业创业指导，逐步形成了“坚持创业教育，弘扬艰苦创业精神，培养学生创新创业能力”的办学特色。1988年办学伊始，学校就坚持用历史先贤和现代英模艰苦奋斗的事迹以及身边的典型事例，对师生进行实务化（层面化）的创新创业教育，激发师生的创业热情，组织师生参加学校的创业实践。2001年升格为高职后，以学校创业史为背景，编写了近10万字的创新创业教育教材，纳入就业指导课教学计划，开展课程化的创新创业教育。2006年评估创优后，学院把创新创业教育贯穿于教育教学和人才培养的全过程，开始全程化的创新创业教育。经过长时间的探索与实践，逐步构建了“六个结合，全面渗透”的创新创业教育新模式，并于2010年纳入省教育教学改革质量工程重点项目建设。一是将创新创业教育与教育教学改革结合起来，改革教育教学内容，创新教育教学方法，在教育教学过程中渗透创新创业教育，增强学生的创业知识和文化素质。二是将创新创业教育与学生管理结合起来，在学生管理过程中渗透创新创业教育，发展学生的社会实践能力。三是将创新创业教育与校园文化建设结合起来，在校园文化活动中渗透创新创业教育，营造良好的创业文化氛围。四是将创新创业教育与理想信念教育结合起来，在理想信念教育中渗透创新创业教育，引导学生树立创业理想，坚定成功创业的信心。五是将创新创业教育与专业教育结合起来，在专业教育中渗透创新创业教育，提高学生的专业素质和专业能力。六是将创新创业教育与实习实训结合起来，在实习实训中渗透创新创业教育，强化实践锻炼，扩大社会视野，增强学生的创业综合素质和能力。经过多年不懈的努力，学校自主创业的毕业生逐年增加。有创业潜质的毕业生，一般工作两年后陆续开始自主创业。据不完全统计，截至目前，早期的中职中专毕业生有近40%自主创业，近些年的高职毕业生有数百人自主创业。其中，资产积累超亿元的有6人，5000万元以上的有14人。2010年，在全省大学生职业规划暨创业大赛中，我院学生荣获两项金奖。2006年，全省高职高专人才培养工作水平评估我院被定为优秀等级。专家组对我院的创新创业教育工作给予了充分肯定。2010年，省普通高校毕业生就业工作调研组来院进行专题调研，再次充分肯定我院的创新创业教育工作，并要我院“认真总结经验，在全省推广”。

二、培养模式多样化

一是大力推进“2＋1”的办学模式。加强顶岗实习锻炼，把顶岗实习与毕业生就业推荐有机结合起来，为毕业生充分就业创造条件。二是实行工学结合和工学交替。融合学校和企业两种不同的教育资源和教育环境，开展“对接式”和“交替式”的培养，实现人才培养和岗位需求的无缝对接。三是构建“三进模式”（学校进企业、企业进学校、课堂进车间）。实行任务驱动和项目导向教学，实现产、学、研一体化。四是搭建国际教学平台，探索国际合作培养模式。抓住荷兰政府援亚项目 EVD（培养高职生创新创业能力的项目）在我院实施的契机，将 EVD 项目纳入学院创业教育计划，组织荷兰专家和我院教师共同编写创业教育教材，共同实施创业教育教学，双方教师定期交流，双方学生定期互动，共同完成产品设计和制作任务。

三、实践基地现代化

一是设施配套齐全。2006 年，学院自筹资金 3000 余万元，建成六大实验实训中心（数控技术实验实训中心、电工电子与自动化实验实训中心、汽车检测与维修实验实训中心、计算机应用与网络技术实验实训中心、工管与经贸实验实训中心、英语语言实验实训中心），基本满足学院所设专业教学实验实训的需要。二是设备档次高新。2006 年评估创优以来，先后两次争取中央财政支持，新建两个国家级高职教育实训基地（电工电子与自动化、计算机应用与网络技术）。争取荷兰政府优惠贷款（赠款 36%）496 万欧元，新增 80 多台高科技的数控机械实验实训设备。其中荷兰产数控加工中心 8 台、数控车床 2 台、汽车检测与维修设备一套。同时新建了校园数字化平台，实现了办公自动化，校园信息化。整个设备在安徽高职高专中处领先水平。三是在 100 多家现代化高新技术企业建立校外实践基地。这些企业的共同特点是企业规模大、科技含量高、产品销路畅、发展有后劲，有利于学生创新创业能力的培养。四是实行中荷共建。争取荷兰政府 EVD 项目无偿援助 600 万元，同荷兰 ROC（高职教育中心）合作共建了高科技的数控技术人才培养模式创新实验区。不仅引进欧洲先进经验和先进技术，而且引进一批荷兰数控专家和工程技术人员，合作开展“欧洲数控技术等级证书”人才培训。学生可根据自身实际情况，参加不同等级的资格培训。经培训合格取得等级证书者，到欧洲国家就业可享受相应的工资待遇，为毕业生到外资企业和到国外就业创业创造了有利条件。

四、专业教师“三师化”

根据高职教育教学的需要和我院的具体实际，学院将“双师型”师资队伍建设的内涵校本化，提出了专业教师“三师化”的建设标准（2010年纳入省“质量工程”建设项目）。即专业教师要集“三师”于一身：要是教师，能教好一门专业课；要是实验师，能指导学生进行专业课实验；要是工程师，能带领学生进行生产实践。学院建立激励机制，加强计划安排，采取课堂练兵、实验室磨炼、到工厂企业参加实践锻炼等多种途径加强训练与培养。目前，全院专业教师90%以上达到“三师化”标准。老师的理论和实践教学深受学生欢迎，教育教学质量和人才培养水平不断提高，学生创新创业能力逐步增强，毕业生就业率和自主创业人数逐年提升。

五、就业保障制度化

学院不断加大毕业生就业工作“一把手工程”力度，建章立制，规范管理，确保落实。一是建立上下联动、全员参与的毕业生就业工作考核和激励机制。充分调动教职工参与毕业生就业工作的积极性，全面推进毕业生就业工作。二是建立就业经费保障制度。改善院就业办工作条件，完善就业办及各系相应机构的办公设施，同时提供足够的经费，保障各部门就业工作的及时运转。三是建立毕业生就业信息管理制度。保障信息畅通，方便毕业生网上求职应聘。四是建立培训和服务制度。尤其是加强班主任和辅导员的培训工作，提高思想认识，保证服务到位，使毕业生就业工作时时有指导，处处有服务，结果有跟踪。五是建立大学生职业规划教育制度。指导学生合理规划自己的职业生涯，教会学生如何择业和适时创业，促进毕业生及时就业、理想择业和创造条件适时创业。六是建立弱势群体帮扶制度。采取“全程帮扶，重点指导，早做安排”的办法，保证每一个弱势生都能及时就业。七是建立就业工作跟踪调研服务制度。自2004年第一届高职毕业生以来，院领导一直坚持寒假“走亲戚”，暑期搞调研。每年寒假都要拜访用人企业领导，每年暑假都要深入用人企业调查研究。了解企业用人需求，密切校企合作关系，不断扩大订单培养范围。受到毕业生、家长和社会的一致好评。

以学生为本位　以能力为核心　以服务为宗旨　实现毕业生就业工作“双提高”

福建信息职业技术学院

一、学院基本情况

福建信息职业技术学院是一所以工科为主、工商结合、以信息技术为特色的省属高职院校，是福建省首批示范性高职院校、国家示范建设重点培育高职院校，2010年9月被确定为国家骨干高职院校第一批立项建设单位。学院源于1906年创办的青年会书院，已有105年职业教育办学历史。

学院设有7个系32个专业，其中3个国家重点建设专业、2个省级重点建设专业，10个省级精品专业以及1门国家级精品课程和20门省级精品课程，6个省级教学团队，6名省级教学名师，1个全国教育系统先进集体，均居全省高职院校前列。现有在校生6768人，教职工582人。学院被评为“2007-2009年福建省大中专毕业生就业工作先进集体”。2010年在福建省就业评估检查中成绩优秀，名列全省高职高专组第一。

二、就业工作经验特色

面对多变的经济环境和严峻的就业形势，学院坚持办学与需求结合，培养与社会联动，就业与能力并进，坚持以学生为本位，以服务为宗旨，以能力为核心，形成了“全程促就业、全员抓就业”的就业工作格局，实现了毕业生就业率和就业质量的“双提高”。2010届毕业生共1874人，一次性就业率达98.4%，“双困生”就业率达100%。主要有以下三个特色：

特色一：以学生为本位，构筑就业工作联动机制，形成全员化就业工作格局

学院高度重视做好就业工作，把就业工作放在了“关乎社会和谐，维系千家万户”的战略高度，确保就业工作机构、人员、经费、场地和制度五项工作落实到位。

学院认真实施“一把手”工程和就业工作责任制度，“一把手”代表学院与各系签订就业工作目标责任书，将就业工作成效列入领导干部的考核中。各职能部门和教职员工积极参与到学生就业工作中，“把学生当亲人，把用人单位当亲家”，认真做好毕业生的推荐工作。

学院还采取就业工作与学科专业建设相挂钩、与年度招生指标相挂钩、与评优评先相挂钩、与年度考核相挂钩的“四挂钩”绩效制度，形成了“人人关心就业，个个支持就业”的全员化就业工作格局。

特色二：以能力为核心，源头抓起，深化教育教学改革，提升学生就业竞争力

1. 面向市场调专业

学院主动适应海峡西岸经济区重点发展产业的新要求，通过深入的就业市场调研和行业发展状况分析，及时开设了光电子技术、物联网等新专业，还根据市场需求和毕业生竞争优势，调整部分专业招生人数，使专业设置符合市场需求。

2. 校企融合建基地

学院实施“大企业带动战略”，积极寻求与世界500强、国内100强、省内10强的知名大企业合作，采取企业捐赠、企业引入、设备共享、技术共建等多种形式建设校内外实验实训场所，如与美国通用电气（GE）公司共建了“GE. Fanuc自动化系统实验实训室”；与阿里巴巴公司共建了“阿里巴巴电子商务运营中心”等。几年来，学院共获得企业捐赠资金、设备和软件4000多万元。

目前，全院已建立校外生产性实训基地216个，校内生产性实训基地20个（含123个实训室），拥有3个国家级实训基地和5个省级实训基地，设备总值8500万元（生均1.2万元）。

学生在GE FUNUC实训室里上课，与现代化设备零距离

3. 人才培养求创新

学院不断深化工学结合人才培养模式改革，如计算机网络技术专业按照学生职业岗位能力成长过程，以项目为导向，不断提高学生“建网、管网、用网”的岗位能力；模具设计与制造专业根据企业岗位能力的培养要求，打破传统的学期限定，采用小班制工学交替，实现“学生＋学员＋企业员工”的“零距离”管理模式；影视动画专业通过制作企业订单的动漫作品，将课堂理论与操作实践有效结合，“项目带动、学做合

一”等。

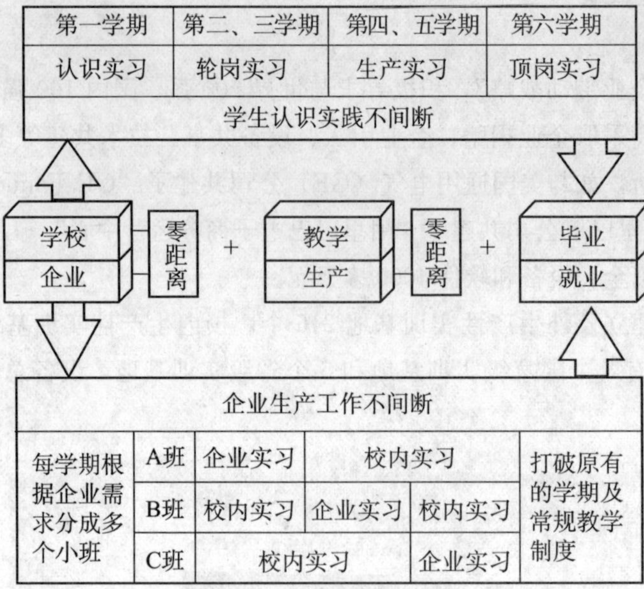

模具设计与制造专业“两个不间断、三个零距离”人才培养模式改革

灵活多样的人才培养模式，使校企双方优势互补、互惠多赢，学生的职业能力得到有力提升。

由我院学生制作完成的38集动画片《快乐成长》封镜

4. 订单培养促就业

学院与企业紧密合作，推进订单式人才培养。目前已成立“永辉班”、“测绘班”、“神码班”等20多个订单培养班，如福建省测绘院、福建骏鹏公司每年为订单班学生提供了10万元左右的企业奖学金。

订单培养"骏鹏班"冠名成立

校企双方共同制定人才培养方案、共同开发课程和专业教材、共同实施教学过程、共同指导评价学生实习、共同搭建学生就业服务平台，有力地提升了人才培养水平和学生就业能力。

5. 百项大赛强技能

为了让学生爱技能、学技能、练技能、强技能，学院每年组织开展"百项技能大赛"，目前参赛人数已达95%以上，有力地促进了学生技能水平的全面提高。

学生在全国职业院校技能大赛屡获佳绩

近三年，学生在全省、全国职业院校技能竞赛中有790人次获奖，连续四年蝉联福建省职业院校技能大赛高职组团体总分第一名；在全国职业院校技能大赛中共获得 2 项一等奖，6 项二等奖和 4 项三等奖，获奖学生未毕业就被企业预订一空。

特色三：以服务为宗旨，构建人本化、全程化、立体型就业指导与服务体系

学院以促进学生的发展为本，通过完成省级立项课题研究，逐步探索和构建起一个由职业指导体系、职业实践体系、创业教育体系、信息管理体系、评估预警体系等组成闭环的人本化、全程化、立体型就业指导与服务体系。

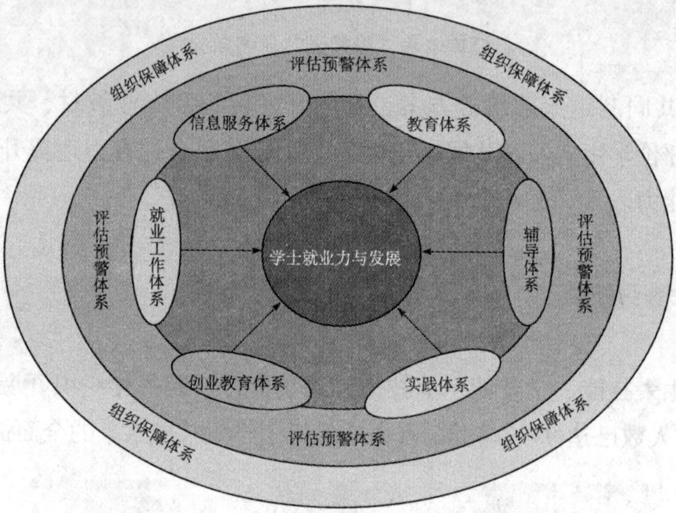

学院建立的人本化、全程化、立体型就业指导与服务体系

1. 加强职业指导与实践，提升就业竞争力

一是加强专业能力指导。学院实行专业导师制，学生一入学，就由专业导师引导学生进行专业学习认知、选课等，随着课程的深入，引导学生积极参加各类职业技能竞赛及见习实践活动，如参加福州金山工业园区与我院共建的产学研就业见习基地的职业实践等，有力地增强了学生的职业能力。

二是加强就业技能指导。成立了职业发展与就业指导教研室，改变讲授为主的教学方式，实行理论与实践一体化教学模式，通过情景教学、角色扮演、案例分析、就业礼仪训练等提升职业素养。指导学生开展职业生涯规划大赛，举办仿真职场实训、企业经理校园行、职场人物访谈等实践活动，有力地提升了就业技能。

职业指导与实践效果显著，形成了以课程为主体，实践活动为载体，讲座为补充，个性化咨询指导为特色的职业指导与实践体系。

2. 加强市场培育，提高学生就业质量

一是开展走访百家企业活动。学院分管领导每年都带队深入企业，了解社会用人需求动向，进行毕业生实习和就业情况跟踪反馈，积极联络用人单位到校招聘人才。每年组织大型供需见面会和小型专场招聘会，历年企业提供的岗位数均超过毕业生数的 3.5 倍。

开展走访百家企业活动

二是校友互动促就业。学校注重维护良好的校友关系，经常深入校友开办的企业实地走访调研，邀请校友回校开办讲座等。在每年的供需见面会上，有近 1/3 的参会企业是校友企业。

三是家校联动促就业。学院注重建立良好的家校关系，让家长为学生就业工作提供信息、出谋划策。如建筑工程系有 1/3 的学生家庭有建筑行业背景，为毕业生提供了大量的就业机会。

3. 加强“两创”教育，增强学生创新能力

一是加强创业教育。学院以教育推动创新、以实践促进创业、以创业带动就业，利用合作企业、创业成功校友、拓展培训中心等资源加强创业教育。在校内成立了大学生创业基地，实施了三商创业中心、广告创业中心、休闲咖啡屋等创业项目。

近年来，已有多名同学成功创业，在工商业、服务业、传统工艺等行业崭露头角，并吸引了一批毕业生加入到他们的创业团队。2010 年，学院首次参加福建省大学生创

业计划竞赛的3件作品均获银奖。

二是加强创意教育。学院利用校企合作资源，结合专业教育，注重培养学生的创意创新能力，积极引导学生进行创意产品研发设计，参加设计大赛和作品展。如在“2011年中国·海峡项目成果交易会”的创意产业主题展作品征集中，我院学生共提交了工业创意设计、工艺美术创意等15个作品参展。

学院在第二届海峡两岸大学生职业技能大赛和创新成果展上获团体总分第一名

4. 加强信息管理，促进就业信息化

学院注重就业信息化建设，就业工作网站配置了独立的服务器，建有学生信息库、企业信息库、就业情况动态系统、毕生档案查询转递系统、就业工作考评系统等，建立起快捷方便的双向服务就业信息网络，为学生和用人单位架设沟通的桥梁，大大提高了毕业生就业工作的效率。如就业情况动态系统可实时掌握毕业生就业状况和岗位变动情况，及时跟踪毕业生就业信息。网站还与多家就业公共网链接，实现了就业信息资源的共享。

5. 加强跟踪考评，提升就业工作水平

学院通过开展ISO9001质量管理体系，建立起内部职业指导与服务评审机制。各系的职业指导与服务工作通过就业工作考评系统，实时跟踪督促反馈，考评优秀予以

表彰，不断促进就业工作质量提升。仅2010年就表彰就业先进集体9个，先进个人22名，发放奖励金近3万元。此外，学院还开展优秀毕业生、就业典型和创业典型的专项跟踪工作等，不断提升就业工作整体水平。

江西理工大学就业特色工作介绍

江西理工大学

一、学校概况

江西理工大学是我国有色金属工业与钢铁工业重要的人才培养和科研基地，被誉为“有色冶金人才摇篮”，是宝钢教育奖评审学校，是面向全国招生和就业的教学研究型理工大学。学校在赣州、南昌两地有 4 个校区，设有 14 个学院，18 个科研院所。现有中国工程院院士 1 人，“井冈学者”特聘教授 1 人，正副教授 600 多人，博士硕士生导师 270 多人，教师中具有博士、硕士学位的 1200 多人；在校全日制硕士和本、专科学生 4 万余人。

学校办学 53 年来，始终坚持复合型工程技术人才培养目标，不断创新人才培养模式，依托有色冶金和钢铁行业优势，积极推进校企合作，构建“一站式”就业工作服务体系，形

成了以人才培养质量为中心，以就业指导和服务为抓手，全员共同参与的就业工作格局。学校毕业生以“为人诚实、基础扎实、工作踏实”的“三实”特色，深受社会和用人单位的欢迎和好评。本科毕业生一次就业率一直保持在江西高校前列。据中国校友网和《21世纪人才报》发布的“中国大学排行榜”显示，我校在“中国高校杰出校友排行榜”中名列第63位（2007年），在“中国高校杰出企业家校友排行榜”中名列第53位（2007年），在“中国高校杰出政治家校友排行榜”中名列第67位（2009年）。

二、就业工作特色介绍

高校毕业生就业状况取决于毕业生的就业竞争力和学校就业工作的效率两个因素，而毕业生就业竞争力问题需要在人才培养领域破解，就业工作的效率需要在建立长效机制上下功夫。大学之道，育人为本；育人之道，教学为本。教学质量是一个学校的立校之本，是人才培养质量的根本保证，是毕业生就业工作的生命线。多年来，学校坚持“三优先”工作模式，创新师资培养模式，实践“3＋1”教育模式，推行“双导师”培养模式，实施“招生就业”联动，着力培养学校自豪、社会欢迎和家长满意的人才。

1. 坚持“三优先”工作模式，确保“三满意”育人才

为了凸显教学工作的中心地位，学校始终坚持“教学优先、教师优先、学生优先”的“三优先”地位，并形成了“教学是否满意、教师是否满意、学生是否满意”的“三满意”工作评价标准。学校明确了校院两级一把手作为教学质量的第一责任人，成立了教学工作指导委员会等组织机构；不断加大教学经费投入，加强教学过程管理，深化教学改革，取得了可喜的成绩。为了鼓励优秀教学资源向一线聚集，学校率先在全国

高校中设立“教学型”教授、副教授，此举使科研论文业绩相对薄弱但教学效果好的一部分教师同样可以晋升职称，受到了学校师生的欢迎。学校通过实施教学质量问责

制、教学督导制、教学激励机制等制度，确保了教学质量的稳定提高。

2. 创新师资培养模式，打造“双师”育人才

一流的人才培养质量来源于一流的师资队伍，而一流的师资队伍必须具备一流的工程实践能力。我校作为以有色冶金和钢铁等工科学科为特色的大学，培养教师的工程实践能力是打造名师、培养优秀毕业生的必要条件。学校针对部分新教师工程实践能力较弱、缺少专业生产实践经验的情况，实施了“中青年教师工程实践培训”工程，通过深入到厂矿企业生产车间第一线，使他们积累了丰富的第一手资料，学习了生产操作知识，认识了新工艺流程和设备，丰富了专业实践经验，提高了生产实践能力。学校还通过岗前培训、选送到国内外进修、为青年教师配备导师、开展教学竞赛等方式对广大教师进行培养，提高教学水平和科研能力。

3. 创新“3+1”教育模式，培养“零适应期”人才

2006年学校与广州周立功单片机发展有限公司合作，在自动化专业设立“3+1”创新教育实验班，形成了“教与学紧密结合、理论与实践紧密结合、学校与企业紧密结合+全面素质教育”的“3+1”创新教育模式，走出了一条大众化教育形势下培养基础知识扎实、创新与实践能力强、综合素质高的“零适应期”优秀本科生的改革新路。学校通过对自动化专业人才培养模式与教学体系的全面改革与创新，形成了基于“以面向工程为导向、项目驱动为手段、能力培养为关键、全面发展为目标”的教育理念与国际“CDIO”工科教育模式接轨、独具中国特色的工科人才培养模式。“3+1”实验班已有四届毕业生，毕业生以实践能力强、基础扎实、工作踏实等特

点实现了优质就业，就业率均为100％。

江西省教育厅对“3＋1”教育模式给予了高度肯定，并多次邀请学校推广改革成功经验，该模式获得了江西省教学成果一等奖，同时还被教育部和财政部联合批准为2009年度的全国人才培养模式创新实验区建设项目。

4. 推行“双导师”培养模式，培养“实战型”人才

为了贯彻全员育人、全过程育人、全方位育人的现代教育理念，适应素质教育的要求和人才培养目标的转变，学校推行了本科生“双导师”培养模式，即为学生配备学业导师和工程导师，培养“实战型”人才。

学业导师在大学新生进校时配备，从学校专业教师队伍中选派，负责介绍专业发展动态和前景，培养学生专业兴趣，帮助学生制定学习目标和职业生涯规划，解决学生专业学习过程中遇到的困难，提供就业信息。工程导师主要由学生实习、见习单位和学校实习工厂的工程师担任，负责学生实习或见习期间的专业学习和工程实践指导。

5. 实施招生就业联动模式，培养“畅销型”人才

我国高等教育进入大众化阶段以来，学校实施了“招生看就业、就业促招生”的招生就业联动模式。学校对新增招生专业实行论证制度，即新增招生专业必须有专业市场需求情况和就业前景分析报告，并经学校就业工作领导小组讨论通过后，方可安排计划招生。

学校还实行了招生计划与就业率挂钩的制度。根据就业工作综合评估结果，对初次就业率名列前茅的学院和专业，适度增加招生计划；对就业率低的专业和学院，适度减少招生计划；对就业率排名倒数的专业实行限制或停止招生。

6. 通用专业融合有色冶金和钢铁行业内涵，形成专业特色优势

随着教育事业的发展，学校陆续增设了理、经、管、文、法、艺、教等学科专业，

专业数共达59个。为使通用专业的毕业生同样具有竞争力，学校坚持了“专业＋有色冶金和钢铁内涵”的人才培养思路。学校在法学、英语、计算机等专业中开设采矿、矿物加工、稀土等专业的课程，让非工科专业学生也掌握工科专业基本知识；鼓励学生跨学科选修第二专业和课程；聘请有色冶金和钢铁行业的领导和专家来校作讲座。这些专业的毕业生因具备了有色冶金和钢铁专业背景，深受有色冶金和钢铁行业企业欢迎。

7. 构建“一站式”就业服务体系

近年来，学校创新就业工作理念，健全就业工作体系，为毕业生和企业提供“一站式”服务，实现了毕业生“零成本”就业、安全就业和用人单位“低成本”纳才、高校毕业生就业工作顺利开展的“三赢”目标。

（1）为毕业生就业提供全方位服务。一是提供全面的指导服务；二是提供多渠道的信息服务，学校利用大学生就业工作网、QQ群、辅导员博客、广播、橱窗等宣传阵地，为毕业生提供周到的信息服务，并在班级设立“就业委员”；三是帮助贫困毕业生顺利就业；四是鼓励和帮助毕业生创业，以创业带动就业。

（2）为用人单位招聘提供全过程服务。用人单位进校招聘时，将企业资质、简介、岗位、招聘条件等相关内容发给学校后，学校即从以下几个方面为企业开展服务：一是利用校内所有媒体资源为招聘单位进行充分宣传；二是预收毕业生简历；三是为每个招聘单位配备志愿者，全程跟随服务；四是做好签约服务及后续工作。

在全校上下的共同努力下，学校毕业生就业工作取得了优异的成绩，毕业生就业率一直位列江西高校前列。2009年中共中央政治局委员、国务委员刘延东同志在《人民日报内参》上阅读到报道我校“创新人才培养模式，破解毕业生就业难题”的文章后作出了重要批示，并由此引发了每年评选“全国毕业生就业典型经验高校”五十强的活动。我校就业工作的经验做法还得到了新华社、《人民日报》、《光明日报》、《中国青年报》、《中国教育报》等媒体的报道和好评。

以育人为根本　以改革为动力
探索学业、就业、创业一体化工作格局

江西师范大学

江西师范大学有70多年的办学历史，是一所多学科门类，师范与非师范并举的省属重点师范大学。学校是博士学位授予权单位和全国第一批学士、硕士学位授予权单位，设有23个专业学院，现有在校生4万人。

近年来，学校毕业生就业工作坚持以邓小平理论和“三个代表”重要思想为指导，深入学习实践科学发展观，贯彻落实就业工作“一把手”工程，通过创新机制、完善制度、规范管理、夯实队伍、加大投入，积极做细就业指导、做活就业市场、做优就业服务，本科毕业生初次就业率一直保持在全省高校前列，就业工作已成为学校发展的一大亮点。

一、学校将就业工作作为人才培养质量的尺度之一，不断完善制度，健全机制，加大软硬件建设力度，初步形成了全员参与的就业工作格局

1. 学校领导高度重视，“一把手”工程得到全面落实

每学期，校党委书记、校长亲自召开专门会议研究部署毕业生就业工作。校长与各学院一把手签订就业工作目标责任状，学院毕业生就业工作有计划、有措施、有落

实，各学院积极主动把帮助大学生就业当作学院的重要工作来抓。

2. 保证校院两级就业工作人员、经费、设施三到位

一是人员到位，学校除了招生就业处专职人员外，每个学院还配备1名就业专职工作人员和4名以上年级辅导员作就业工作。二是经费到位，学校至少按学费总收入的1%划拨就业专项经费，各学院按每名毕业生80元的标准落实就业专项经费。三是就业设施到位，学校有就业指导报告厅、招聘大厅、就业指导室、网络室、洽谈室等，有就业信息电子显示屏，常年发布招聘就业信息。

3. 健全学院就业工作考评体系

学校每月公布各学院、各专业的毕业生就业率，通报各学院工作特色、各专业就业进展情况。校招生就业处常年聘请了5名专家组成就业督导组，对学院就业工作进行督导考评。

4. “全校重视、全员参与”的工作格局基本形成

学校将就业率与贡献率、稳定率并列为衡量自身发展的三大指标之一。探索学业、就业、创业一体化工作格局，在招生、教学、学生管理、学科建设、专业发展等工作中，统筹学生就业需要，积极发挥专业教师在指导和推荐学生就业的优势，为了学生今后的发展和学校的长远利益，自觉将人才培养和毕业生就业紧密结合。

二、积极推进人才培养模式改革，提高人才培养质量，以培养复合型专门人才，适应经济社会发展的需要，形成从招生、培养到就业的联动育人机制

1. 构建人才培养质量体系

学校招生坚持以就业需要为导向，人才培养以“厚基础、宽口径、高素质、强适应”为目标，突出创新精神和实践能力两个重点，搭建“通识教育、专业教育、教师教育”三大课程平台，建立了“学分制管理、模块化课程、菜单式培养、开放型教学”的四大运行机制，构建“整体化、模块化、结构化、个性化”的课程体系，积极开展

创新创业教育，加强以实验、实训、实习、社会实践（简称“4S”）和毕业设计（论文）实践性教学建设。通过实施教学改革，提高毕业生整体素质。

2. 构建教师教育培养体系

学校建立了“教师教育课程教学体系、实践教学体系、教师职业养成教育体系”的教师教育人才培养模式，建立了100多个实习、研究、服务“三位一体”的教育实习基地，形成了预习、演习、见习、实习、研习“五位一体”的教育实习体系。

3. 构建教师教育协作体系

一是以教育实习为纽带，建立江西师范大学——中学“1＋100”协作共同体、江西师范大学——宁都县教师教育创新合作实验区，促进了“教学、实习、研究、服务”一体化。二是以项目为载体，推进专家合作协作体、校校合作协作体，促进“研究、开发、应用、服务”一体化。

4. 构建教师教育服务体系

学校采取“志愿服务”和“支教实习”相结合办法，实施“红土地支教志愿服务”，先后派出11批共计1500余名优秀师范生到我省国家级扶贫县和师资紧缺县的农村中学，除了开展顶岗支教志愿服务外，还开展农村留守儿童帮扶、农村科普教育、农村师资培训、文化宣传等服务，受到全社会的广泛关注。团中央拟将该项目纳入其有关的国家志愿行动项目中，作为典型经验向全国推广。

三、完善就业指导推荐服务体系，为学生提供全方位的就业服务，加强创新创业教育，不断提高毕业生求职竞争力

1. 以就业指导课为基础阵地，以职业生涯教育为核心内容，实现就业指导的全面化、全程化、科学化

学校将就业指导课列为必修课程，有38个课时（2个学分），各学院每学期还要自行安排9个课时以上的时间对全体学生进行就业指导教育。教育形式多种多样，除

了课堂教学之外，每年还邀请一批职业指导师、大型企业负责人、优秀校友、创业成功人士来校举办“就业导航”系列讲座活，开展“就业咨询日”活动。学校在 2003 年就引进了大学生人才测评系统。通过测评，学校可以根据每个学生的个性、能力、志趣的差异，帮助学生选择适合自己发展的职业。新生入学就通过《大学生职业生涯规划读本》接受职业生涯教育。同时，聘请了校外职业生涯指导专家每周二、周五晚上定期为全校学生提供免费的职业生涯规划设计咨询。学生在校期间，经常开展职业生涯设计辅导讲座、学生社团举办职业生涯规划大赛等丰富多彩地职业生涯教育活动，使他们在毕业时就业更为理性。

2. 以个性化就业指导为创新平台，促进学生自身职业技能提高，实施“毕业生高质量就业培训项目”，实现毕业生就业竞争力的全面提升

学校通过个性化就业指导室，采取预约登记形式，组织国家职业指导师对学生开展一对一的个性化就业指导，为学生提供信息查询、政策咨询、就业指导等免费服务；就业指导室开放至今，已有 2000 多名学生接受了个性化就业指导服务，每名学生的指导时间少则 20 分钟，长则数小时。同时，根据专业特点，引导学生参加职业技能培训，获得相应专业的职业资格证书。学校还开展模拟公司、模拟银行等实训窗口，开办“真我之旅”训练营，让学生学会求职技巧，学会感恩，全面认识自我，快速融入团队，树立爱岗敬业精神。学校每年为毕业生举办多期研究生考试、公务员考试、事业单位招考免费辅导班，每年培训规模在 4000 人次以上。

3. 做活就业市场，确保信息真实，渠道通畅，建立毕业生就业推广体系，为毕业生充分就业提供更多地选择机会

学校十分重视就业市场的建设和就业信息的发布。学校建立了学校大型招聘会、学院专场招聘会和个别就业洽谈会三级校园就业市场。并通过全国各大毕业生就业信息官方网站，根据学校专业实际，进行整理筛选，及时利用各种有效手段（校园网、电子屏、手机短信群发、就业 QQ 群、宣传栏等）予以公布，每年为毕业生提供 3 倍以上的就业岗位信息。每年组织就业工作人员走访用人单位，并通过信函、电话、电子邮件等形式保持联系和沟通。学校在与用人单位建立长久协作关系的基础上，先后与 80 多个单位签订就业指导站建设协议。这些就业基地每年接纳学校毕业生就业或为学校提供招聘信息，已成为学校毕业生市场建设的重要一环。特别是一些学院以校企合作为基础，发挥专业特点、行业协作关系，推进用人单位“订单式”培养，“团购”毕业生，促进毕业生适时就业。此外，学校还始终将服务基层、服务西部作为学生就业的鼓励方向。每年动员和组织毕业生踊跃参加村官、西部计划等的选拔，鼓励毕业生下乡支农、支教、扶贫。

4. 以提高创业教育水平为努力方向，通过提高学生自主创业能力，促进学生就业

学校较早成立创业教育研究与指导中心，江西师范大学商学院创业培训中心与南昌市劳动和社会保障局合作成立江南创业教育管理学院，成为南昌市国家创业培训示范基地，开展创业教学和培训。同时，学校被教育厅确定为全省高校创业教育指导中心和全省高校创业研究中心，被教育部与劳动和社会保障部确定为全国 37 所 SYB 试点高校之一。目前，学校已启动了建设 600 平方米的大学生创业孵化园的工作，每年投入 50 万元扶持资金支持学生自主申报创业项目。学校将《创业理论与实务》列入商学院必修课程和全校创业教育选修课程，每年举办创业教育展，经常举办创业教育讲座。投资建成了两间国际 SYB 标准 U 型培训教室，在全校学生中开办了 8 期 SYB 免费创业培训，累计培训 1300 多名学生。学校还组织“大学生创业咨询日”、“走近闽商、零距离体验创业”等活动，提高学生的以创业带动就业的意识，部分学生也成功走上自主创业之路。

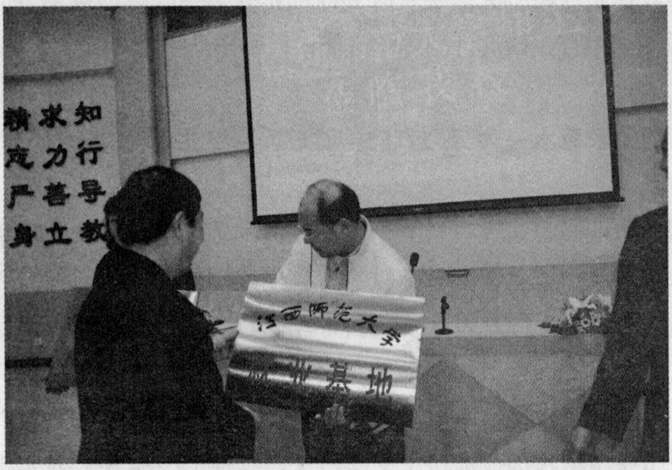
江西师范大学

江西师范大学2009年大学生职业生涯规划大赛

江西师范大学2010届毕业生就业工作动员大会

创新人才培养模式　强化就业服务指导

九江职业技术学院

九江职业技术学院是经教育部批准成立的全日制普通高等学校，其前身九江船舶工业学校创建于1960年，先后隶属于原第一机械工业部、第三机械工业部、第六机械工业部、中国船舶工业总公司。1994年经原国家教委批准举办高等职业教育，是全国首批举办高等职业教育的10所学校之一。1999年学校由国防科工委划转江西省人民政府管理，是省教育厅直属高职院校。2005年学校被国务院七部委授予"全国职业教育先进单位"称号。2010年6月，学校"国家示范性高等职业院校建设项目"顺利通过教育部、财政部验收，成为江西省唯一一所国家示范性高等职业院校。

学校设有4个二级学院、2个直属系和3个教学部，现有全日制在校生15000余人。学校共有51个专业，其中5个国家示范专业，8个国防军工特有专业，7个江西省高校特色专业，8个江西省高职高专示范专业，3个全国机械行业特色专业，形成了以工科为主，以先进制造、船舶工程、电子信息为主要特色，兼有经济、管理等多门类协调发展的专业体系，在服务船舶军工行业的能力上形成了明显的比较优势。

学校毕业生就业率一直保持在90%以上，在船舶军工企业及科研院所就业的毕业生数量逐年上升，专业对口率达85%以上。毕业生就业质量和就业率多年来一直在江西省同类院校中名列前茅，学校多次被评为"江西省高校毕业生就业工作先进集体"，毕业生以"敬业精神好、综合素质高、动手能力强、上岗适应快"的特点深受行业企业用人单位的欢迎。

一、深化教育教学改革，创新人才培养模式，提高学生就业能力

1. 调整专业结构，深化课程改革，培养“适销”人才

学校深化以专业、课程建设为核心的教育教学改革，非常注重及时调整专业结构，创新课程体系。学校把专业分为“四大类型”，第一类是具有高市场增长率和高相对市场占有率的骨干专业；第二类是低市场增长率和高相对市场占有率的重点建设专业；第三类是具有高市场增长率和低相对市场占有率的专业；第四类是低市场增长率和低相对市场占有率的专业。近年来，学校按照“分类选择”的思路进行专业调整，坚决停办了7个就业难的专业。学校现有51个高职专业，涵盖了船舶、机械、电子、管理、汽车与建筑等领域，形成了以工科类专业为重点，工学、管理、经济、文法等专业协调发展、相互促进的专业群，专业结构与船舶行业的技术结构和区域产业结构具有较高的吻合度。

在课程建设中实现了三个突破。一是突破了封闭的课程开发模式，积极与船舶行业和区域内企业合作开发课程，提高课程的针对性与适应性；二是突破了传统的课程教学模式，变传统的教学模式为工学交替、任务驱动、项目导向、顶岗实习等教学模式；三是突破课程教学的评价方式，采用过程考核和终结性考核相结合、校内成绩考核与企业实践考核相结合的考核方式，保证了人才培养的“适销对路”，毕业生受到用人单位的广泛好评。

2. 校企合作办学，工学结合育人，培养“顶用”人才

高技能人才实践动手能力是助推毕业生顺利就业的关键。为了真正培养出满足社会需要的高技能人才，学校不断创新以“校企合作、工学结合”为核心的人才培养模式，坚持“在校企合作中办学，于工学结合中育人”，加强实训基地和实验条件建设，为增强学生的实践动手能力、成为高技能人才创造有利条件。

学校已与208家企业签订了紧密的校企合作协议，近年来每年安排到企业顶岗实习约为一万多（人月）。随着校企合作的不断深化，学校形成了“四学段校企交替”、“项目引导、学做一体”、“引产入教、三层次、四学段”、“真实产品、典型工艺、学做

合一”等人才培养模式，不仅为学校“开放式”办学模式的实施、学校社会职能的充分发挥提供了有效途径，同时为提高学生的实践动手能力和顺利就业创造了有利条件。

3. 开展学生综合素质拓展训练，提升学生的就业能力

良好的综合素质是学生实现成功就业的“关键能力”。根据高职教育的特点，学校经过多年的探索和总结，将素质教育作为提升学生就业能力的平台。

一是制定并组织实施高职学生素质拓展指导纲要。根据不同专业学生培养目标，提出学生必须具备的关键能力要素，拓展实现学生综合素质提升的训练项目，通过举办“校园文化艺术节”、“科技周”、“运动会”等大型活动，推动素质教育，延伸技能培养，拓展人文素养。

二是活跃学生社团文化。目前我校有各级各类学生社团70余个，通过经常性的活动，使学生锻炼了才干，提升了素质，成为学生综合素质提升成长摇篮。

三是广泛开展各类创新大赛。学校积极组织学生参加了全国、全省职业院校技能大赛、大学生数学建模竞赛、电子设计竞赛、广告设计大赛等。近年来，学生在国家和省级职业技能大赛等各类大学生竞赛中共获奖项500余人次，其中特等奖8人次，一等奖100余人次。

二、落实就业工作“四化”，拓宽就业市场，促进毕业生充分就业

1. 就业教育全程化、就业指导专业化，不断完善就业教育指导工作体系

一是就业教育全程化。根据我校培养目标和学生特点，进行分层次、分阶段的就业教育，一年级以就业指导课为主要手段和方式，达到“启蒙就业意识，规划学习生活”的就业教育阶段目标。二年级通过职业生涯规划大赛、挑战杯大赛、各类专门比赛（招聘简历设计、模拟招聘）等各类活动，强化就业体验，提升综合能力。三年级通过各类就业主题班会、专题讲座等帮助学生了解就业形势，掌握求职技能，成功走向就业。

二是就业指导专业化。学校将就业指导课列为必修课编入教学计划，安排38课时、2学分，编写并出版了《高职学生就业指导课程》，设置了“就业指导教研室”，建

立了专兼职就业指导课教师队伍，加强就业指导课程建设。

2. 就业服务信息化、市场开拓全员化，积极拓宽毕业生就业渠道

一是就业工作信息化。招生就业处配有专用服务器一台，专职计算机专业技术人员一名（具有网络工程师专业技术资格），学校建立了毕业生就业工作网站，及时维护省高校毕业生就业监测系统信息，加强动态信息管理。

二是市场开拓全员化。在就业市场开拓方面我们力求“四变”：变以东南市场为主为全国所有中心城市市场为主；变以船舶行业为主为面向所有能涉足的行业；变以大企业为主为大、中、小企业并重；变以老关系户为主为开辟新市场为主。同时，学校牢牢抓住船舶行业等传统优质的就业市场，与中国船舶重工集团公司、中国船舶工业集团公司所属的100多家企业、研究所建立了稳定的就业基地，收集建立了全国四千多家企业信息库。

三、“四位一体”促就业，实现毕业生充分、公平、体面、安全就业

按照“经常化、小型化、专业化”的要求，学校每年除举办全校性的校园招聘会，还常年组织分专业的专场招聘会，每年的专场招聘会都在200－300场之间，每年推荐给毕业生的就业岗位都有7000个左右。仔细甄别用人单位，设置用人单位入校最低门槛，主动引进科研院所和国有大中型企业，如中国船舶重工集团公司717研究所、中国航空工业集团602研究所、昌河飞机工业有限责任公司、江西铜业集团等，提升就业质量。2010届毕业生在科研院所和国有大中型企业就业比例超过3%。

建设好毕业生就业服务立体化平台，通过学校就业网、各院（系）网站、OA、手机短信平台、QQ群、校内广播、就业信息公告栏等多种渠道，及时发布就业信息和国家相关政策，做到公平就业。针对各种招聘会、毕业生上岗离校等存在安全隐患的环节，我校提出就业安全“零事故率”目标，制定《九江职业技术学院毕业生就业安全管理办法》，学校、院（系）两级每年认真开展毕业生就业状况自查工作，对毕业生就业安全工作有规划、有预案；逐一审查，严把入门关，护送毕业生上岗已成常态，使毕业生安全抵达用人单位，确保做到安全就业。

服务国家能源发展战略 培养高素质创新型人才

中国石油大学（华东）

中国石油大学（华东）是教育部直属全国重点大学，是国家“211工程”重点建设的高校，是建有研究生院的56所高校之一，是国家重点支持开展“优势学科创新平台”建设的高校，是教育部和四大石油石化企业集团（中国石油天然气集团公司、中国石油化工集团公司、中国海洋石油总公司、中国中化集团公司）、教育部和山东省人民政府共建的普通高等学校。

学校现有东营、青岛两个校区，校园总面积300公顷，建筑面积120余万平方米，图书馆藏书总量390万册（含电子型图书）。建校58年来，始终以服务国家能源战略为使命，走出了一条特色鲜明的办学之路，学校被誉为“石油科技人才的摇篮”，全日制学生24000余人。

多年来，学校切实增强使命意识，适应石油工业发展的需要，以建设石油学科国际一流的高水平研究型大学为目标，努力为行业和经济社会发展培养和输送大批高素质创新型人才，形成了特色鲜明的人才培养的理念和工作体系，人才培

养质量的品牌特色不断得到巩固和加强，毕业生就业工作形成明显的优势和特色，得到行业和社会的充分认可和肯定。学校就业工作以科学发展观为指导，牢固树立“以人为本、市场为先、服务至上”的工作理念，以科学指导和优质服务为基础，以市场开拓为重点，以信息化建设为平台，以提高人才质量为主线，以就业帮扶为补充，以稳定就业率和提高就业质量为目标，努力实现毕业生的充分就业。长期以来，我校毕业生就业形成了鲜明的工作特色，即：以行业需求为依托，强化人才培养特色，造就大批扎根基层，以国家为先、事业为重、奉献为荣，始终与祖国石油工业同呼吸、共命运，服务国家能源战略和经济社会发展需要的创新型人才。

一、以行业和社会需求为导向推进教育教学改革，优化人才培养体系

学校立足实际、着眼长远，深刻把握当前和未来社会发展需求，建立完善招生、培养、就业联动机制，将就业纳入质量工程，大力推进教育教学改革，围绕国家能源战略和经济社会发展需要培养高素质创新型人才。

学校建立起覆盖整个石油工业的石油主干学科体系，始终密切关注经济社会和石油行业领域的发展情况以及对人才数量和规格的需求，不断调整优化专业结构及各专业招生规模。一方面对有的专业实行停招和减招；另一方面，根据行业和经济社会发展需求，以现有优势学科专业为基础，积极培育新的专业增长点。

毕业生双选大会

努力优化培养方案。适应行业和经济社会对大学生外语、计算机、实践能力以及综合素质需要，坚持“四个不断线”，即外语教学与应用的四年不断线（四级通过率高于全国平均通过率30个百分点），计算机课程教学和应用的四年不断线，实践教学的四年不断线，文化素质教育的四年不断线。

坚持推进人才培养模式改革。2010年，我校成为首批实施“卓越工程师教育培养计划”的61所高校之一，以此为契机，学校加强对大学生工程能力、创新意识的培

养，着力培养一批优秀的工程技术人才。适应当前我国石油工业实施海外战略的需求，学校积极加强国际化办学，推动与国外高校的联合培养与交流，探索了“2＋2”、“3＋1”等多样化的国际合作培养模式。探索开展小语种强化试点班，做好国际化人才培养的储备工作。

二、突出实践教学和创新教育，提升毕业生就业竞争力

学校把实践教学和创新教育作为创新型人才培养的重要渠道，在人才培养过程中，多渠道多方位创造实习实践机会，大力提升毕业生就业竞争力。

学校加强实习基地、实训中心、开放实验室等实践教学平台建设，形成了完善的实践教学体系和模式，实现了“校内基地工业化、校外基地教学化”的实践教学基地建设格局。充分利用校内外油田现场生产资源和各种社会资源，在企业中建立“学士后流动站”和“青年就业创业见习基地”，建成了近百个校内外实习基地，年接纳学生容量达到12000人次，让学生将课堂学习与生产现场和社会实际相结合。学校自己的校办企业每年接收实习学生在5000人次以上，完成实习任务近40万工时。在本科生中大力开展职业技能培训鉴定，每年有600多名学生取得相关职业技术资格证书，极大地提高了学生的知识应用及就业竞争能力。

学校加大对学生创新活动的支持和投入，依托国家大学科技园设立创新实践中心、创业实践工作室，支持大学生科技创新创业活动。以实施国家大学生创新性实验计划为契机，全方位推动科技创新活动，目前，我校大学生创新性实验计划有国家级项目150个，校级项目283个，参与学生1000余人；“十一五”期间，大学生参加挑战杯、数学建模、电子设计、英语等竞赛共获得省级及以上奖项797项，其中国家级特等奖7项、一等奖73项，学生获专利72项。

学校大力实施研究生教育创新工程，实行以科学研究为主导、突出创新教育的导师负责制，加大研究生奖助力度，探索专业硕士研究生培养，研究生创新教育机制进一步完善。

我校学生扎实的动手实践能力受到社会广泛关注与肯定，2010年“两会”期间，中央电视台新闻频道以《培养专业技能　促进大学生就业》为题，对我校大学生实习实训和就业工作进行了深入报道，引起较大反响。

三、弘扬主旋律，引导毕业生扎根基层，服务西部

到西部、到基层，到祖国最需要的地方建功立业一直是学校的优良传统，每年签约就业的毕业生80%以上是到西部、到基层、到艰苦行业就业，尤其是自2006年以来每年均有500余名毕业生到甘肃、青海、宁夏、陕西、西藏、新疆西部六省区就业，2010年高达598名。

学校积极构建立体化、全方位的宣传体系，实施基层就业教育工程。结合“实事求是，艰苦奋斗”的校风，弘扬“学石油，爱石油，献身石油”的优良传统，贯彻“献身事业是择业的永恒主题”的就业指导思想，坚持将蕴涵石油精神和文化的大学精神教育作为德育教育的重要内容，坚持开展主题教育活动、塑造校园内浓郁的石油精神、加强对校友优秀事迹的宣传，教育学生立志成才，坚定报国志向，自愿扎根基层，奉献西部。切实落实政策支持和奖励，实施基层就业保障工程。学校每年拿出50余万元对西部、基层就业学生进行奖励，为有志于到基层和西部就业的毕业生提供就业信息、政策解释、职业指导、咨询服务及后续跟踪服务等各种保障。组织学生到基层单位参加社会实践，亲身感受工作环境。通过教育、支持、激励三部曲极大地激发了学生到西部、基层建功立业的热情。

四、建立校企联动新模式，培育新的就业增长点

学校紧密结合行业需求热点，与企业联合开展“订单式”培养，建立了学校招生，校企联合培养，企业推荐就业的联动新模式，培育新的就业增长点。

自2002年开始，学校开始与新疆油田、玉门油田、大庆油田等多家单位合作，开展联合培养工作，随着对校企联合培养模式的进一步探索，联合培养单位也由以往单一的石油石化行业向其他行业发展，呈现多元化发展势头：如与浪潮集团、东软集团、阿尔卑斯公司、济南军区等开展联合培养。截止目前“订单式”合作培养毕业生共1832名。合作培养模式一方面促进了毕业生就业，另一方面通过助学金补助一定程度上解决了学生的学费问题，同时企业也挑选了更有针对性的人才。这种“订单式”联合培养办学模式，拓宽了办学思路和渠道，使培养的学生能够满足人才市场的需求，实现招生、教学、就业的有机衔接，一举三得。

以人才培养质量为前提
探索大学创新创业与就业相融合的工作新路

青岛理工大学

青岛理工大学作为一所以工为主，理工结合，土木建筑、机械制造、环境能源学科特色鲜明，理、工、经、管、文、法多学科协调发展，科学教育与人文教育相结合的多科性大学，拥有57个本科专业，13个硕士学位授权一级学科、59个二级学科硕士点、7个博士点，2个一级学科博士后科研流动站，目前在校普通本专科生28631人，全日制博士、硕士研究生1100人。就业工作近年来稳步发展，毕业生一次就业率多年保持在90%以上。2007年被评为山东省高校毕业生就业工作先进集体，同年成为省委高校工委在省内高校设立的第一家大学生创业教育研究基地，2008年荣获全国青年创业教育先进集体荣誉称号，2009年被评为山东省大学生创业教育示范院校，同时被团中央命名为大学生KAB创业教育基地，2009年12月份荣获全国高校毕业生就业工作先进集体。

成绩和荣誉取得的背后是青岛理工大学多年来对就业市场需求为导向的人才培养体系改革的孜孜探索，是始终坚持以人为本就业指导服务工作的创新，是坚持抓好就业指导教育、抓好就业市场建设、突出创业教育和创业扶持、全面做好毕业生就业工作的结果。

经验一：以学生为本，以基础工作为先导，构建就业工作综合体系

1. 健全就业工作保障体系

领导组织保障先行，制度规范保障并进，经费条件保障为本。学校全面落实就业

工作“一把手”工程，校长、职能部门负责人、学院院长、教研室主任、专业教师纳入学生就业工作体系。除每年足额划拨就业工作经费外，从2009年起学校每年再为就业工作单设50万元专项促进经费，用于市场拓展。

2. 完善就业工作运行机制

就业工作实行“学校主导、学院主体”的运行机制，出台了《青岛理工大学学院就业工作细则及考评办法》，提出了“学校调控服务、学院保障落实、依托社会资源、培养学生自立”的就业工作发展思路。就业工作突出职能部门间的联动促进机制，实现从招生到培养到就业的联动，招生计划、培养方案与就业市场密切结合。依托全员参与的工作机制，建立起“学校就业指导中心——学院专职就业人员——班主任”三位一体的就业工作教师队伍，本科生导师制、就业与教学绩效考核挂钩等多种措施极大的鼓励了专业教师参与到就业工作中来。

3. 优化就业指导服务体系

创建“真情塑造未来”的服务品牌，构建起“全程化、信息化、人性化”的就业服务体系，全面推行就业工作与专业教学结合、与宿舍文化结合、与社团活动结合的“三结合”模式，提高就业工作的覆盖范围。《职业生涯规划》和《就业指导与创业教育》纳入必修课体系和教学评价体系；学校专设了大学生就业指导与创业教育教学研究中心，编写了《就业实战手册》、《职业生涯规划》、《大学生创业教程》等专业教材。

4. 拓展就业市场网络体系

全力构建以校园招聘为主体的就业市场体系，搭建大中小型招聘会“三位一体、互为补充”的校内就业市场网络，依托产业园区、人才中心、行业协会和知名企业建立起就业市场主体。充分发挥学校在冶金行业、建设行业的优势，依托专场招聘会、就业论坛、“质量万里行”用人单位走访“三大平台”，强化就业基地建设，已经形成以山东半岛为核心、覆盖华东地区的就业基地网络，为毕业生的充分就业和有效择业开辟了“绿色通道”。

经验二：以市场需求为本源、以服务地方经济为导向，深化教育教学改革

1. 坚定市场需求为本源的教育教学改革发展思路

学校在教育教学质量工程中，始终将服务于地方经济建设作为办学宗旨，将培养高素质的专业技术型人才作为培养定位，将创新学生就业创业观念、培养适应社会需要和具有市场竞争力的毕业生作为教育教学改革的目标，紧密围绕市场发展深化教育教学改革。

2. 立足服务地方经济建设、突出冶金建设行业优势，实行人才培养联动机制

（1）人才培养方案制定过程中实施了校地、校企联动，用人单位全面参与人才培养体系改革。专业培养方案修订过程中，立足于区域经济发展实际，采取走出去、请进来的方式，到地方人事部门、企事业单位特别是150余所教学实习基地单位进行广泛调研，邀请了知名企业、就业实习基地单位代表到校参与制定培养方案，根据市场需求调整课程体系。

（2）实施招生、培养与就业的三方联动。根据专业就业情况和就业市场分布确定专业招生计划和区域招生计划的分配；根据用人单位集中反映的培养建议，各学院适时调整培养方案的内容；专业的增减和培养规模取决于就业市场前景。

（3）与行业细分联动，实施专业方向细分。例如：土木工程专业细分为结构、道路桥梁、岩土工程等方向；工程管理专业为适应海外建设人才的需求，专设国际工程项目管理专业方向，实行双语教学。经此改革，上述所列专业毕业生广受用人单位欢迎，实现了充分就业。

（4）与支柱产业人才需求联动，实施订单式培养。作为冶金起家、建筑见长的高校，学校始终将保持冶金建设行业人才培养特色作为根本。一方面为满足冶金矿山企业一线工程技术人员需求，在招生过程中为其单列订单式培养招生计划，量身定做专业化人才；另一方面实施“卓越工程师”培养计划，着力为厂矿企业、建设单位培养一批专业技术型应用人才；三是通过为企业招聘的大学生提供个性化专业强化训练，提前做好毕业生岗位适应性培养。

（5）与产业信息化发展联动，推进职业技能培养和实习实训。针对信息化发展带来的产业升级，学校先后联合中国软件行业协会、山东省职业技能训练中心等为毕业生开展多种类型的职业技能培训；计算机、信息类专业已和齐鲁软件园、无锡信息产业基地等开展了多年的实训联合培养，学生在实训后全部被当地企业抢订；学校从

2009年开始全面参与政府主导的软件人才外包项目，与青岛软件园合作开展“2+2”的软件工程专业的单列计划招生。

3. 教育教学改革推动就业发展成效显著，获得社会广泛认可

(1) 学生综合素质和就业竞争力显著增强。土建类、机械类等特色学科相关专业的就业率不断攀升，一次就业率连续三年保持在98%以上，实际签约率逐年提升到90%以上。土木工程专业实际签约率稳居全省高校第一，机械、电气自动化、工程造价等专业实际签约率位居全省高校前列，学校成为中建、中冶等国字号企业在全国为数不多的非“211院校”人才培育基地。

(2) 人才培养服务于地方经济建设的办学思路得以印证。每年50%以上的毕业生在青岛就业，70%以上的毕业生在山东就业；40%以上的毕业生进入冶金矿山和建筑系统的国有大型企业；实现就业的学生中，所从事的工作与所学专业密切相关的达到81%。目前，在青岛乃至山东的建筑房地产行业，有近一半的技术和管理人才来自我校，“一所学校影响一个行业”这种青岛理工大学现象备受社会关注。

经验三：以创新为核心，以创业教育为载体，创业带动就业

学校将不断提高大学生的创业素养和创业能力作为培养高素质创新型人才的重要组成部分，大学生创业教育作为一个基本的教育理念贯穿于人才培养的全过程。近年来，学校以转变人才培养观念为前提，以大学生创业教育工作研究为基础，以构建和完善创业教育教学与课程体系为重点，以推动创业实践和创业孵化培育为特色，在大学生创业方面进行了积极的探索和尝试。

1. 创新人才培养模式，完善创业教育体系

学校依托山东省大学生创业教育研究基地，点面结合实施不同侧重的创业教育内容，从大学生创业引导和教育入手，渗透创业理念，营造校园创业文化氛围，形成了“一轴双基、五项推动”的全方位、多途径综合创业教育体系。作为教育部“六纵十横”体验式创业教育人才培养实验区项目承担院校，学校在六个学院实施“创业版”培养计划，将创业理念全面融入人才培养过程。

2. 强化创业理论研究，丰富创业教育教学体系

学校通过科学研究、理论与实践探索、学术交流，培养和造就了一批创业方面的学

术带头人、学术骨干和一支专业化的工作队伍。近年来先后出版了《大学生创业教育》、《大学生创业教程》、《大学生创新实践指导》等一批创业教育教材，建立了五个校外创业实践基地和一个校内创业实践中心，创建了首个学生创业实践的校园立体课堂。

3. 搭建创业实践平台，完善创业扶持机制

学校一方面筹集资金 50 万元建设大学生创业基金，帮扶大学生开展创业实践；一方面建设创业孵化基地，从场地、设施等方面扶植创业项目；同时组建创业服务专家团，为创业大学生配备创业导师，为创业项目提供项目评估、方案设计、融资服务、跟踪扶持等“一条龙”的创业服务；与此同时，学校大力倡导科技创新活动，带动和提升大学生创业的科技含量和层次。

青岛理工大
莱西建总

突出两个特色　抓住四个关键 确保毕业生充分就业

山东交通学院

山东交通学院始建于1956年，是山东省唯一一所以培养公路、水路交通运输专门人才为主的本科高校。

学校占地面积2203亩，有校本部、长清校区、威海校区三个校区，现有在职教职工1282人，全日制本专科在校学生16559人。设有汽车工程系、土木工程系、工程机械系、交通与物流工程系、信息工程系、管理系、经济系、外语系、人文科学系、数理系、北方国际学院、海运学院、高职学院13个教学系（院）、42个本科专业，专业

学校北门

长清校区教学楼

学校生态图书馆

汽车博物馆

校本部教学楼

设置涵盖文、理、工、经、管、法6大学科门类。学校秉承“明德至善，格物致知”的校训，发扬“严、尊、勤、全”的优良校风，现已成为省内外交通人才培养的重要基地，为山东经济社会发展和交通行业发展做出了积极贡献。

学校坚持以就业和市场需求为导向，突出“行业性、应用型”两个特色，抓住“人才培养质量、就业市场建设、就业指导教育、就业指导服务”四个关键，毕业生凸显了“下得去，吃得苦，用得上，干得好”的特点，形成了“下工地、进车间，到一线去，到国家建设最需要的地方去建功立业”的主流就业文化。

一、突出两个特色，人才培养紧密对接市场需求

1. 突出交通行业特色。一是坚持围绕交通建设的市场需求设置学科专业，构建以工学学科专业为主，以公路、水路交通类专业为骨干，辅之以理学、管理学、经济学、法学、文学的专业体系，目前设置的42个本科专业中，交通类专业20个，与交通建设市场需求紧密相关的专业12个，交通类专业在校学生人数占在校生总数的71.65%；二是坚持围绕交通建设的市场需求及时调整更新专业结构，新上专业优先发展社会需求旺盛且具有良好发展前景的交通类专业，传统专业重视结合市场需求及时进行结构优化与调整；三是坚持围绕交通建设实际开展科学研究，重视与交通企事业单位开展联合技术攻关，在汽车及发动机应用技术、机动车综合测试技术、公路与桥梁规划设计、专用车设计与改装、现代物流技术等领域取得了重要成果，学校成为交通应用型科学研究的重要基地，这些成果应用到人才培养过程中，促进了人才培养质量的提高。

2. 突出应用型人才培养特色。学校定位于“培养交通建设第一线的应用工程师”，注重加强工程环境建设，努力构建全方位的交通工程环境。一是实验室建设务求适用、实用以及与现代交通科学技术发展的良好接轨。运输车辆检测诊断与维修技术实验室、机动车检测实验中心、汽车工程实验中心、交通土建工程实验中心、智能运输与物流工程实验中心、工程机械实验中心、工程训练中心等实验室均依据应用型人才培养的需求而建设，并紧密切合现代交通科学技术发展的要求；二是积极创建兼具实践教学和校办产业双重身份的校内实践教学基地，把教学实践过程变成现实的工程实践过程。所创办的工程训练中心、机动车检测维修中心、交通事故鉴定中心、北方监理公司等均是紧密结合专业特点开办，它们既是面向社会自负盈亏的经营单位，更是校内实践教学基地，承担教学实习任务是其最重要的职能之一。如此，把教学实践的过程直接

变成了真正的生产和工程实践过程，学生的教学实践在校内即实现了紧密结合生产实际进行；三是广泛建立产学研结合基地、社会实践基地、就业创业见习基地，把课堂搬进企业和工程一线；四是大力组织开展第二课堂科技创新活动，让第二课堂成为第一课堂的有效补充和延伸。自2003年启动实施的“大学生科技创新能力训练计划”，共已立项学生学术科技项目919项，学生在各类学科竞赛中已获省级以上奖项600多项，获奖学生2000余人次，学生参与学术科技活动进入普及化阶段；五是组织实施“开放实验”项目，自2008年至今已有4000余名学生参加了共计148项开放实验项目。基地，把课堂搬进企业和工程一线；四是大力组织开展第二课堂科技创新活动，让第二课堂成为第一课堂的有效补充和延伸。自2003年启动实施的“大学生科技创新能力训练计划”，共已立项学生学术科技项目919项，学生在各类学科竞赛中已获省级以上奖项600多项，获奖学生2000余人次，学生参与学术科技活动进入普及化阶段；五是组织实施“开放实验”项目，自2008年至今已有4000余名学生参加了共计148项开放实验项目。

学校承办全国公路交通类专业毕业生就业工作协作组秘书长会

学校分管领导亲临招聘现场，与用人单位交流

承办山东省航海类专业就业双选会

2011届毕业生综合类双选会

丰田汽车服务网点招聘会

二、抓住四个关键，确保毕业生充分就业

第一个关键：人才培养质量是根本。学校不断推进人才培养模式改革，鼓励各专业根据市场需求采用灵活多样的培养模式，制定不同的培养方案。如航海类专业实施的“双证书”人才模式，其人才培养方案中不仅要求学生完成学历学位教育获得学历和学位证书，同时还须考取“船员适任证书”，学生在毕业前就具备了船员任职资格，其毕业生供不应求，每年的实际正式就业率都是100%；汽车类专业实施的“订单式人才培养模式”，丰田公司于1996年与学校签订联合培养协议，在学校建立“T-TEP”教室，向学校赠送先进的实验实训仪器设备，学校与其共同制定培养方案，公司派遣技术

骨干定期到校上课，提前将企业的文化理念和市场实践引入课堂，提高了人才培养的针对性；计算机专业实施的“3＋1”人才培养模式，系与软件外包企业联合开展，即前三年在学校进行基础理论和基本技能的学习，第四年直接进入企业，通过生产实习的方式完成第四年的学业，把课堂搬进企业，把企业实际需求的先进技术直接引进了课堂。

第二个关键：就业市场建设是基础。学校按照“发展关键市场，稳定一般市场，巩固省内市场，广开专业市场”的整体思路，不断巩固和开拓就业市场。一是立足交通土建类、汽车类、工程机械类、交通物流类、航海类五大主干优势专业群，打造了五大就业市场群（五驾马车），与中国交通建设股份有限公司、中国建筑股份有限公司、中国中铁股份有限公司、中国铁建股份有限公司、中远集团、中海集团等中央企业以及中国重汽、小松机械、奇瑞汽车等千余家单位建立了稳定的合作关系，不仅确保了主干优势专业毕业生就业，而且拉动了其他专业毕业生就业；二是与全国部分公路交通类、航海类高校和国家交通骨干企业合作成立的全国公路交通类专业和全国航海类专业毕业生就业工作协作组，发挥了行业优势和龙头作用，促进了学校与企业之间的互惠互利、资源共享；三是通过校友会这一渠道，巩固同交通企事业单位的联系和友谊，特别是进一步加深与交通管理部门及科研、开发、施工、运输等企事业单位的联系；四是每年多次组织开展毕业生就业市场调研，广泛征询用人单位和毕业生对学校人才培养等方面的意见和建议，根据市场需求和用人单位的实际需要不断调整专业结构和人才培养规格要求，为用人单位提供更加优质的人才资源；五是在企业挂牌建立大学生就业创业见习基地，为学生提供毕业前的就业见习，开辟新的就业市场。

产学研合作教育基地挂牌

创业讲坛

学生面试

学校被授予KAB创业教育基地

第三个关键：就业指导教育是手段。学校实施就业工作“一把手”工程，从学校领导到普通教师，从第一课堂到第二、三课堂，从现实生活到网络空间，从入学教育到职业发展，全员、全方位、全过程开展就业指导教育，帮助学生明晰自己的职业发展方向和职业目标，切实做到就业指导与入学教育结合，在新生入学之初，就在入学教育中融入大学生职业生涯规划教育；与专业教育结合，针对不同专业学生的就业状况开展就业指导；与思想政治教育结合，通过实施大学生思想政治教育的项目化运作，在体悟式主题教育活动中开展就业教育；与社会实践结合，在大学生实践活动中推行"职业见习计划"，组织学生到将来可能从事职业的生产一线，集中开展社会实践；与第二课堂活动结合，通过"影山访谈录"等校园文化活动，邀请大学生基层就业、自主创业等的典型，与学生进行直接的对话交流，用榜样的力量影响学生就业择业价值观；与科技创新活动结合，通过开展大学生学术科技立项、学术科技竞赛、专利申请等学术科技创新活动，激发学生学习、研究、创新、创业的兴趣；与队伍建设结合，支持每一名辅导员考取职业指导师、职业规划师、创业导师等资格证书，形成了专业化、专家化的就业指导教师队伍。

第四个关键：就业指导服务是保障。根据毕业生群体的不同特点，将毕业生分为五种类型，提供个性化的指导服务，即对于"具有强烈升学意愿学生"，给予配备学业导师，最大限度帮助其提高学业水平，实现顺利升学；对于"具有强烈就业意愿且就业方向明确学生"，积极帮助其推荐适合的就业岗位；对于"具有强烈就业意愿但就业方向不明确学生"，通过职业倾向和职业能力测试，帮助其分析自身优势，尽快确定就业方向，实现就业；对于"就业意愿和就业方向模糊学生"，帮助其树立职业就业意识，选定就业方向，力争实现就业；对于"特殊特别学生"，则根据其不同状况予以提供不同的帮扶和服务。在此基础上努力做到为毕业生提供"一对一"的指导服务，从每年的12月开始，为每一名毕业生建立就业状况档案，对尚未落实就业的学生实施"一对一谈心，一对一指导，一对一推荐、一对一服务"，不忽略任何一名学生，不放弃任何一分努力，最大限度实现毕业生顺利、充分就业。

立足交通，突出特色，不断创新人才培养和就业工作模式，学校的毕业生展示出扎实、务实、实践能力强、发展潜力足的特点，毕业生就业实现了就业率不断创新高、就业质量不断提高、学生对学校就业指导服务的满意度高、用人单位对毕业生的认可度高、用人单位对学校评价高的"五高"目标。2008、2009、2010年毕业生初次整体就业率分别达到95.38%、96.59%、99.04%，学校的人才培养和就业工作赢得了社会和用人单位的普遍赞誉。

宿舍生活

教授现场指导

休读生活

传承百年厚重文化　提升学生综合素质 推进人才培养与社会需求有效链接

河南大学

河南大学始建于1912年，坐落在历史文化名城七朝古都开封，是教育部和河南省人民政府共建高校。学校严守“明德新民，止于至善”的校训，发扬“团结、勤奋、严谨、朴实”的校风，逐渐形成了“前瞻开放、面向世界，坚持真理、追求进步，百折不挠、自强不息，兼容并包、海纳百川、不事浮华、严谨朴实”的河大精神。在百年的发展历程中，河南大学为社会培养了40余万名毕业生，为河南乃至全国的经济建设、社会发展、科技进步、教育振兴提供了重要的人才支持和智力支撑。

河南大学毕业生就业工作以提高人才培养质量为宗旨，坚持以改革为动力，以质量为生命，以发展为主题，力求突出百年文化特色、突出地方院校特色，提升毕业生综合素质，不断促进人才培养与社会需求的有效链接。在实际工作中，重点强调“一个目标、两个关注、三个融合”，即：坚持“厚基础、宽口径、高素质、强能力”的培养目标；关注毕业生品质修养塑造与关注毕业生职业技能提升协调发展；注重深厚历史文化底蕴熏陶与学校人文素养教育的融合、注重第一课堂教学和第二课堂实践的融合、注重人才培养与地方经济文化发展的融合。

一、传承百年文化积淀，注重综合素质培养，全面提升毕业生核心就业竞争力

（一）弘扬百年文化，营造浓郁校园文化氛围

悠久的历史传承与深厚的文化底蕴是百年学府河南大学人才培养的宝贵资源。庄严肃穆的铁塔，古朴典雅的大礼堂，鳞次栉比的斋房，纪念首任校长的伯襄路，品读大师身影的博雅楼，记录革命风云的博文楼，深厚的历史文化底蕴、古朴典雅的校园环境潜移默化地锻造出以“铁塔牌”命名的河大毕业生自强不息、朴实无华、包容大气的品质。学校同时注重对传统文化的继承和弘扬，讲校史、唱校歌、诵校训是新生入校的第一堂课，大学生国旗班升国旗仪式成为每日校园生活的序曲，大学生自编自演的校史剧《九歌》展现着浓浓的河大情怀，弘扬中原传统文化的太极拳文化节尽显深厚的人文积淀。

（二）强调全员参与，打造四大群众赛事品牌

学校广泛开展英语演讲比赛、计算机技能大赛、素质竞赛和创新创业大赛四大群众性赛事品牌活动，全力为学生打造人人参与、个个展示风采的广阔舞台，营造开放、多元、竞争、有序的学习生活环境，逐步探索出普及化、制度化、品牌化的素质教育创新发展模式。群众性赛事活动使素质教育真正实现了走入班级、走进社区、人人参与、普遍受益。学校依托四大群众性赛事活动，切实推进国家大学生文化素质教育基地建设，深化素质内涵，拓展文化视野，提升综合能力，促进学生全面发展。

（三）丰富实践活动，拓展学生职业发展空间

学校实施“三维一体”的校内外职业实践活动，以主动适应社会需求为目标，丰富大学生的职业经验，全面提高职业竞争能力。第一维度，职业实践在校园岗位：大

学生记者团、校报编辑部、广播站、话剧团等立足校内岗位一线，开展助教助管实践。第二维度，职业实践在专业历练：营销节、护士节、导游节、音乐节、模拟法庭、环保设计等为学生提供了历练专业技能的广阔空间，成为学生完成专业学习与职业岗位对接的良好媒介。第三维度，职业实践在岗位探访：企业实地观摩、职业人物访谈、就业信息调研列为学校暑期社会实践活动重点项目，职业实践由校园向社会逐步延伸。

（四）集合名师资源，高校版百家讲坛引领成长

学校集合校内名家资源，精心打造"名师讲坛"。自2006年开办至今，先后有央视《百家讲坛》著名主讲人、河南大学文学院王立群教授，著名民俗学家、河南大学黄河文明与可持续发展中心高有鹏教授等十余个学科的100余名知名学者陆续走上讲坛，给全校学生献上丰盛的学术大餐，受惠学子达35000余人次，被网易等主流新闻媒体盛赞为"高校版《百家讲坛》"。"名师讲坛"成为凝练学生品质、塑造学生健康人格、传承知识文化与历史文明的重要桥梁。

二、一把手工程推就业，校地合作共促就业，人才培养与地方经济社会发展有效链接

（一）学校领导亲自带动，校地合作创新发展

为破解就业难题，2009年，学校实施就业促进行动，党委书记和校长联名致函省内各个地市市委书记和市长，诚邀地方政府组团来校开展人才招聘，先后有鹤壁、开封、许昌、平顶山、新乡、洛阳、信阳等十余个地市组团招聘我校毕业生，提供就业岗位一万多个。该项目受到社会媒体高度关注，《光明日报》、《中国青年报》、《中国教育报》、《中国新闻网》等30多家媒体进行了40余篇次报道；"校地合作、共促就业"被评为"河南省十大新闻之一"。2010年"校地合作、共促就业"作为重点项目被列为河南大学学习实践科学发展观活动的"十件实事"之首，学校对校地合作实施战略调整，推进"省内深化、省外延伸、内涵发展"的新目标，先后与苏州、烟台、昆山等沿海地区签订合作协议或达成合作意向，学校服务区域经济社会发展的能力得到进一步增强。

（二）招生培养就业联动，教育改革一体运行

为逐步实现人才培养与就业市场的无缝对接，促进专业教育和职业岗位的有机契合，学校持续推进“招生—培养—就业”一体化改革，积极推进学校、企业、学生三方联动的系统工程。

第一工程：职业化第一课堂。立足“第一课堂”，强化实践环节，采取增加实训课程学分比例、企业师资进课堂、组织学生进入合作单位完成专业实践等方式，构建适应现代经济发展的实践教学体系，建立了300多个融“职业教育、岗位实习、就业对接”为一体的教学基地，将培养课堂延伸到社会，缩短学生职业适应期，增强学生就业竞争力。

第二工程：一体化产学研体系。学校不断提升合作广度，强化产学研结合，先后与多家企事业单位签署了集科研、实习、就业、资助四位一体的全方位合作协议，开展“先教育实习、后竞争上岗”一体化合作，岗位培训和招聘面试提前进入大学校园。

第三工程：订单化联合培养。学校与中国人民解放军总参谋部等企事业单位签订合作培养协议，开展联合培养合作，与德国、俄罗斯、澳大利亚、新加坡等国家联合培养专业人才。学校建立了联合研究机制、信息反馈机制、模块链接机制，形成了招生、教育、就业的一体化合作，实现了就业服务于招生、服务于教学、服务于人才培养全过程的工作目标。

（三）服务地方经济社会发展，人才培养彰显效益

河南大学植根中原沃土，作为一所历史悠久、学科齐全的地方综合性大学，在践行高等教育使命的历史进程中，坚持以服务中原经济区发展、中原传统文化传播、中原特色产业建设为工作理念，锐意进取，创新发展，逐步成为引领河南乃至中部地区文化、教育、科技进步的重要力量。由研究生本科生参与的郑汴一体化功能区设计、“黄泛区”农业增产、中国地球系统数据共享、中原文化及旅游产业规划等项目成为中原经济区规划的亮点工程；富有专业特色的河南旅游英语解译项目、汴梁饮食文化保护项目等成为服务地方文化发展的特色工程；师生科技团队通过纳米工程研究、植物逆境研究、环境健康研究等为地方经济提供智力支持，为企业和社会带来了可观的效益。学校积极鼓励学生参与创新项目研究和参加各级各类创业竞赛活动，2010年在全国大学生优秀创业团队大赛上，河南大学作为唯一一所地方院校晋级六强，荣获国家

二等奖。

三、两大战略目标引领，六大改革项目保障，就业工作在规划发展之中彰显科学之道

（一）以就业为导向，就业工作纳入发展规划

学校明确毕业生就业工作的科学发展方向，强化两大战略目标，即：坚持以就业为导向的工作目标、坚持以质量为中心的教育目标，有规划地引领就业工作的科学化进程。毕业生就业状况作为学校人才培养的重要衡量标准，“招生、培养、就业”环环相扣；就业工作作为重点工程纳入学校整体发展规划，“教育、管理、服务”联动发展。学校成立校院两级毕业生就业工作领导组，学校领导班子身体力行落实“一把手”工程，党委书记和校长亲自组织一线调研、听取就业状况、分析培养模式、商讨就业工作；学院紧密结合专业资源优势，制定就业促进方案，形成了“领导主抓、中心统筹、学院为主、全员参与”的就业工作运转模式。

（二）以保障促发展，就业工作实现有序运行

学校全力为毕业生就业工作提供保障，重点推进六大改革项目。即：机构、场地、人员、经费四落实的“标准化就业中心建设”，强化和细化就业工作目标责任的“制度化评估机制建设”，专兼结合、专业培养、职业发展的“阶梯化就业队伍建设”，必修课与选修课结合的1＋2＋3＋x型“辐射化就业课程建设”，网络联动、资源共享、服务校企生三方的“信息化服务平台建设”，以及学校就业工作领导组组织开展的“目标化就

业科研项目建设”。六大重点项目齐头并进，就业工作在实现有序运行的同时，就业服务体系实现可持续发展。

沐浴千年铁塔文明，汲取百年名校精华，朴实无华的品质和卓越不凡的才能正被一批又一批“铁塔牌”河大毕业生薪火传承、发扬光大。河南大学将继承百年办学传统，践行高等教育使命，继续发扬顽强拼搏、无私奉献的精神，彰显百年名校风采，再造世纪河大辉煌。

创新模式　突出特色
促进毕业生充分就业

河南农业大学

河南农业大学创办于1912年，历经河南公立农业专门学校、河南农学院等，1984年12月更名为河南农业大学。2009年，农业部与河南省人民政府签订共建河南农业大学协议，我校成为全国第一所省部共建省属农业大学。

学校学科覆盖农、工、理、经、管、法、文、医、教、艺等10大门类，设有农学院、林学院、牧医工程学院等20个学院。现有教职工1800多人，其中教授、副教授440多人；各类在校生23000多人。有河南省高校和全国农业院校仅有的1个一级学科国家重点学科（作物学）；有34个省部级重点学科。有6个博士后科研流动站，4个一级博士学位授权学科，28个博士点，73个硕士点，54个本科专业。建有国家小麦工程技术研究中心、国家玉米改良（郑州）分中心、国家烟草栽培生理生化基地等25个国家级、省部级研究中心和重点实验室。

多年来，按照党中央、国务院、教育部和省委省政府的要求，我们始终把毕业生就业工作作为学校工作的重中之重来抓，取得了较好的成效。毕业生就业率一直保持在95%以上，毕业生就业工作受到教育部、省教育厅的肯定，多次被评为全省先进单位。2007年，我校作为全国高校四个典型之一，在全国就业视频电视电话会上作重点发言。2009年，学校党委书记程传兴在教育部和北京高工委、北京大学一起向时任教育部长周济汇报河南农大引导毕业生到基层就业的典型做法。我校的大学生创业工作也得到了领导的重视和肯定，2009年，全国政协主席贾庆林来河南农大视察时深入我校大学生创业中心并亲自接见了创业大学生，给创业的同学们以鼓励和鞭策。几年来，《人民日报》、《光明日报》、《中国教育报》等多家主流媒体对我校大学生就业、创业工作做了报道。我们的做法是：

一、切实加强领导，在创新就业机制上下功夫

做好毕业生就业工作，统一认识是基础，加强领导是关键，创新机制是保障。如何认识高校在毕业生就业工作中的责任，直接关系到对毕业生就业工作的态度和力度。做好毕业生就业工作，不仅是党和政府对高校的要求，而且更是学生、家长的期盼，不仅关系到社会和谐与稳定，而且事关学生的前途和家庭的希望。同时，就业工作直接影响学校的声誉，制约学校的发展，就业率很大程度上制约着报考率和报到率。为此，我们要求学校各级领导要带着感情、带着真情、带着热情抓就业。

学校党政领导班子高度重视毕业生就业工作，校长亲自担任毕业生就业工作领导小组组长，形成全员参与、全程指导、全面服务的就业工作机制。全体教职工都关心毕业生就业工作，学校领导亲自谋划就业，亲自指导就业，实行联系学院毕业生就业工作承包制。学校党委书记程传兴，校长张琼分别与我省有关地市领导沟通协调，推介毕业生。2010年初，校长张琼亲自率队，带领600名毕业生，分乘11辆大轿车，到百里外的许昌市向150家用人单位推荐毕业生，300多名毕业生当场签约；校党委副书记杨德东带队到宇通汽车集团、洛阳中国一拖集团，建立实习就业基地，推介毕业生。近几年，这些单位都把农大毕业生作为他们用人首选，每年接收农大毕业生300多人。各学院的书记、院长带头抓就业，班子成员包专业，辅导员、班主任包班级，学科老师包毕业生，要求“教学科研促进就业，项目合作带动就业，实习基地推荐就业，成果转化捆绑就业”。形成了领导关心就业，教师参与就业，全校服务就业的良好局面。

二、强化思想教育，在引导学生基层就业上下功夫

我校的学生大部分来自农村，而我们又是农业高校。农村学生跳出“农门”的思想与“三农”急需人才的要求矛盾十分突出。这一问题如何解决，事关学校教育的成

败，事关新农村建设大业。这就需要强有力的思想教育的引导。

学校始终坚持“厚生丰民”的办学理念，始终把为基层服务、为“三农”服务作为自己的使命和责任，始终把学农、爱农、服务“三农”教育贯穿于思想教育的全过程。新生入学教育的第一课就是参观百年农大校史馆和中原农业文明博物馆，用农大人百年来奉献“三农”的精神教育学生，用深厚的农业文明鼓舞学生。组织学生开展百名基层校友走访活动，引导学生学习基层校友成长成才的经验，坚定服务“三农”信心，并将学习成果汇编成《百名基层校友成长之路》一书。我们还坚持举办百名教授百场报告、知名校友报告会、企业家课堂等生动鲜活的教育形式，帮助大学生找准人生坐标，到基层去，到农村去，坚定志向，立志成才。

为了使更多的毕业生学农、爱农、服务“三农”，为新农村建设培养人才，我校于2008年在全国高校率先设置了农村发展与管理专业（又称村官专业）。“村官专业”的开办深受家长和考生的欢迎，当年报考率达到970%。中央电视台、《人民日报》，日本NHK电视台等多家媒体都做了报道。

三、深化教育教学改革，在提高毕业生就业竞争力和创业能力上下功夫

我校组织1000多名师生，对恢复高考30年来的毕业生就业状况进行全面调查，着重了解我校毕业生职业发展状况及用人单位评价。根据我校毕业生就业状况和社会需求，我们着力进行了学科专业结构调整。一是根据建设现代农业的需要，加强了农业生物技术、信息技术、工程技术学科等新专业建设等；二是强化基础学科、传统学科与新兴学科的融合，形成了烟草、农业机械化、食品科学与工程等专业“农工产学研”相结合的培养模式；三是把就业率和就业质量作为增减专业、安排年度招生计划的主要依据。学校近几年新上水产养殖等十几个社会急需的专业，取消了草业科学等就业率较低的专业。

我校大力开展创业教育，引导更多的毕业生自主创业，实现以创业带动就业，以创业促进就业。我校创建了河南省唯一的创业学院，对学生进行创业理论和实践教育。2009年暑期，我们开展百名创业成功校友走访活动，组织学生走进创业校友，学习他们的创业经验，坚定创业信心，并正式出版了《百名校友创业之路》一书；每年设立校院两级创新创业基金一百万元，为学生创业提供资金支持；同时，在全省高校率先创建了河南省大学生创业园农大分园；2009年毕业生秦志远，结合所学专业创立了河南省首家宠物美容医院，目前发展到两家公司，有11名师弟师妹跟他创业。高年级学

生参与的"郑州桃李花木服务有限公司"成立近一年来，先后有100多名同学参与，今年营业额将突破60万元。目前，我校同学在校内外有28个创业项目，形成了校内创业与校外创业相结合，毕业生与在校生创业相结合，创业理论与创业实践相结合的创业教育体系。2009年，我校成为河南省创业示范学校。在刚刚结束的在上海举行的全国大学生创业工作经验交流会上，我校作为河南省唯一高校代表，与同行共同探讨大学生创业的经验。

我校积极鼓励和支持毕业生到基层就业，走自主创业之路，受到毕业生的欢迎。2005年以来，我校报考基层公务员的毕业生占毕业生总数的1/3以上，比例列全省第一，考取比例也名列全省第一。到基层就业和自主创业人数达到60%以上。学校先后4次作为先进典型在全省和全国会议上发言。在长期面向基层就业创业的实践中，涌现出了许多先进典型。畜牧专业毕业生秦英林放弃政府机关工作，创建国内最大的集约化生猪饲养基地，每年销售额50个亿，带动3000名大学生就业，荣获"中国五四青年奖章"。2009年温家宝总理在中南海主持召开《政府工作报告》基层群众座谈会，秦英林作为13名基层代表的一员，成为第一个向温总理建言献策的基层"猪倌"。经济学专业毕业生柳波任兰考县城关乡老韩陵村村党支部书记，改变了村里的落后面貌，被评选为"中国首届十佳大学生村官"。农学专业毕业生刘英杰到贵州省榕江县朗洞镇从事远程教育工作，被评为"第六届中国万名优秀青年志愿者"。

在教育部和省教育厅的正确领导下，我校毕业生就业工作虽然取得了一定的成绩，但与上级要求还有一定差距。我们将加大教育教学改革力度，培养社会需要的、综合素质较高的合格人才；我们将进一步加强就业工作基本建设，在人员、条件、经费等方面继续予以倾斜；我们将继续探索具有河南农大特色的，到基层就业、自主创业之路，推进我校毕业生就业工作再上新台阶。

河南省人民政府
农 业 部
共建河南农业大学协议
签 字 仪 式

河南省农村发展与管理
38

人民日報

RENMIN RIBAO

人民网 网址：http://www.people.com.cn
手机：http://wap.people.com.cn

2009年1月
19
星期一
戊子年十二月廿四
人民日报社出版
国内连续出版物号
CN11－0065
第22108期(代号1－1)
今日16版

河南农业大学

首个"村官专业"成为"村官学院"

地方对大学培训"村官"需求很强烈

本报郑州1月18日电 (记者**曲昌荣**)河南农业大学首个"大学生村官"专业60名学生，1月15日迎来自己大学生涯第一个寒假，在踏上回家路程之前，他们每人领取了一个特殊的任务：回家做一次农民工返乡情况调查，开学后形成一份系统的调查报告。这是校领导布置给新成立的"村官学院"学生的第一次调研任务，学校还专门为此设计了有35个问题的调查问卷。"我们学校创办的首个'大学生村官'专业赢得了社会的广泛肯定，在此基础上，我们成立了首个'村官学院'——农村发展与管理学院，同时也是河南省农村发展与管理学院，学校想将其打造成整个河南省的'村官'培训培养基地，以符合社会发展的需要。"河南农业大学校长王艳玲介绍。

2008年12月25日，河南省委书记徐光春与河南省副省长刘满仓一道为"河南省农村发展与管理学院"揭牌。

学生：寒假回去学养鸡

"尽管在这个专业才学了半年，但特殊的专业和特殊的目标让我们感觉自己应该与其他专业的学生不一样，我们将来是要服务农村的，就一定要脚踏实地，广泛涉猎，要有钉子精神，能够钻进去，不怕苦不怕累。只有这样，村民才能佩服你，才能顺利做个好'村官'。"学生熊光伟放假前在图书馆借了一批养鸡的书，回去先在他大伯的养鸡场实习锻炼。在这几个月的学习中，学校多次请优秀大学生"村官"、基层干部、专家学者为他们作报告，使得学生对将来的工作有了全新的认识。"这些报告给我们以力量，让我们多了使命感和责任感，我们将来是要为农村做贡献的，在大学里就要踏实学习，做到站起来能说，坐下来能写，干起来能让人服气。"学生王轻睿自信地说。

学院领导：培养复合型"村官"

"我们计划对'村官'专业的学生有特殊要求，80%的学生毕业后要有双学位，除了管理学学位外，还要有一门农村实用技术方面的学位。要采取'管理+种植'、'管理+养殖'、'管理+农业机械'等多种模块进行培养，不能带领群众致富的'村官'不是好'村官'。"农村发展与管理学院常务副院长孟祥远介绍，学院的目标是创建全国品牌、特色学院，以培养复合型人才为宗旨，构建出特色培养方案、特色教学平台、特色师资队伍、特色课程体系、特色教材，打造四个"基地"：全日制"村官"的培养基地、在职"村官"的培训基地、"村官"创业的孵化基地、农村发展的研究基地。该学院目前采用专业、辅修专业、选修课模块三种形式，在省内外设立了多个"村官"专业实习基地。

地方：想让学院长期培训"村官"

元旦刚过，河南省焦作市温县县委即派人来学院联系合作事宜，想让学院为该县260多个村的"村官"进行长期培训，一是对在职村干部及后备人选进行培训，二是对现有的大学生"村官"进行学历教育。因为目前该县的大学生"村官"只有1/3具有本科学历。

据农村发展与管理学院党总支书记郑东方介绍，地方对通过大学来培训"村官"的需求很强烈，愿望很迫切。目前他们已经与鹤壁、濮阳等地进行了洽谈，学院还计划编写全国首部"村官"培训教材，并灵活开设选修课程，供非"村官"专业学生甚至是其他高校的学生选修。

"大学生村官热"调查④

湖 南

省直部

本报长沙
伟健)"水利厅
非常详细，其中
出9.24万元，
少，都有详细数
算执行报告虽
况，但人员开支
预算编报有统一
年，在湖南省人
监测厅预算专题
大代表面前提出

河南农业大学优秀校友创业报告会

企业家与农大学子共谋就业

获奖证书
荣誉证书
证书

河南机电高等专科学校
毕业生就业工作经验特色总结

河南机电高等专科学校

就业是民生之本，关系社会安定、学校发展和学生前途，我校始终把就业工作当成学校的生命线和头等大事，以崇高的政治责任感，全员参与，带着深厚感情做好学生就业工作，“学生好就业”已成为我校的一张名片。

一、学校概况

河南机电高等专科学校始建于1975年，是省属普通高等专科学校，是教育部确定的全国示范性高等工程专科重点建设学校。2004年被国务院授予全国就业工作先进单位；2007年在高职高专院校人才培养工作水平评估中被评为优秀。

学校占地面积1415亩；现有全日制在校生11659人；设有16个教学系部，46个专业，涵盖工学、管理学、人文学科和社会学科四大专业门类。学校先后被评为省级文明单位、省级文明学校、省教育质量年活动先进集体、省职业教育先进单位、河南公众最满意的十佳高职高专院校、河南最具有影响力的十大教育品牌、河南考生心目中最理想的高校、全省思想政治工作先进单位、全国普通高校毕业生预征工作先进集体和全国就业先进工作单位等。

学校始终围绕人才培养这一中心工作，坚持以服务为宗旨，以就业为导向，走产学结合的办学道路，不断提高办学水平，为经济社会发展培养了大量实践能力强、具有良好职业道德和熟练职业技能的高素质技能型人才，一大批优秀毕业生成为行业专家和业务骨干，用人单位对学校毕业生综合评价满意度高，学校拥有良好的社会声誉。

二、基本做法和举措

（一）把就业工作提升到关系学校发展的战略高度

学校党委认为：学校工作千头万绪，但“入口”和“出口”两项工作必须认真抓好，“入口”重要，“出口”更重要，“出口”畅才能“入口”旺，就业工作关系到学校的生存和发展。专业调整、课程设置、教学改革、后勤服务等各项工作，始终紧紧围绕是否有利于提高教育教学质量、是否有利于学生健康成长、是否有利于实现毕业生充分就业来进行，把保持“出口”旺作为出发点和落脚点来开展学校的各项工作。

（二）实施“一把手”工程，构建就业工作长效机制

学校率先实施就业工作“一把手”工程。成立校系两级毕业生就业工作领导小组，校党委书记、校长负总责，一位副书记具体管、具体抓，形成“校级领导、职能部门、系部领导、年级辅导员、班主任以及专业课教师”全员参与的就业工作保障体系。学校对就业指导中心在人力、物力和财力上重点倾斜，围绕促进毕业生就业，抓好队伍、机制和硬件建设，在就业指导、管理、服务、科研上下功夫，建立全员化、全程化、专业化、信息化、个性化的就业工作服务体系；实施就业目标管理责任制，实现就业目标、责任、任务、奖惩四位一体的考评与奖惩互动机制，形成了促进就业工作的长效机制。

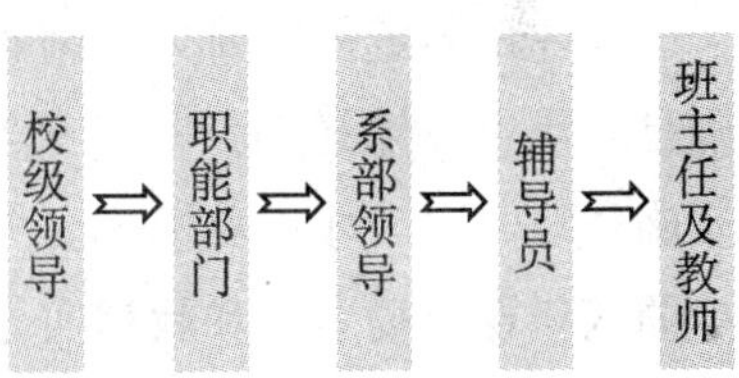

（三）全员参与，带着感情抓就业

校党委要求全校教职员工带着深厚的感情做好毕业生就业工作，像关爱自己的子

女一样，真心关怀毕业生，真情引导毕业生就业。2004年第17期《求是》杂志“带着感情抓就业”一文，详细介绍了我校如何带着深厚感情抓就业工作的具体情况。校领导经常拜访当地企业，与企业“结亲”，畅通就业渠道；教职员工经常紧绷一根弦，随时搜集就业信息，推荐就业岗位。郑玉东教授常说：“我们的学生大多数来自农村，上大学不容易，当老师的能帮多少就帮多少，帮学生找工作已成为自己的‘业余爱好’”。周成永是一名学习成绩优秀的先天残疾学生，为了帮他就业，学校领导和老师先后为其写了十多封推荐信，终于使他在河南新机集团找到了工作，后因表现突出荣获“河南省技术能手”和“新乡市新长征突击手”称号。教育部原部长周济同志在全国高职院校就业工作会议上指出：“河南机电高等专科学校党政领导扑下身子，带着感情抓就业的做法，我很受感动，他们的做法值得借鉴”。

（四）深化教育教学改革，夯实毕业生就业工作基础

1. 明确办学定位，创新人才培养模式

人才培养定位主要为河南省工业企业特别是中小企业输送高素质技能型专门人才。实施“2＋1”人才培养模式。大部分专业学生前两年在学校上课和教学实习，后一年到企业顶岗实习，同时学习部分专业课，学校、企业指导教师共同指导完成毕业设计，实现了由单一的学校育人到学校、企业共同育人的转变。开展订单式培养。学校先后与省内外20余家单位签订订单培养协议。企业参与制定培养计划、教学大纲和学生管理，为学生提供实习、就业机会；学校参与企业产品开发、人员培训、技术攻关等。

2. 紧贴社会需求调整、打造“专业品牌”

紧贴市场需求，调整专业结构，如电线电缆制造技术、电池制造技术、起重设备制造技术等专业就是根据市场需求设置的专业目录外专业，就业形势一直看好。综合自身优势，打造一批特色和优势专业，充分展示和张扬专业个性，形成了机械、电气、电子信息等工科“专业品牌”，带动了专业群建设的跨越发展。

3. 强力推进教学改革

根据职业和岗位对学生素质的需要，以技术应用能力培养为主线，构建“公共基础、职业基础、职业技术、职业技能和职业提升”五个课程模块，科学合理优化重组课程内容、结构。突出实践教学环节。理论教学与实践教学并重，强化实践能力培养，全校各专业的实践课教学均占到总课时的45%以上。实行“双证书”制度。建立校内职业技能鉴定基地，将证书课程纳入到专业课程体系模块，我校90%以上的学生在毕业时取得多种职业资格证书。

4. 创新人才质量评价体系

建立以用户评价为主导、教师评价与学生评价相结合的人才评价体系，对毕业生实行跟踪，让用人单位来评价各专业设置、教学环节和教学质量并作为学校教育教学设计、改革的主要依据，贯穿教育教学全过程，全方位保障人才培养质量。

（五）加强就业指导，实行个性化就业服务

全程实行就业教育。就业指导课分布于各专业三年学业全程，引导学生正确定位、科学规划职业生涯；加强创业教育，积极举办大学生创业大赛，提高创业能力和素质。

加强“六个关注”。不仅关注就业能力强的学生，还对身体残疾、女生、成绩较差、家庭困难、存在心理障碍等学生加强关注，实行摸查登记、专项训练、全面辅导、个体咨询、特殊推荐等措施来帮扶就业。

（六）全方位培育、开拓就业市场和渠道

充分发挥联合办学董事会的作用。通过联合办学董事会与企业架起了一座稳固而畅通的桥梁，达到互惠互利目的。联合办学董事会单位每年接收我校30%以上的毕业生。

形成了“走出去、请进来”的就业工作思路。按照“四千”要求，“走出去”，同各用人单位取得联系，及时把社会需求情况反馈给学生。“请进来”，邀请用人单位到学校来面试、挑选毕业生。目前，与我校建立密切合作关系的企业已达300多家。

（七）建立毕业生“回炉”制度

我校向社会郑重承诺，不管毕业生离校多长时间，只要用人单位对我校毕业生不满意，认为不合格或不能适应岗位需要的，都可以退回学校重修。尽管到目

前为止没有一名毕业生被用人单位退回过，这一承诺却赢得了社会对学校的高度信任。

三、取得成绩

（一）社会广泛认可毕业生质量，连续11年被评为河南省就业工作先进单位

学校培养“下得去、用得上、留得住”的高素质技能型人才，用人单位普遍反映我校毕业生管用、实用、好用。我校毕业生一次就业率稳定在90%以上，连续11年被省教育厅评为就业工作先进单位。2010届毕业生一次就业率为96.67%。

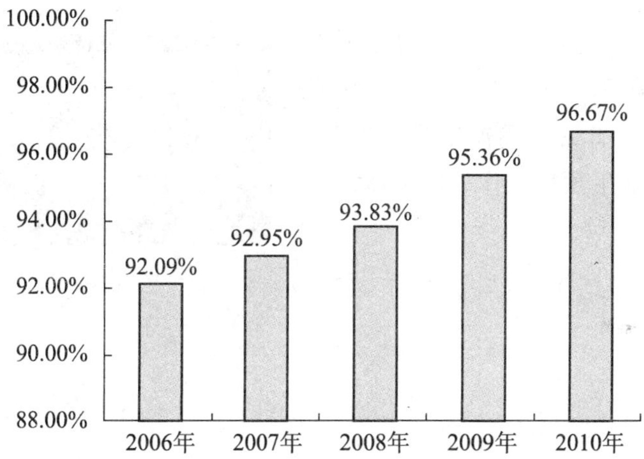

（二）就业工作经验多次在全国会议上进行交流

2004年4月，在全国高职高专毕业生就业工作网络视频会上作典型发言；2005年4月，在全国高校毕业生就业指导人员培训班上介绍经验；2005年6月，河南省政府在我校召开“全省高校学习推广河南机电高等专科学校毕业生就业工作经验交流会”；2007年6月，教育部组织全国高职高专院校和民办高校就业指导人员培训班来我校学习考察；原河南省委书

记徐光春、副书记王全书批示：河南机专的经验值得推广，他们的做法和经验值得认真总结、推介、宣传和借鉴。

（三）新闻媒体多次宣传报道我校毕业生就业工作

2005年3月，新华通讯社《国内动态清样》以“河南机专毕业生就业率超过99%”为题，专题报道我校就业工作；2003年1月，《河南省政府工作快报》特别介绍，“河南机电高等专科学校毕业生一次就业率在全省非师范类专科院校中连续四年位居第一”；《求是》、《中国教育报》、《光明日报》、《河南日报》、《新乡日报》、河南电视台、新乡电视台等新闻媒体，也多次报道介绍我校毕业生就业工作。

（四）毕业生就业工作受到国务院表彰

2004年，国务院授予我校“全国就业先进工作单位”，是四所被表彰高校中唯一的专科院校。2010年8月，我校被教育部评为全国普通高校毕业生预征工作先进集体。

培养人　服务人　发展人　积极推进学生优质就业

华中师范大学

华中师范大学是教育部直属重点综合性师范大学，国家“211 工程”重点建设的大学，国家教师教育“985”优势学科创新平台建设高校，是国家培养中、高等学校师资和其他高级专门人才的重要基地。学校目前各类全日制在校生近 3 万人，其中研究生 9000 余人，留学生 1000 余人，基本形成了从本科生到硕士生、博士生及博士后，从全日制到成人教育完备的高等教育体系。学校就业工作的定位是：以“以生为本”的办学思想和“出路决定一切”的工作理念为指导，以优化就业结构，提升就业质量为工作目标，通过管理、服务、指导、研究四维一体的工作模式，为学生职业发展和就业服务，为学校人才培养和改革发展服务。学校于 2006 年成立了正处级单位就业指导中心，并定位为“三个中心”——学校信息反馈中心、人才营销中心、学生职业发展中心，致力于建设规范的就业工作体系、科学的就业指导体系、高效的就业服务体系和专业的就业研究体系。近年来，该校紧紧围绕“培养人”、“服务人”、“发展人”这一主线，加强教育教学和就业指导服务改革，促进毕业生优质就业，成效显著。

一、“培养人”——以就业和社会需求为导向，提升学生的核心竞争力

“培养人”是学生优质就业的基础。该校人才培养坚持“跟社会接轨、跟市场接

轨、跟行业与岗位接轨”的原则，以使学生更加适应社会需求。在这方面，主要抓好两件事情：

（一）围绕就业市场变化加快人才培养改革。一是建立了人才培养质量跟踪调查联动机制。就业、教务等部门及各院系参与毕业生跟踪调查。实施就业进展内参制度、就业市场调研反馈制度、毕业生就业质量白皮书发布制度，根据社会需要修订人才培养方案。二是实施研究生培养“创新计划”、本科生培养“质量工程”，多方并举提升学生的综合素质和创新能力。

（二）依据就业状况制定招生计划。学校依据就业状况、招生状况和学生满意度对各专业进行评价，对综合排名靠前的专业适当增加招生计划，对排名靠后的专业减招或停招。通过以上举措，毕业生就业质量不断提升。2010年签约就业的毕业生中，30％在全国百强中学、省级以上示范中学、地市级重点学校工作，15％在知名企业工作，12％在高校工作，8％被各级机关事业单位录用。在地域分布上，37％在珠三角、长三角和环渤海经济圈就业，42％在副省级城市就业。

二、“服务人”——以促进学生优质就业为目标，提升学校的就业服务水平

“服务人”是促进学生优质就业的重要手段。该校在就业服务方面重点抓好“闯市场”、“建基地”、“重帮扶”、“做研究”四件大事：

（一）闯市场

根据国家战略重点和学生需求，坚持学校开拓与院系开拓相结合、校内市场与校外市场相结合、有形市场与无形市场相结合的策略，开拓、维护与扩大市场。一是创建“校院（系）二级”市场开拓出行机制。校长马敏等校领导多次率职能部门和院系负责人与多家重点企事业单位负责人“面对面”洽谈，各院系党政领导也结合专业特色外出开拓就业市场。二是构建校内与校外联动的有形市场体系。重点建设以“周五双选会”为主、小型招聘会为辅的校内市场体系。“周五双选会”已成功召开38场，成为了该校常规人才市场和湖北地区的招聘品牌，60％以上的毕业生通过参会成功就业。主动与政府部门、行业协会合作“引进”就业岗位。三是共建信息服务与在线指导相结合的无形市场。发挥该校就业网、中南高师院校就业联盟网、部属师大就业联

盟在共建无形市场方面的重要作用，毕业生就业信息量剧增。中南高师院校就业联盟网还成为毕业生共享就业指导资源的重要平台。

（二）建基地

该校多途径扩大就业实习、实训和见习基地规模，目前共建了191个就业实习、实训和见习基地。多个县市成为人力资源开发基地。以共建“国家教师教育创新与服务综合改革实验区”为契机，在全国10个省份建立了30个县级就业基地。所有实验区均来校招聘或提供了岗位需求。

（三）重帮扶

为鼓励师生员工“全员参与”就业工作，该校将毕业生就业状况纳入了各院系年度目标考核。对特殊群体毕业生，实施“全程关怀、全心服务、全部落实”的人性化帮扶办法：一是重点推荐。各院系采取“包干制”和“结对子”的方法对就业困难毕业生进行全程帮扶。二是加强辅导。如对藏族、维吾尔族等少数民族学生开展免费的普通话、教师资格证培训，使其顺利毕业和上岗；对求职能力弱的学生进行求职技巧指导，使其在应聘中脱颖而出。三是精神鼓励。对长线专业、冷门专业和残疾毕业生，鼓励积极进取。对个别思想压力较大或存有心理障碍的毕业生，通过细致的思想工作和心理辅导，帮助其早日就业。四是经济资助。对外出面试的特困生发放交通补贴。长沙等地校友会还对经济困难学生求职给予免费食宿。

（四）做研究

一是成立职业研究和教育机构。成立了职业发展研究中心、大学生职业生涯发展基地，形成了有组织、有阵地、有制度的咨询辅导与职业研究体系。二是抓好课题研究和书籍编写。主持了“高师大学生素质结构研究”、“中国社会近30年职业变迁及发展趋势研究”等课题。组织编写了大学生就业指导与职业发展系列丛书等6本配套教材和读物。三是抓好就业指导教师的校本培训与赴外培训。2006年以来，举办职业指导课程建设研讨会7次。就业指导教师培训纳入学校教师培训项目，参加省级以上培训达35人次。

三、“发展人”——以“三个服务”为主旋律，提高学生以就业创业服务国家战略需求的认识

“发展人”，是学生优质就业的终极目标。为引导和鼓励大学生将个人生涯发展与服务国家、服务社会、服务基层相结合，达成个人价值与社会价值的双重实现，该校主抓了三项工作：

（一）实现生涯辅导和就业指导“前移”

将大学生职业发展与就业指导系列课程列入教学计划公共课，构建了“2＋1＋X”全校公共选修课程体系。全校已形成拥有10门课程、12个学分、一学期312个学时的系列课程体系。

（二）弘扬“服务国家，服务社会、服务基层”的就业主旋律

积极落实“国八条”等政策，开展“三支一扶计划宣传周”活动，承办湖北省优秀资教生巡回报告会和“三支一扶计划”签约会，引导优秀毕业生到西部和基层就业。为加大面向基层就业的力度，还提高了参加基层服务项目的毕业生奖励标准。2010届已就业人员中有23.77％的毕业生在基层就业，连续三年达22％以上。

（三）实施“三个结合”推动创新创业教育与实践

先后建立了两个大学生创业中心，并获评湖北省大学生创新活动基地。坚持项目化管理与基地化建设相结合，为大学生创新创业提供系统化、专业化服务。一是坚持理念教育与实践教育相结合，加强教育引导。开设有《大学生互联网创业实务》等创业指导公共课程。2009年以来，共举行各类创业教育活动30多场次。二是坚持学校扶持与校外支持相结合，创新工作手段。为学生提供创业孵化场地600平方米，并设立50万元“大学生创业基金”，吸引了30余个大学生创业项目入驻。建立了“青年就业创业见习基地”6个，输送见习学生600余名。三是坚持分层指导与树立典型相结合，提升服务水平。对于低年级学生，侧重于进行创业精神培养；对于高年级学生，

主要是培训经营、管理等创业实务知识。获得武汉市洪山区“十佳创业人物”的2008级研究生、武汉妙笔作文教育培训公司总经理谢先军等典型被多家媒体报道。2010年自主创业的毕业生比上年增加45%。

通过“培养人”、“服务人”、“发展人”的若干措施的实施，该校毕业生初次就业率一直稳定在90%以上，多次位列在汉部属高校前茅。2010年毕业生初次就业率为92.78%，年终就业率为93.82%。毕业生和用人单位对学校人才培养质量及就业工作的满意度均达90%以上。毕业生就业工作社会影响大。近5年来被《教育部简报》、教育部门户网站刊发就业经验文章10篇以上，其中，《教育部简报》分别以“华中师范大学多管齐下全力促进毕业生充分就业”、“华中师范大学提升学生就业竞争力推进毕业生优质就业”为题单篇刊发和推广了该校的经验和做法。《光明日报》等知名媒体报道该校就业工作近200次。

中国教育报
CHINA EDUCATION DAILY

提升非师范生就业竞争力 引导师范生农村任教

华中师大

多管齐下“突围”就业困境

关注大学生就业

华中师范大学 崇阳县人民政府
共建国家教师教育创新与服务综合改革实

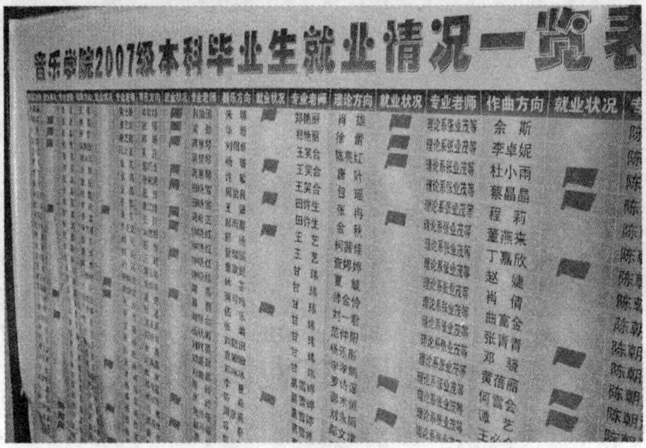
音乐学院2007级本科毕业生就业情况一览
专业老师 理论方向 就业状况 专业老师 作曲方向 就业状况

求职策略与技巧
模拟面试

彰显四个“三结合”特色
健全立体就业工作体系　力促学生成人成长成才

中南财经政法大学

中南财经政法大学是教育部直属的一所以经济学、法学、管理学为主干，兼有哲学、文学、史学、理学、工学等八大学科门类的普通高等学校。学校将毕业生就业工作作为“龙头”工作来抓，将毕业生就业工作置于突出重要位置，秉承“以生为本”的基本理念，以提高人才培养质量为中心，以社会需求为导向，注重教育教学改革，将教书育人、服务育人、管理育人相统一。由此呈现出就业工作全程化、全员化、专业化、信息化和法治化的良好局面，实现了毕业生充分就业和高质量就业的目标。

一、招生、培养、就业三结合，提高人才培养与社会需求对应度

（一）以就业为导向，促进学生高质量就业

学校主动适应社会对人才的需求，结合学科和专业发展，建立了“能上能下、能增能减、能开能停”的“招生——培养——就业”一体的联动机制，及时反映就业市场需求变化的学科专业结构调整机制。学校2005年就明确了年度招生计划须与毕业生就业率

硬挂钩，对社会需求不大、年度协议就业率较低的专业减招、隔年招甚至停招的规定。

例如：2004年以后，法学毕业生总数从2000多人缩减到800人，不到全校毕业生的1/6，而财经类各专业招生计划则增加了50%以上。学校在2007年停招了国民经济管理专业，次年撤销了国民经济管理系；2009年确定国际政治、公共事业管理专业隔年招生。公管学院在招生计划调整后，2010届就业率比往年同期高出6个百分点，年度就业率达到96%；近几年，根据社会需求开办的物流管理、电子商务等专业，在2010年就业率均超过95%。此举有力提高了毕业生与社会需求的契合度，有效实现了学生高质量就业，也受到用人单位欢迎。

（二）以社会需求为导向，探索创新人才培养模式

在“教学质量体系”中，要求人才培养与就业状况反馈联动。本科阶段倡导学科交叉、文理交融，坚持面向全体学生开设经济学、法学和管理学通论等“三通”课程，满足辅修双学位要求，培养学生形成如财经＋法学、外语＋经济、计算机＋管理的应用型、融通性、开放式知识结构；研究生阶段，坚持“人文化成、融通创新”的培养理念，实施宽口径专业教育和跨学科学习的新模式，培育学生原创性科研能力、解决国家、地方经济社会问题的能力。学校实施“本科拔尖人才培养计划”和“研究生教育创新计划”，设立“经济学复合型人才培养模式创新实验区和解纷专家型法学人才培养模式创新实验区”；建立覆盖所有学科的200余家大学生创新（创业）实践基地，构建起基本技能训练、综合实验能力、体验创新创业实践等在内的全过程、递进式创新实践教学体系，有力提升了学生就业竞争力。

二、就业创业教育、思想政治教育、毕业教育三结合，加大全程化和专业化就业指导服务体系建设力度

我校就业工作思路较早向职业生涯规划、就业创业指导转变，树立就业工作前移的意识，提供全方位覆盖、全程化贯通的指导和服务。

（一）就业与创业教育相融，为学生高质量就业奠定基础

学校为低年级开设《大学生职业生涯规划指导》课，编发《赢在起跑线——新生

职业生涯与大学生活规划》，按照专业特点开展职业认知教育、生涯规划教育；举办系列就业指导讲座，开设《KAB创业教育》、《公务员考试指导》等课程，编发《就业潮》、《大学毕业生就业指南》等书刊，打造毕业生求职软实力。根据就业流向特点，针对性开展专项指导培训。在2010年省地税系统公务员考试中，我校毕业生面试入围人数占2/3，省局及武汉等十三个市县第一名均为我校毕业生。

学校通过抓创业导航设计、素质拓展训练、创业评估体系、强化社会认同四个环节，努力使大学生素质培养与创新创业同步并轨。2009年，我校制订《关于引导和鼓励大学生创业工作实施意见》，成立大学生创业顾问委员会、创业指导委员会和创业中心。2009年以来，学校每年投入10万元，今年增至20万元，作为大学生创业启动帮扶资金；开辟在校大学生创业体验基地、创业实践基地，挖掘和培育"有激情、有目标、有准备、有能力"的大学生创业人才。

（二）思想政治教育与就业教育相结合，引导和鼓励毕业生面向基层就业

学校建立了"树立典型、广泛宣传、表彰奖励、跟踪培养"的工作机制。广泛宣传国家关于大学生到基层就业的政策和我校毕业生基层就业典型人物，如优秀资教生范献龙、曾洁等，营造到基层、到西部、到祖国最需要的地方去的良好舆论导向；每年对勇于到基层任职的毕业生予以表彰奖励；制定了跟踪回访、对口资助、优先录研、优先聘用的制度，积极关注基层就业学生的后续发展，促使他们乐于到基层就业。资教生中有的通过我校研究生单考攻读硕士；有的被学校优先录用为辅导员。

（三）毕业教育与就业教育相结合，培养毕业生感恩情怀

学校坚持在毕业生中开展以"胸怀天下、感恩中南"为主题的"五个一"工程，增强其爱国、爱校、爱岗、爱师的大爱情怀。

三、就业工作者、专业教师、校友资源三结合，全力打造全员化的毕业生就业指导服务优质队伍

全校上下形成合力促就业，利用一切可利用的资源，形成"人人关心就业、事事服务就业"的良好氛围。表现在：

（一）部门联动，同一条战线支持就业

书记校长为学校就业工作的一把手，各主要职能部门统一纳入毕业生就业工作领导小组的成员单位，从工作机制上保障毕业生就业工作的顺利开展。

（二）学院主动，同一支队伍促进就业

学院党政领导也作为就业工作一把手，就业工作办公室与学生工作办公室合署办公，除专人从事就业工作外，学生辅导员也须将此作为自己工作的内容。学院普遍建立了与校友和长期往来单位联系的制度，良性有序地推介学生就业。

（三）教师校友携手，同唱一首歌参与就业

在我校，教师和校友携手参与就业工作蔚然成风。学院推行本科生导师制，教师为学生指导学业、规划职业、推荐就业，全方位地参与毕业生就业工作。学校积极调动校友、EMBA学员、教师、学生家长、合作单位等可用资源，拓展就业渠道。如张虎教授在2009年、2010年向其指导的EMBA学生所在单位共推荐20多名学生就业；潘勇辉教授利用挂职机会，推荐学校20余名本硕毕业生签约；连年的校友多场专项招聘会更成为校友感恩母校同时感动校园的一道特色风景线。

学校为此专门设立毕业生就业工作特别贡献集体和特别贡献个人奖，逐年加大表彰奖励力度。总之，对大学生就业指导即为人生指导已是大家共识，在我校对毕业生全员化的关注意识和自觉行为已转化为校园文化和大学精神的组成部分。

四、校内就业工作实施细则、地方性法规、国家政策三结合，树立法治化的就业指导服务理念

（一）依法建立全面系统的毕业生就业工作制度体系

学校关于就业工作的政策制定需通过校法律事务部审核，根据国家法律、中央和

地方就业文件精神制定了涉及就业的指导、管理、市场、工作考核等就业工作的实施细则，确保校内就业工作的科学规范化。

（二）就业指导与法律援助相结合，保障毕业生合法权益

学校专门开设毕业生就业相关法律知识讲座、刊发大学生就业权益保护案例分析文章等；严格审查用人单位需求信息的真实性、合法性；学校大学生法律援助中心对毕业生正当权利侵害提供无偿法律援助。以上举措从法律的层面有效保障毕业生顺利就业。

五、四个“三结合”的顺利实施，得益于就业工作体系建设的五项工作保障

（一）强化组织领导，实施目标和过程管理

我校坚决贯彻执行毕业生就业“一把手工程”，将此作为学校的“龙头”工作。就业工作常优先列入校务会议专题研究；每年至少召开2次毕业生就业全校工作会，由学校一把手主持，分管校领导领题调研、制定促进大学生就业创业的举措。

从2009年起，学校积极推进和强化“目标管理、指标牵引、责任辐射、一票否决”的就业工作机制，将就业状况作为年度工作指标之一，讲就业率不唯就业率，注重人才培养质量和学生的成人成长成才过程。同时，对学院的就业工作状况进行年度单独考核，考核不合格的学院年终评优实行一票否决制。

（二）制度保障落到实处，就业工作无后顾之忧

我校就业工作按照教育部要求，较早全面实现了机构、人员、经费、场地“四到位”。2002年3月，学校就单独设置正处级就业指导服务中心，实现了机构单列，统领全校本硕博毕业生就业工作。目前校级就业指导专职工作人员15名，超过了教育部1：500的标准。近年来学校就业工作经费均按照毕业生在校期间学费的1%列入财务预算，2010年该项经费超过毕业生在校期间学费的1%。学校拥有的就业办公咨询室、

职业测评室、洽谈室、招聘室、远程招聘室等招聘服务场所面积超过2000平方米，达到毕业生人均0.35平方米。

（三）拓宽就业渠道，培育校园就业市场

2008年，学校就提出打造具有财经、政法特色校园招聘基地，打造校园就业市场服务品牌。同时，“走出去、请进来”，开展用人单位跟踪回访，巩固和扩大毕业生就业市场。注重发挥校友资源优势，挖掘就业岗位。在2009至2010年，仅MBA和EMBA学员共提供就业岗位近百个，校友会2次组团回母校进行校园招聘，提供就业岗位几百个。

我校校园专场招聘会和就业信息网已成为毕业生就业的主渠道之一，根据学校就业部门调查，通过校园专场招聘会和学校就业信息网提供信息实现签约的毕业生比例已经达到61.97%。

（四）优化网络平台，实现就业服务信息化

以就业网为依托，自主研发了便捷的集信息发布、网络招聘、网络课堂、在线咨询、网上签约、就业统计、就业调研等功能于一体的信息化就业指导服务平台，可据需要随时革新内容，较全面实现了就业服务信息化，提高了就业服务效率，深受学生好评。

（五）注重总结宣传，推动就业工作协调可持续发展

近年来学校积极总结就业工作规律，科研成果丰硕。仅学校就业指导服务中心就主持了国家和地方就业研究课题4项，出版就业指导相关教材和专著4部，发表就业工作研究论文数十篇，其中获得省级以上科研成果奖2次。

许多具有创新意义的就业工作举措，获得教育部和湖北省的表彰肯定。《湖北教育简报》共4次，《教育部简报》共3次分别介绍学校就业工作的有关做法和经验。校领导多次代表学校在省高校就业工作会上介绍经验。中央电视台、《光明日报》、《中国教育报》和《湖北日报》等主流媒体也多次宣传报道学校就业创业工作的做法。2007年学校被评为“省高校毕业生就业工作先进集体”，2008年被评为“省资教工作先进集体”，2009年被评为“省‘三支一扶’工作先进集体”，我校还被团中央、全国青联、国际劳工组织北京局评为“大学生KAB创业教育（中国）项目优秀院校”。

实施“2334就业工程”构建就业与办学良性互动的长效机制

武汉铁路职业技术学院

近年来，为落实大学毕业生就业工作“一把手”工程的要求，确保就业工作机构、人员、经费到位，学院积极构建就业与办学良性互动长效机制，推行了以“开展两项调整”、“探索三个模式”、“提供三项服务”、“健全四个机制”为内涵的“2334就业工程”，初步实现了就业指导服务工作全程化、全员化、专业化、信息化目标。长期以来，学院就业工作得到了上级的关怀重视和鼓励，今年5月，教育部授予我院“2010－2011年度全国毕业生就业典型经验高校”荣誉称号，成为今年湖北省唯一受此殊荣的省属高校。我们的主要做法是：

一、开展两项调整，把握就业方向

中国铁路快速走向高速化时代，先进的技术、先进的设备提高了自动化程度，铁路对人力的需求大幅减少，“十二五”期间还将继续减员。这对学院铁路类专业学生的就业产生了强烈的冲击。学院以科学发展观为指导，正确处理铁路特色专业与社会综合性专业发展的关系，主动开展两项调整，较好地适应了市场对高技能人才的紧迫需求。

一是调整专业设置。2007年从33个专业中，筛选了19个就业前景好的专业纳入当年招生；2008年再次增加了2个专业；2009年融合铁路特有专业和相关专业，把铁路特有专业与通用专业融合互补不断优化结构，为学生就业找到了活水不断的源头。

二是调整专业规模。应对国有铁路运营系统减员裁编的变化，学院加大了电子、机电类专业招生规模，增开了社会急需的供用电专业、助产专业。这些措施推进了各类专业学生的均衡就业，保持了学生多渠道就业的局面。

二、探索三个模式，扩大就业订单

学院积极拓展企业订单规模，开展校企合作订单教育，为毕业生就业提供了保障。

一是“铁路组合订单就业模式”。学院实施了分段制教学，开辟了寒、暑假两个小学期，得到了铁路企业的高度肯定，抓住了铁路减员情况下的珍贵就业岗位。2010届毕业生中，有武汉、广州、上海等9个铁路局在学院组建了就业订单班。先后有1000余名铁路订单班学生实现就业。

二是“地铁全程订单就业模式”。根据全国地铁发展的需要，学院在全国率先开办了地铁专业，学院主要领导亲自带队，跑遍每一个新建地铁的城市，商谈建立就业合作关系。武汉地铁等企业，从大一新生中组建订单班，在教学计划、师资、实习、考核和教师进修等方面实行校企合作。地铁企业普遍反映学院毕业生好用、实用。在武汉地铁顶岗实习的学生胡洋，发现了地铁车辆转向架上的一例重大事故隐患，避免了一起车毁人亡的重大事故，得到了武汉地铁提前定职、晋升技术级别和工资档次的奖励。目前武汉地铁、无锡地铁、郑州地铁等企业已下达2013年订单。青岛地铁、无锡地铁等企业订单签到了2014年。

三是“富士康‘三奖’订单就业模式”。为配合武汉高新技术产业园建设，更好地服务区域经济，学院抓住富士康进驻武汉的机遇，主动与富士康签订战略合作协议，每年选定300人进入“新干生订单班”实行订单培养。企业设立了“富士康助学金”、“富士康卓越奖学金”、“富士康奖教金”，并派驻技术人员到校协助教学，还向学院无偿调拨了富士康生产线，作为订单班实训设备。

订单模式的拓展，有效促进了毕业生就业工作。2010届3400多名毕业生中，1799名学生通过订单班培训实现了就业，占就业学生的77%。订单分布广、数量大，企业优，学生就业有质量。

三、提供三项服务，主动适应需要

为学生和企业服务是学院就业工作的基本出发点和落脚点。只有主动积极为企业解难，才能得到企业的回报，为学生就业创造更多的条件。

一是服务轨道交通。学院主动为企业提供在职培训、转岗培训、技能鉴定、技术咨询、科研服务，发起组建了湖北轨道交通职教集团。与武汉、上海、广州等地20多家轨道企业建立了校企战略合作关系，形成了广泛而稳定的毕业生就业基地。近年来，学院领导带队，先后出访几十家重点企业，开展校企高层战略会谈，了解市场人才需求，共商人才培养方案，组织毕业生跟踪调查。学院提前服务、延伸服务的诚信，得到了企业的广泛认可。湖北、江苏、广东、山东等地的城市轨道交通企业、城际铁路企业对学院下达了2010级新生订单培养计划，规模达到了1257人，占学院当年招生计划基数的44％。

二是服务运输生产。应铁路春运和暑运的急需，学院每年选派学生参加铁路春运、暑运顶岗实习。2008年学院1700余名师生奋战在全国抗雪救灾铁路春运第一线，为抢运广州滞留旅客、维护社会稳定做出了突出贡献，学院获得湖北省“抗雪救灾先进单位”称号。学院师生的奋不顾身的精神和优质的服务感动了企业，去年和今年，又应企业的请求，学院千余名学生进入武汉站、武昌站、汉口站、随州站、北京西站、武汉地铁支援春运、暑运。学生在春运、暑运顶岗实习中熟悉了技能，就业能力在“真枪实弹”中得到了提高。

三是服务贫困生就业。一个学生的就业，情系一对父母，事关一个家庭。解决好学生就业，尤其是贫困生就业，是办好人民满意教育的要求。学院学生大多数来自农村和城市一般家庭，学院一直十分关注贫困生就业，每年组织开展贫困生特别推荐活动。2008年汶川地震后，学院重点推荐，使来自震区的12名学生顺利满意就业。2009年学院争取成都铁路局设置特批计划，一次性解决了30名贫困生就业问题。去年年初组织的“春风送暖千岗招聘行动”，拿出了30％的岗位作为贫困生特别推荐岗位，得到了用人单位的大力支持，2010届488名贫困生现已全部实现了就业。学生家长深情地说，“感谢学校帮我们脱了贫。”学校的做法得到了全国优秀共产党员、首届全国道德模范吴天祥同志的关注，他专门介绍特困生到学院学习。

四、健全四个机制，夯实就业基础

学院把就业工作放在办学工作的重中之重的位置，建立了《就业推荐实施办法》等十多项就业制度，形成了就业工作的良性运转机制。

一是形成了就业工作院、系两级管理机制。学院把就业工作作为“一把手”工程，成立了主要领导亲自挂帅的就业工作领导小组。将就业工作与日常工作同布置、同检查、同考核。在各院系成立了就业工作组，明确第一管理者的就业工作责任，形成了完善的就业管理体系。

二是形成了招生、就业一体化联动机制。学院紧跟市场人才需求的变化，定期进行就业分析，及时对招生计划作出调整，把招生计划安排与就业状态紧密挂钩，在市场“找米下锅”，按需求“量身定制”，避免了招生计划的盲目性，从源头上实现了“以就业为导向”的要求。

三是形成了就业工作保障激励机制。学院在人员配置、干部结构、经费分劈等方面对就业工作给予倾斜，就业经费连年增加。同时将就业工作纳入部门和干部工作考绩、考核、评先表彰的重要观测点，激励督促，形成了就业工作齐抓共管的好局面。

四是形成了就业与教学良性互动机制。为落实“以就业为导向”的要求，学院把通过就业窗口获取的人才需求信息，及时向教学部门反馈，指导教学部门修订教学计划，更新教学内容，建设基于工作过程的课程体系，建立了校企合作、工学结合的人才培养模式。就业与教学的良性互动，有效促进了学院的教学质量和就业质量的提高。在企业回访和毕业生跟踪调查中，企业对学院毕业生普遍反映好，技能优良率达到了95.32%，综合表现优良率达到了98.29%。根据由湖北省人社厅、教育厅、团省委组成的高校毕业生就业工作调查小组调查统计，在2010年全省高职高专就业率最高的五个专业中，我院电气化铁道技术、高速铁路工程及维护技术、铁道通信信号三个专业分别位列第一、三、四位。

学院整体就业工作的做法，有效地避免了国际金融危机带来的就业危机。在湖北省2010年高校毕业生就业工作会议上，学院就业工作的做法作了典型交流。学院《化严寒，迎来就业春色满校园》的就业案例，在教育部国家示范性高职院校建设年会上作了典型交流。在教育部就业中心“2010年中国大学生创业高峰论坛”上，我院作为高职院校的唯一代表，作了题为《高等职业院校大学生创业的意义与方略》的报告。去年5月，国务院副总理张德江同志在新华社发表的介绍我院题为“转变高教发展方式，未进校门先就业”的就业工作的做法上作了重要批示，要求将我院就业工作好的经验“介绍给全国各高校”。教育部长袁贵仁同志也作出重要批示，要求对这些经验“通过简报和媒体加以推广和宣传”。

大学生就业工作是党和国家十分重视的民生工程。学院将继续认真学习贯彻全国教育会议和教育纲要精神，按照“办好人民满意的教育”的要求，不断创新大学生就业工作的长效机制，努力构建校企合作的就业保障体系，在招生、人才培养方面与企业建立关系，从源头上保证就业有需求、有质量。把毕业生就业工作推向新的高度。

突出"一个核心"　发挥"两个优势"
坚持"三个结合"构建充分就业服务体系

长沙理工大学

长沙理工大学是一所以工为主，工、理、管、经、文、法等多学科协调发展的多科性大学，学科专业具有鲜明的交通、电力、水利特色。"传承'铺路石精神'，主动服务国家基础产业，强化学生工程实践能力，面向基层培养应用型人才"已成为学校人才培养的办学特色。

通过努力，我校毕业生就业率一直位居全省同类高校前列，2009 届、2010 届毕业生就业率分别高达 94.67%、92.02%，行业内就业比率高达 57%、60%。我校连续三次被评为"湖南省高校就业工作先进单位"，2010 年荣获"湖南省高校毕业生就业工作'一把手'工程优秀单位"，招生就业处被评为"湖南省 2009 届文明窗口单位"。此外，我校毕业生就业工作还受到中央、省市新闻媒体的关注，《光明日报》、《中国教育报》、中国共产党新闻网、《中国青年报》、《湖南日报》均对我校就业工作进行过详细全面报道。

特色一：突出"以人才培养质量为核心"的工作主体

1. 深化人才培养模式改革

学校根据社会对人才的不同要求，制定不同培养方案，构建了弹性学分制度。面向不同专业学生开设“辅修专业”与“双学士学位”，利用周末与假期，成建制地为学生开班授课。在课程设置上注重理工结合，文理渗透，如在工科专业开设管理、经济、法学等课程，满足人才培养多样化的需求。

学校主动适应行业发展和社会需求，按“基础＋模块”设计人才培养方案，体现了拓宽专业口径与高年级灵活选择专业方向相结合的人才培养原则，兼顾了学生就业意向，满足了社会需求。

2. 优化学科专业结构体系

学校坚持为交通、电力、水利等关系国计民生的基础产业服务，在学科专业结构上形成了自身的特色和优势。目前拥有国家级特色专业9个，省级特色专业21个，校级特色专业23个，校级重点建设专业6个。学校以社会需求为导向，积极培育发展前景广阔的新兴交叉专业。如顺应电力系统大量急需风能发电专业人才的需要，新增风能与动力工程专业；顺应当前数字媒体的迅速发展，新增数字媒体艺术专业、光信息科学与技术专业和软件工程专业；顺应国家基础产业发展需要，在土木类专业中新增城市交通轨道工程方向。

3. 校企联合优化人才培养方案

学校主动邀请企业、研究院所等用人单位参与人才培养方案制定，认真听取他们的意见与建议，并及时融入人才培养方案中。例如联合大型骨干企业共同实施“卓越人才培养计划”，试点开展拔尖人才培养。

4. 构建校内外实践教学平台

学校与中国路桥总公司、中联重工科技发展股份有限公司、湖南省电信实业集团、广东省长大公路工程公司等201个大中型企业签订了建立长期实习基地协议，建立了一批高水平、多功能的实践教学基地。

学校开发了道路桥梁勘测设计与施工、电力生产与输送、航道开发与整治、城市污水处理等20多个具有明显工程背景的校内虚拟实习教学平台。这些基地与平台成为校企联合研发、学生自主实践的基地，深化了实践教学的改革，提高了学生的工程实践能力。

特色二：发挥“两个优势”，创新人才选拔互动机制

1. 发挥行业优势，构建校企互动人才选拔机制

一是充分发挥行业就业指导委员会的作用。在学校的就业网络中，有320多家用人单位成为学校就业指导委员会成员单位和董事单位。学校每年召开就业指导委员会会议，充分发挥他们参与学校学科专业建设、人才培养、就业市场开发等方面的作用。从2009年起每年3月份为家庭经济困难毕业生、女性毕业生举办的“爱心送岗”大型招聘会，就是中交集团数十家企业、深圳全程物流有限公司等就业指导委员会成员单位及其发动的单位共同参与的结果。

二是大力推进毕业生在行业内企业“预就业”。在相关专业中开办特色班，与企业签订联合培养协议，实行定向就业。例如与中交第一公路工程有限公司、天津航道局、广东金东海集团有限公司、湖南火电建设有限公司等一批效益好、规模大、知名度高的企事业单位定向培养工程人才。

三是与交通、电力、水利等行业单位建立稳定联系。坚持主办交通、电力等行业专场招聘会，例如，为2010届、2011届毕业生召开了中国交通建设集团、中国大唐集团等大型专场行业招聘会。近三年来，中国大唐集团分别组织了65家、75家和94家电厂来校举行专场行业招聘会，共签约毕业生达483人。

2. 发挥基地优势，搭建校企双赢人才输送平台

学校先后在全国20余个省市建立了376个毕业生就业基地，各二级学院根据专业特点，也建立了相应的毕业生就业基地。就业基地为学生提供实习岗位，招聘时优先录用，学校为基地培训员工，开展科技服务，校企之间实现互惠双赢。如被交通部列为全国内河水运建设示范工程的湘江航电枢纽工程，随着实习学生的增多，招收专业从港口航道与海岸工程逐步扩展到水利水电工程、电气工程及其自动化等专业。据不完全统计，2009、2010、2011届毕业生就业信息中有超过25%来源于基地单位，在已经签订就业协议的学生中有20%以上选择的是基地单位。

特色三：坚持“三个结合”，完善毕业生就业服务体系

1. 全程就业指导与个性咨询服务相结合，转变学生就业观念

学生四年不断线，实施全方位、全程化就业指导，让“铺路石精神”和“从基层做

起，脚踏实地，艰苦奋斗”成为青年学生追求的主旋律。学校开设了《大学生就业指导》必选课程和《大学生创业教育》、《大学生职业发展与素质训练》等选修课程。针对不同年级开展了“职业畅想·生涯规划”主题班会、“生涯人物访谈”、“模拟招聘”、深入企业实践等活动。建立就业困难学生和未就业学生信息库，对他们进行一对一的就业指导、重点推荐。如在电力、交通企业对女生需求比率低于 2%的情况下，就业指导老师通过向用人单位重点推荐，使我校 2010 届女性本科毕业生就业率达到了 91.86%。

2. 创新创业教育与学生科技活动相结合，增强学生创业能力

利用各类学生社团，将创业教育融入丰富多彩的社团活动中，不但提升社团活动的品质，而且提高了学生创业能力。校友创业经验交流会、未来管理者培训班成为校友活动一道亮丽的风景线。2009 年 4 月，“天心区大学生创业培训与创业指导基地”正式落户长沙理工大学。由我校计通学院学生刘运松自主创业的项目获得 2009 年科技部科技型中小企业技术创新基金正式立项，并获得 30 万元无偿资金扶持。2010 年 9 月，电气学院学生李维夺得了中国首档创业励志电视栏目《创业大本营》大赛二等奖，赢得 7 万元的创业扶持资金。2010 年，在以“科技引领创业长沙”为主题的长沙市第七届大学生科技创新创业大赛决赛中，我校有 4 支队伍获奖。在湖南省第四届“挑战杯”大学生创业计划竞赛中，长沙恒源科技有限公司与我校作品“长沙威客电力科技有限公司”现场签约资助金额 500 万元。2011 年 1 月，由我校选送的 5 件创业作品获得第二届“芙蓉学子大学生优秀创业计划大赛”的全省 30 强，各项目分别获得共青团湖南省委 2 万—5 万元不等的创业扶持资金资助。

3. 有形校园招聘与无形网络市场相结合，提升学生就业率

2009 年至 2010 年，学校认真组织校园招聘推荐活动，把综合性供需见面会与行业专场招聘会相结合。举办了“长沙理工大学毕业生供需见面会”“中国大唐集团公司招聘会”、“中国交通建设集团公司招聘会”、“爱心送岗”专场招聘会、“中小企业进校园招聘会”、“湖南省人才市场进校园招聘会”等大、中型招聘会 9 场次，小型和专场招聘活动近 2000 场次，提供就业岗位 8.5 万余个。同时，有效构建就业信息网络，启动了“一网三平台”的就业工作信息化建设项目，打造了包括就业信息网、就业信息短信服务平台、用人单位信息库、招聘会管理系统为一体的就业信息化服务体系。根据多媒体技术的发展趋势，建立了就业信息 QQ 群、飞信群、短信群等多重信息渠道，为学生就业提供全方位的信息服务。

毕业生就业服务中心

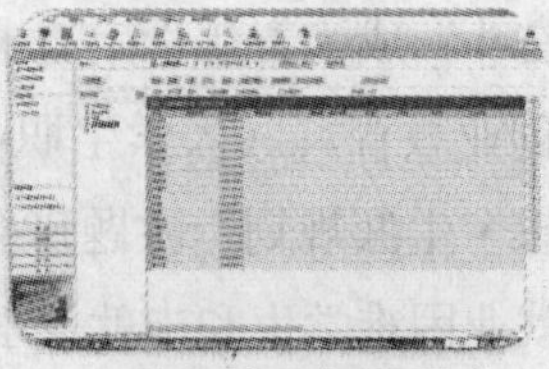

信息发布短信平台

就业信息网

就业信息宣传橱窗

企业进走进校园活动

就业指导委员会座谈人才培养

邀请知名企业人力资源专家研讨人才

- 中国大唐集团公司长沙理工大学毕业生专场招聘会
- 中国交通建设集团公司长沙理工大学毕业生专场招聘会
- 中交天津航道局有限公司2011届毕业生预就业毕业生见面会

优秀校友创新创业座谈会

大学生 GYB 讲堂

创新创业报告会

SIYB 培训

让毕业生就业工作成为学校办学品牌

湖南师范大学

湖南师范大学创建于1938年，是国家“211工程”重点建设的大学、教育部普通高等学校本科教学工作水平评估优秀高校，现有在校本科生、研究生共三万多人。多年来，学校以建设国内一流的、有教师教育特色的高水平大学为发展战略，创新人才培养模式，深化教育教学改革，拓展毕业生就业渠道，毕业生就业率稳步提高，年终就业率始终保持在90%以上。学校多次获得“湖南省高校就业工作先进单位”等荣誉称号，2010年被教育部授予“全国普通高等学校毕业生预征工作先进集体”。

一、全员、全方位、全过程抓就业，形成就业工作长效机制

1. 一把手高度重视，全员参与形成合力

学校一把手高度重视，多次召开全校大会专题研究部署就业工作。每年的新学期工作会议，校长工作报告都将就业作为重要内容单列，并明确年度就业目标。学校制订了“一二三四五”的基本方针，即“一”把手亲自抓；校、院“两”级管理，多部门和多项工作联动；做好“三”基工作即做好学生就业基础工作，引导打牢毕业生基本功，鼓励毕业生到基层就业；打造“四”个平台即借助政府区域平台、专业行业平

台、校友学缘平台、市场信息平台；形成“五”走格局即引领学生向高走、向上走、向外走、向下走、自主走（见图 1）的毕业生就业工作机制。学校一把手在就业工作表彰会讲话中指出：“不关心就业工作的领导是不合格的领导，不关心就业工作的老师是不优秀的老师。”学校已形成了人人关心就业、人人参与就业的良好氛围。

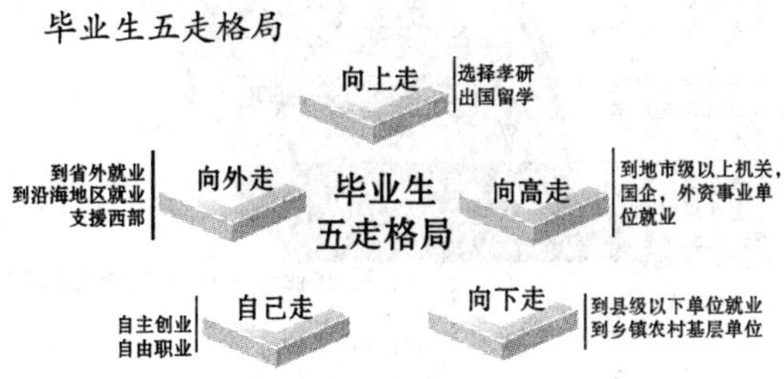

图 1

2. 以质量工程为载体，提高毕业生就业竞争力

学校优先实施“质量工程”，以“四位一体”文化素质教育模式、“3C”整合理念下音乐人才培养模式、“三结合”理念下历史学人才培养模式、“理工教融合”化学化工人才培养模式等 4 个国家级创新实验区为先导，全力改革教学内容和课程体系，加强实践教学环节和提高学生创新创业能力。“挑战杯”大学生课外学术科技作品竞赛奖次在全国高校中位居前列。（见图 2）

	特等奖	一等奖	二等奖	三等奖	全国团体总分排名	湖南省高校排名
第十一届全国	0	1	2	2	16	1
第八届湖南省	2	4	4	4		2
上海世博专项竞赛	3	3	11	15		位列前茅

图 2　“挑战杯”大学生课外学术科技作品竞赛

3. 强化就业指导，职业生涯教育贯穿大学始终

学校在湖南省率先开设就业指导课，出版了《大学生活与职业生涯规划》、《大学生求职择业与职业发展》、《大学生求职创业与职业发展实战范例》等教材，创办了每

月一期的《大学生就业指导报》。构建了从新生入学起全程式循序渐进的指导体系（见图3），该项成果获得了湖南省2010年教学成果三等奖。

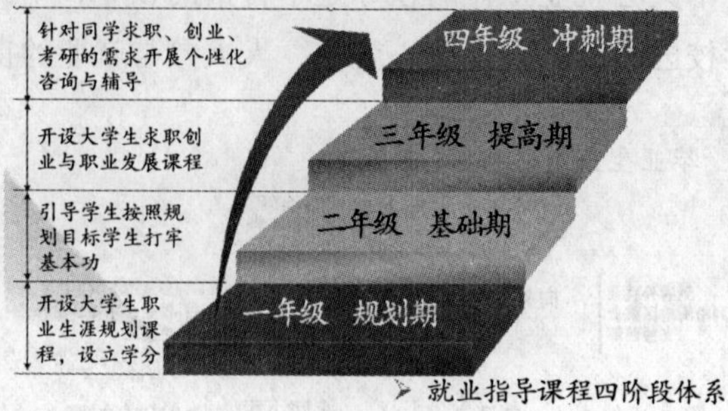

图3

二、紧扣办学特色，注重教师教育专业人才培养改革

1. 创新人才培养模式，多渠道培养基础教育师资

学校全方位推行各层次教师教育专业人才培养模式改革：本科学制层次按照新课程要求培养学生的心理教育、信息处理、课程设计开发、职业道德等素养，为中小学培养高素质创新型教师；教育专业硕士层次采取学制本科4年＋教育专业硕士2年，培养要求升级为转变教师角色，实现驱动式教学模式，为中小学培养教学技术骨干；教育科学硕士层次采取学制本科4年＋专业硕士3年，强化教师自我反思和教学研究模块，把教师由技能熟练的知识传授者转变为具备反思性实践能力的研究者，为中小培养教学研究骨干和管理人才；农村教育专业硕士层次采取学制本科4年＋3年贫困地区支教＋脱产学习1年＋半脱产学习1年，结合现代远程教育等方式，为农村中小学培养教育硕士师资。

2. 深化课程体系和教学内容改革，构建教师职业化课程新体系

一是搭建“平台＋模块”的专业课程体系，按学校、学院、专业三个层面，分必修和选修两种规格搭建了三个课程平台。这种“平台＋模块”的课程体系，实现了“学科专业教育与教师专业教育并举，通识教育与学科专业教育并重”的培养目标。二是优化

设置教育课程，打破了过去“老三门”（教育学、心理学、学科教育论）的框架，实现“综合素养与实践教学技能并显”的培养目标。三是更新教学内容，实施“精品课程建设工程”和“名教材建设工程”，教学资源配置进一步优化。此外，根据我省课改急缺通用技术教师，专门为毕业生开设通用技术多组模块选修，为就业开辟了新市场。

3. 优化实践教学体系，提高师范生实践能力和创新能力

一是根据社会需求优化实践教学体系，增加了实践教学比重，体现“专业特色，分类指导”的实习理念，学生的实践机会增多，得到了充分锻炼。二是加强基本功训练，通过狠抓模拟实习、举办“未来教育家”竞赛等活动，对学生“五能”（第一课堂教学技能、第二课堂指导技能、班主任工作技能、教学研究技能和现代教育技术技能）、“三字”（粉笔字、钢笔字和毛笔字）和“一话”（普通话）等教师基本技能进行强化培训，努力提高学生的适应性。

在学校用人单位满意度调查中，用人单位对学校毕业生满意度达95%以上。

三、坚持四个结合，引导毕业生到基层建功立业

1. 坚持理想信念和形势教育与引导毕业生到基层就业相结合

学校结合“两课”教学和“三下乡”社会实践等方式教育学生树立远大理想，到西部去、到基层去、到祖国最需要的地方去。就业指导课引导毕业生树立“小地方有大作为”的职业理念，转变学生就业观念，做好基层就业与职业生涯发展相结合的意识教育。各级毕业生就业形势报告会鼓励毕业生艰苦创业，把毕业生到城乡基层和中小企业、非公有制企业就业作为新的就业增长点。近年来，毕业生自愿到基层、到中小企业、非公有制企业就业、创业的人数逐年增加。

2. 坚持典型案例教学与引导毕业生到基层就业相结合

学校坚持“请进来、走出去”，以学校优秀毕业生基层创业的成功范例来感染毕业生，并组织编写了《大学生求职创业与职业发展实战范例》等系列教材，取得较好的

教学效果。

3. 坚持创新创业教育与引导毕业生到基层就业相结合

根据建设长沙“创业之都”的需要，大力开展面向基层的创业创新教育。以创业课程教学为主线，我校成功申报成为湖南省高校首批SIYB定点培训机构，已培训学员1800余名；以“挑战杯”创业大赛为契机，在全校范围开展创业计划挑战大赛，营造了良好的创新创业氛围；以学生创业实践中心为载体，为学生提供见习、创业的机会、场地，培养学生创业创新实践能力。

4. 坚持国家项目宣传与引导毕业生到基层就业相结合

通过组织项目宣讲会、网媒宣传、考前辅导和《大学生就业指导报》等方式，促进学生基层就业。学校2009、2010年选调生报名人数均超过1400人，占毕业生35%以上，录取数占全省计划10%以上，另有45名毕业生到村任职，15人入选西部计划。2010年，学校农村特岗教师签约数达到74人。

2010年，在湖南省委省政府表彰的20名“湖南省扎根基层建功立业优秀高校毕业生”，学校毕业生占4名。

四、多管齐下，全力帮扶就业困难毕业生

学校十分关注就业困难毕业生就业工作，通过校院两级，采取个体指导和心理疏导、重点推荐、一对一帮扶、求职补助、社会援助等措施全力推进，学校上下已形成了“关心就业困难学生、帮助困难学生就业”的良好势头。

2009年4月，由校友卢德之先生任理事长的华民慈善基金会同学校签订“大学生就业协助项目”协议，从2009年起该基金会每年斥资50万元资助学校100名就业困难学生就业，现已有两届共200名就业困难学生得到了帮扶。

针对女大学生多、就业压力大的问题，学校工会于2009年开始组织女教授与女大学生每年10月举行“心手相牵”活动。两年来，共有14个学院76名女教授与600余多名女大学生“一对一”或“一对多”结成对子，指导和帮助女大学生在生理、心理、学业、经济和就业等方面存在的困难与问题，2010届毕业生已有80余名帮扶对象成

功就业。（见图4）

图4

大学生就业工作始终是学校生存和发展的生命线。湖南师范大学将以科学发展观为指导，以就业和社会需求为导向，进一步深化教育教学改革，不断提高办学水平，不断提升学生的就业竞争力，不断提高毕业生就业质量和满意率，让毕业生就业工作成为学校办学品牌。

改革人才培养模式　创新就业工作方法 全面提升毕业生就业质量

湖南铁道职业技术学院

一、学院概况

湖南铁道职业技术学院是湖南省教育厅直属单位，首批国家示范性高职院校。学院现有全日制高职在校生9300余人，年短期培训规模7000余人次，设有电气工程系、机电工程系、轨道交通系、信息工程系、经贸管理系、人文社科系6个系，开办高职专业26个。学院拥有国家级和省级精品专业8个，国家级和省级教改试点专业8个，国家精品课程12门，省级精品课程14门，国家级教学团队2个，省级教学团队5个；国家级教学成果二等奖2项，省级教学成果奖12项，牵头1个专业的国家教学资源库建设。学院先后获得了“全国职业教育先进单位”等30多项省部级以上荣誉。

学院高度重视毕业生就业工作，通过“走出去、请进来、强强联合、订单培养”等措施，建立了完整的就业工作体系，与全国各铁路局、各地铁公司、南车集团及下属企业、北车集团、格力集团、科龙集团、深圳华为、三一重工、富士康科技集团等260余家单位建立了长期人才供需关系，打造出多层次广区域就业格局。毕业生就业率年均达到了90%以上。学院连续3次被评为“湖南省高校毕业生就业工作先进单位”。并在湖南省高校毕业生就业工作督察和“就业工作一把手工程”专项督察中，都获得了“优秀”等级。

二、就业工作典型特色

1. 创新“院—处—系”三级就业工作体系，形成全员参与就业工作大格局

学院积极落实就业工作“一把手工程”，形成了“学院党政统一领导，招就处与系部齐抓共管，全院教职工全员参与”的“院—处—系”三级就业工作体系。通过调研走访、专题研讨、构建教师联系企业长效机制等方式方法，提高学院就业工作水平和毕业生就业质量。

每年学院主要领导亲自带队赴全国各地调研企业人才需求情况，为学院专业建设、课程体系改革及就业市场开拓等提供决策依据（图1）。

学院定期召开就业工作研讨会、党政务虚会等会议，专题研究就业工作，探求就业工作的新思路、新途径和新方法。

图1　学院领导赴南车调研

学院先后制定了就业工作的一系列制度，实行毕业生就业工作目标管理责任制，对招生就业处实施目标管理。2010年学院下发《就业工作重心下移实施方案（试行）》，明确了系部就业工作职责。学院还建立了兼职就业工作人员队伍，同时，大力引导、鼓励广大教师参与就业工作，做到每个专业教师负责联系1家企业，骨干教师联系2家，系主任联系3家企业，对积极推荐学生就业的教师给予奖励。

2. 改革课程体系建设，创新人才培养模式，提升学生职业能力

学院紧跟行业发展新技术，超前规划，动态调整人才培养目标，适时优化人才培养方案。为适应轨道行业及区域经济发展需求，学院先后改、并、新设专业26个。2008年成立了轨道交通系，加强铁道类专业建设并细化了专业方向。同时，加大其他传统强势专业向轨道类专业转化，如应用电子专业设立了铁道通讯方向；适时调整学生专业，2010年，共有208名学生由电气、信息等系调整至轨道交通系，他们最终被

南昌铁路局、西安铁路局、广州地铁等公司录用。

按照市场岗位需求和职业能力培养的要求，学院进行了基于工作过程的课程体系改革，采用基于工作流程的项目、案例、产品、设备等，实现学生的学习与工作的对接，能力与岗位需求对接。模仿企业真实的岗位环境，重新布局建设实训基地，将教学场所搬到具有“教学、培训、生产、技术应用”四大功能的理实一体化教室，将“6S”管理（图 2）、制造工艺、技术应用等环节设计到教学任务当中，使学生在真实的生产、管理环境中学习成长，真正掌握专业技术技能，养成良好的职业素养。

图 2 “6S”推行手册

③ 系统推进顶岗实习，实现“企业、学校、家长、学生”四方共赢

学院从 2004 年开始进行学生顶岗实习。2006 年，顶岗实习被立项为国家示范性高职院校重点建设项目，全面推行到所有专业。

为适应项目教学、双师教师培养、学生顶岗实习安排，学院实行柔性教学管理（图 3）。改革传统的刚性的教学组织模式——三年六学期制、每 2 个学时为教学单位、每学期课程平行推进的模式，实行小学期制——三年十一学期制、串行排课、捆绑一个假期与一小学期、浮动安排学生带薪顶岗实习，形成了适应企业需求及培养双师团队的柔性教学组织管理模式。

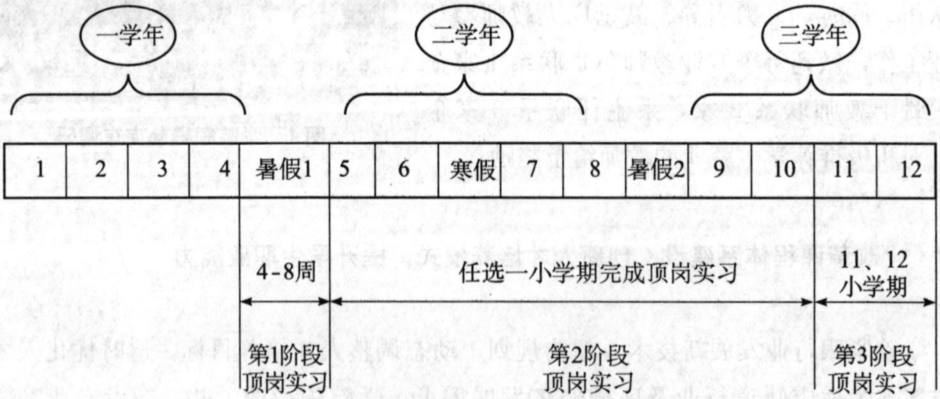

图 3 12 小学期及顶岗实习安排示意图

学院构建了三三四”顶岗实习模式（图 4），将顶岗实习分为三门课程纳入课程体系进行教学的整体设计。将顶岗实习分为“体验性顶岗实习”、“技术应用性顶岗实习”和

“预就业综合顶岗实习”三个阶段来进行组织，以实现锻炼学生的通用能力、专业基本能力和专业综合能力等三项能力目标。同时，制定了顶岗实习课程标准，建立了家校企合一的矩阵式顶岗实习项目管理机构，构建了适应企业安全文明生产的顶岗实习管理制度体系。实行企业职业导师、专业导师、生活导师“三导师”制度，将教育教学与管理延伸到企业。近三年，学院参加顶岗实习学生数达到 17000 人。

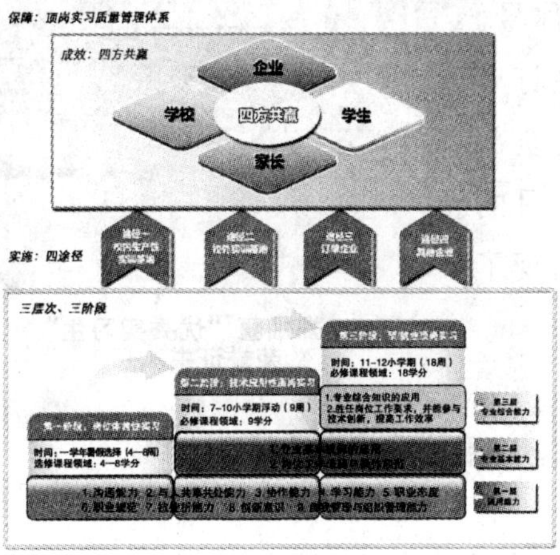

图 4　“三三四”顶岗实习运行管理模式

顶岗实习的系统推进，大大提升了学生的团结协作意识、遵纪守规意识，产品质量意识和成本意识，创新意识的。学生的吃苦耐劳精神和坚忍不拔的意志品质，赢得了企业的青睐。近三年，学院为学生提供的顶岗位实习单位有 91 家，学生实习工资人均收入逐年递增，其中工资高最的赛意法公司起薪 2800 元/月，最低的格力电器也有 1600 元/月。电器工程系郑灿同学 2010 年 10 月在珠海伟创力工业园顶岗实习期间，提出了“工装线路改造”的合理化建议（图 5、图 6），为企业节约了材料损耗成本上百万。

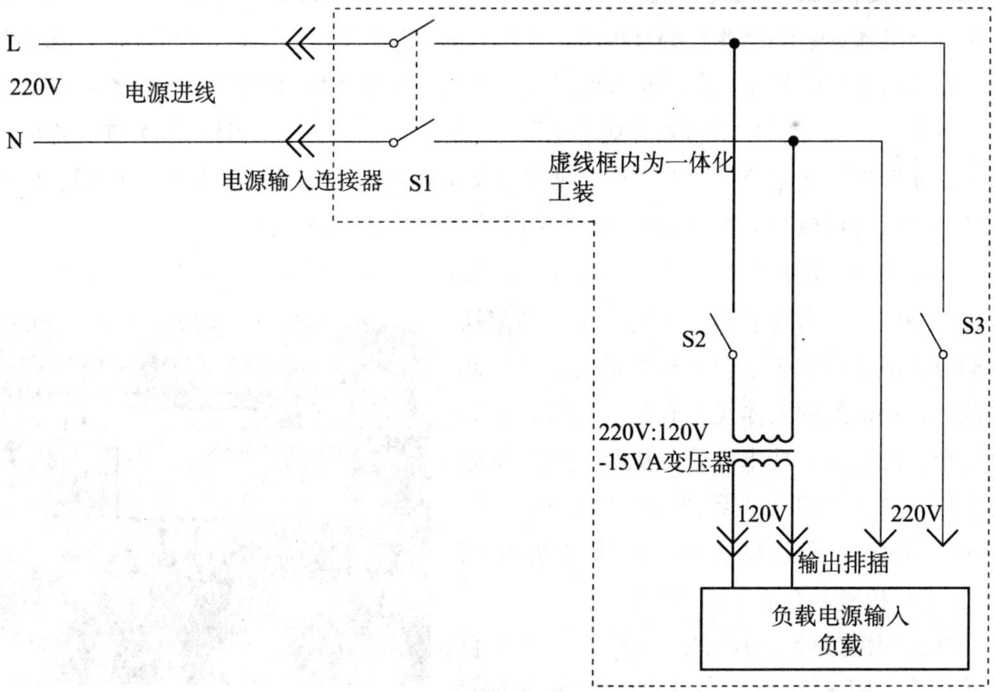

图 5　改进后的工装线路图

元。他因此获得了公司颁发的员工合理化建议奖6000元，并荣获公司“优秀实习生”荣誉称号。伟创力制造（珠海）有限公司破例与学院签订毕业生作为技术员“Ⅲ”级的订单协议。学院全部26个专业的所有学生在毕业前均完成了8个月的顶岗实习，80%以上的学生通过顶岗实习实现了预就业。

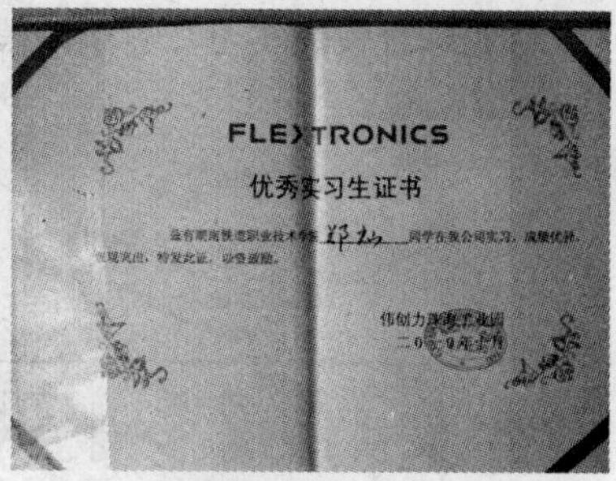

图6　郑灿获“优秀实习生”荣誉证书

4. 适应市场发展需求，创新校企合作模式，拓展毕业生就业渠道

图7　中国南车集团湖铁学院专场招聘会

学院依托“企业办学校、学校办企业”的校企合作发展背景，与轨道交通行业及其配套装备制造行业紧密合作，2009年牵头与34家单位成立了“湖南省轨道交通装备制造职业教育集团”。并以此为基础，将校企合作与“专业调研、顶岗实习、培训合作、双师聘请、科研项目合作、推荐就业”紧密结合，在职教集团内设立双师流动站基地，顶岗基地、就业基地，实现行业充分就业。借助职教集团这一平台，学院不断深化与行业内各企业的合作（图7），打造学院的“行业就业基地”。截至2010年12月30日，学院电气化铁道技术、城市轨道交通控制等铁道类专业的毕业生就业率达95%；数控技术应用、模具设计与制造等机械制造类专业的毕业生就业率也保持在85%以上。

学院大力开拓校外实训基地，加强校企合作，组建学生实习就业“航空母舰”。学院选择并联合优秀知名企业共同成立了湖南铁道职业技术学院校企联合工作委员会。并以此为载体，积极发挥人才优势和教学优势，充分利用企业的设备、技术及信息优势，将课堂搬进工厂，使学生真正做到理论与实践相统一。2010年合作企业总数达到246家（新增95家）、来校招聘的企业达到385个。

图8　宁波地铁2010级新生订单班

学院积极推行“订单式双主体”合作共育人才模式（图8），学生毕业就能熟悉企业文化、企业技术、企业环境等，实现了从校门到

厂门的零距离跨越。三年来学院先后与91家企业涉及轨道交通、电子信息、装备制造、物流、房地产、旅游、交通运输业7个行业开展订单培养，总计139个订单班。

5. 挖掘“网络”资源，创新技术手段，努力实现毕业生充分就业

学院在长三角、珠三角等区域设就业工作站、城市设就业工作点，建立稳定的就业工作推荐“物联网络”。

2010年，学院进一步完善了毕业生就业信息网（毕业生就业平台），实现了毕业生和用人单位网上双向沟通。同时，学院与中国企业人才网、华中人才网等知名网站进行链接与合作，打造就业信息“立交桥”，每年为毕业生提供10余次网上供需会。2010年参加网上供需会的毕业生有800人，其中500余人实现就业。

学院积极挖掘校友资源，建立校友就业“接力棒”机制。充分利用校友网，构建长效化的校友联系平台，发动各地校友提供就业信息，推荐毕业生就业。班主任、辅导员等兼职就业工作人员利用自己所带班级QQ群和人脉资源，积极联系就业单位，大力推荐毕业生就业。2010年，人文系教师通过以上途径提供就业信息50余条，推荐30多名毕业生顺利就业。

通过学院积极不断的努力，毕业生就业工作成效显著。毕业生就业率一直在省内名列前茅，就业质量明显提升、就业渠道明显扩大，学院品牌也进一步提升。

创新人才培养模式 服务学生成长成才

中山大学

第一部分 学校概况

中山大学是由孙中山先生亲手创立，有着一百多年办学传统，是教育部直属的“985工程”重点建设的综合性重点大学。

2001年10月，原中山大学和中山医科大学合并组建新的中山大学，进一步拓宽了学科结构，成为一所包括人文科学、社会科学、自然科学、技术科学、工学、医学、药学、经济学和管理学等在内的综合性大学。学校共有四个校区，总面积达6.17平方公里。现有112个本科专业，35个博士学位授权一级学科、44个硕士学位授权一级学科，博士学位授权点涵盖了232个学科专业。学校有着雄厚的师资力量，全校共有教职工13275人，其中博士生导师975人，具有正高级职称的1206人，具有副高职称的2374人。教师队伍中杰出人才辈出，目前有中国科学院院士11人（含双聘）、中国工程院院士2人（含双聘），国家级教学名师奖获得者7名，国家级有突出贡献的中青年专家15人，国家杰出青年科学基金获得者54人，教育部“长江学者”特聘教授21人。截至2010年11月，在校各类学生中有博士研究生4573人、硕士研究生11138人，在职攻读硕士学位研究生5104人，本科生32111人，来自港澳台的在校学生1177人，来自各个国家、地区的在校留学生1575人、进修生1820人。

中山大学毕业生就业工作坚持“善待学生”的工作理念，“大胆探索、先行先试”，以就业指导与服务的全程化、全员化、专业化、信息化为目标，多措并举，形成了具有我校特色的就业工作理念和模式。

连续多年本科生就业率保持在92%以上，研究生就业率保持在95%以上，并且有较高的就业质量。同时，我校的就业工作也得到了上级主管部门的充分肯定、用人单位的广泛赞誉和毕业生的好评。

第二部分 就业工作典型特色

一、坚持“善待学生”的办学理念，创新人才培养模式

以“善待学生”为办学理念，以培养具有国际视野、满足国家与社会需求的高素质复合型拔尖创新人才为目标，着眼于培养“具有领袖气质的文明的现代人”，强调学生应该知礼、诚信、勤奋、阳光，敢于超越，勇于担当，并具有职业准备。这样的大学培养目标，让我们更加注重学生的职业素养和未来发展。我们始终认为，善待学生，绝不仅仅是给予学生良好的生活、学习条件，而更为重要的是要给予学生良好的教育，要使学生成为胡锦涛总书记所说的具有“服务国家服务人民的社会责任感、勇于探索的创新精神和善于解决问题的实践能力”、“德智体美全面发展的社会主义建设者和接班人”。为此，我们不断研究社会发展需求和高等教育规律，不断改革、创新人才培养模式。多年来，中山大学坚持“课堂教学、校园文化、社会实践”三位一体的人才培养模式，提倡人文精神和科学精神的结合，并通过实施通识教育、强化实践教育、探索创新创业教育，带动人才培养质量的提高和学生就业竞争力的全面提升。

（一）实施“通识教育”、“博雅教育”计划

2009年起，我校实施“通识教育共同核心课”计划。该计划主要面向本科低年级学生，“共同核心课”设有中国文明、全球视野、科技经济社会、人文基础与经典阅读四大类课程，每类课程都有4个必修学分，与以往的公选课不同，“共同核心课”增加大量不同专业的必修和选修课，向全校开放，供不同专业的学生选修。2008年起实施

“博雅教育计划”，通过集学科大类培养、跨学科教学、国际化办学、研究性教学与实践教学改革于一体的新机制，增强本科教育的核心竞争力。通识教育计划和博雅教育计划的实施，致力于培育学生综合素养和发展潜力，将使学生终身受益。

博雅学院 2010 年开学典礼

（二）完善实践教学体系

强化实践教育是我校全面提升人才培养质量的重要环节。在总结经验的基础上，我校完善了本科生实践教学体系。实践教学体系包括“三层次四模块”：“三层次”即建立“校级实验教学中心、学院（系）专业实验室、专业实践教学基地”三个实践平台；“四模块”即构建“实验教学模块、学科基础模块、专业特色模块、综合实践模块”。为进一步深化本科教育教学改革，推进研究生培养机制改革，我校于 2009 学年度全面推行“三学期制”，其中的小学期专门用于开展实践教学，强化学生的实践能力。“三学期制”还为学生参与教师的科研项目、从事创新性实验和学术研究，提供更多的时间和空间条件。

（三）探索创新创业教育

中山大学创新创业教育的目标是，着力培养学生具备“创新性”、“主动性”、“开拓性”的创业意识和创业精神，从而不断提高学生的就业创业能力，使之成为掌握现代商业知识、具有国际发展视野、全球竞争意识与企业家精神的创新创业型人才。我们始终强调，创业教育要“三融入”，即融入素质教育、融入经济社会、融入国际合作。一是将创业教育融入素质教育的开展中。依托综合性大学学科门类齐全的优势，以兼容并包的文化氛围为基础，通过开展素质教育，着力培养创业型人才。二是将创业教育融入经济社会的发展中。学校紧紧抓住区域经济发展的优势，结合广东中小企业为数众多、民营经济实力雄厚的特点，大力推进了“校友企业家进校园”等工作，积极营造浓厚的创业氛围和企业家文化，有效推动了学生提前接触社会，了解企业，感受经济发展对创业者的要求，及早形成职业生涯规划。三是将创业教育融入国际合作办学的过程中。在创业教育方面，先后与美国百森商学院、英国牛津大学等十余所著名高等院校开展了合作，促进学生形成良好的国际视野与全球眼光。

我们的创业教育重点在两个方面努力：一是形成了多位一体的创业教育服务体系。创业基础教育方面，公共课程和专业课程相结合的模式进一步完善，专业实践教学与创新创业实践活动有效衔接。创业活动方面，每年举办“赢在中大”——创业策划与技能大赛等实操性强、广受学生欢迎的活动。鼓励学生积极参与政府部门举办的各类创新创业大赛，如“昆山杯”全国大学生优秀创业团队大赛我校团队荣获全国冠军。创业社团方面，“中山大学创业协会”蓬勃发展，每年在各校区举办创业相关讲座、论坛、沙龙上百场。创业基地建设方面，依托中山大学国家科技园建设大学生创业园，积极帮助毕业生创业企业进行孵化，推动创业成果转化。创业服务方面，建立了创业导师队伍、设立了学生创业基金和“中山大学学生创意基金”。二是成立创业学院，推动创业教育专业化。该学院每年在全校所有专业的本科生、研究生中择优遴选学生加入“创业黄埔班”，毕业时学生可按有关规定获得双学位。三是整合多方资源，促进创业教育的社会化。一方面加强与各级政府的合作，先后与广东省及多个地市合作建立了5个大学生创业孵化基地。另一方面积极争取企业支持，如广东省粤科风险投资集团公司与中大产业集团合作出资2000万元组成中山大学学生创业种子基金。

“昆山杯”全国大学生优秀创业团队大赛颁奖现场

"昆山杯"全国优秀创业团队大赛总冠军瀚潮团队

成立"广州市瀚潮环保科技有限公司"

创业学院成立

二、完善就业工作机制，力求将就业指导服务工作做实做细

（一）领导重视制度化，建立就业工作长效机制

我校切实落实"一把手"工程，主要领导亲自抓、总负责，定期研究就业工作情况；确保机构、人员、经费"三到位"。2008年，学校成立了中山大学就业工作领导

小组，校长担任组长，进一步加强对学生就业工作的领导和指导。学校把就业工作成效纳入学校对学院及党政负责人的年度考核体系。

校长许宁生院士为我校就业工作先进集体颁奖

（二）就业指导立体化，突出就业指导的专业性和科学性

从2003年开始，将就业指导课程纳入必修课，并列入教学计划；创建了集职业测评、职业导航、精品职业生涯发展课程为一体的服务系统，通过网络开展多种形式的就业指导工作；开展了一系列的小型团体辅导活动，如职业导师计划、职业规划工作坊等。

（三）就业服务多元化，建立校院两级就业服务体系

我校每年的毕业生总数约12000多人，毕业生规模较大，因此从2007年开始实施就业工作的二级化管理，推动就业工作学校统筹、院系具体负责的校院两级服务体系。2009年我校颁布《中山大学学生就业工作规程（暂行）》等十几份规范性的文件和操作流程，定期对院系就业工作进行评估检查和评优。

（四）市场拓展品牌化，建立顺畅的就业信息推送渠道

近几年来，我校每年举办7到8场大中型的主题专场招聘会，超过300场次的宣讲会。我校积极推进招聘会的品牌化建设，充分利用行业、企业及校友等资源，力促招聘会的小型化、特色化。建立了一批长期合作的学生就业实习基地，进一步提升我

校毕业生的就业实战技能，拓展毕业生就业渠道。完善就业在线网络平台建设，通过短信息平台、院系班级QQ群、群发电子邮件等形式为毕业生提供及时准确的信息服务。

（五）项目就业典型化，引导鼓励毕业生到西部基层就业

制定了《关于做好引导和鼓励我校毕业生面向基层和西部就业工作的实施意见》，每年宣传赴到西部基层毕业生典型并开表彰大会。积极引导和鼓励毕业生参加国家倡导的“三支一扶计划”、“服务西部计划”、“特岗计划”、“到村任职”、“毕业生入伍预征”等项目就业。2010年赴基层和西部就业的人数较2009年增加近一倍。

赴西部和基层工作学生表彰大会

（六）就业帮扶个性化，确保“双困”毕业生顺利就业

定期开展就业困难毕业生的摸查工作，建立就业困难群体档案，建立了校外基金会、学校、院系等多层面的就业扶助资金，对就业“双困”毕业生进行“一对一”的帮扶。对残疾毕业生，学校优先录用，同时每年都和省市区残联沟通联系，重点关注和推荐。

夯实基础　彰显特色
切实推进高校毕业生就业创业工作

华南师范大学

第一部分　学校概况

华南师范大学是一所学科门类齐全的国家“211 工程”重点建设大学和广东省省属重点大学。学校现有广州石牌、广州大学城和南海 3 个校区，占地面积共 3059 亩，校舍面积共 126 万平方米。学校设有 24 个学院和 1 个学系，现有在校全日制本科生 25907 人，硕士研究生 6003 人，博士研究生 532 人，博士后在站人员 99 人，有来自美国、英国、法国等 33 个国家和地区的留学生 1116 人，形成了学士—硕士—博士—博士后完整的人才培养体系。

近年来，我校秉承“艰苦奋斗、严谨治学、求实创新、为人师表”的校训，以“以生为本、夯实基础、彰显特色”为工作理念，深化教育教学改革，创新人才培养模[illegible]中学生创新创业教育，努力提高人才培养质量和毕业生就业质量。在实践和探[illegible]成了“领导主抓、中心统筹、院系为主、上下联动、齐抓共管”的就业工[illegible]了经验特色。

第二部分　就业工作的典型特色

一、坚持以就业与社会需求为导向，深化教育教学改革和创新人才培养模式

我校大力推进教育教学改革，坚持以就业、社会需求和学生需求为导向，优化本科专业，细化培养目标，改革课程设置，构建多元人才培养模式。

（一）创新教育教学手段，提高学生核心竞争力

我校在教育中运用多种教育理念培养学生综合素质。一是探索通识教育，提高学生综合素养。经常性地邀请国内外知名学者开展通识教育讲座，并注重通识教育公选课程的建设，近三年共开设125个教学班的通识教育公选课。二是完善实验实践体系，增强学生创新能力。目前学校已建3个国家级、8个省级和12个校级教学示范中心，构建了层次多样的实验教学中心群。三是推动产学研基地与各类竞赛，培养实践能力。学校已建成关系稳定，合作良好的校外实习实践教学基地460个。同时，学校多方面支持一些影响广、覆盖面宽的各类竞赛，如大学生数学建模竞赛、ACM国际大学生程序设计竞赛等。

（二）以学生满意度和就业率等为关键指标，优化专业结构

我校坚持就业工作与专业设置适度挂钩，将专业招生与就业紧密联系，优化本科专业结构，提高办学质量。同时，充分尊重个性差异，提供多元发展路径，学校不断完善辅修、双专业和专业二次选择制度，推行“以课程为中心，以专业为导向”辅修修读制度，拓展学生辅修修读空间与途径；2008年开始以大类招生为契机，调整专业结构，整合全校教学资源；以综合班为抓手，探索宽口径厚基础人才培养模式；以勷勤班为切入点，探索小口径大发展学生创新人才培养机制。

（三）深化课程改革，贴近人才培养需要

学校每年均采用各种途径收集关于本科教学质量的意见及建议，及时分析教学及管理中可能存在的问题，有针对性的深化教学改革，不断提高本科教学质量及水平。学校领导和相关部门也定期开展校内就业、实习和培养调研。

二、夯实教师教育基础，彰显师范院校特色

近年来，学校开始了“4＋2”教师教育硕士研究生培养模式改革，有针对性地为重点中学培养骨干教师后备力量。同时，学校重视师范生师范技能培养，形成了行之有效的培养体系。

（一）构建四年一体化的师范技能训练课程

2007年修改《教师教学技能训练》课程体系，出台了《关于加强师范生教师职业技能训练的意见》等文件，各学院配合制订符合专业特色的实施方案。

（二）形成连贯的教师教育教学技能竞赛体系

我校通过“为了明天师范生课堂教学优秀奖”、“师范生多媒体课件制作大赛”、“师范生基本教学技能竞赛”等比赛，“以赛促练”打造我校师范生教学技能培养品牌。

（三）建成教师教育教学技能实训中心，形成学生自主学习机制

我校建成了信息化管理教师教育教学技能实训中心，该中心25个微机室及多个多媒体素材制作室，配合教学技能资源网站，实行全天候开放，网络信息化预约式管理。全校已有20000多人次主动到中心自主进行师范技能自主训练和提高，效果良好。

（四）“混合编队”与“顶岗实习”相结合，提升师范生教育教学素质

2009年，我校在混合编队的基础上，开始顶岗实习；2010年，在学生规模、参与院系、实习地区、实习学校类型得到了扩展，社会力量积极参与，地方主动要求派学生，形成了“政府主导—学校组织—社会参与”运行模式，顶岗实习既提升了师范生教育教学素质，又使被替换的教师有了进修学习的机会达到双赢。

三、紧扣时代主题，探索创新创业教育有效途径

我校夯实自身优势的同时，锐意创新，通过多种方式开展创新创业教育，积极推动以创业带动就业，探索符合我校特色的创新创业教育之路。

（一）整合资源，成立创业学院

我校历来重视学生的创新意识和创业精神的培养，多年来在广东省“挑战杯”创业计划大赛上屡获佳绩，毕业生中也有很多走上创业之路。近年来，我国出台了一系列鼓励大学生创业的政策，在这种背景下，2009年5月，我校整合校内外资源，率先在广东省内高校成立了创业学院，下设石牌、大学城、南海校区三个分院，由学校主管副书记兼任院长，分院配备专职人员。学校每年配套给三个分院工作经费。同时，创业学院配备专用办公场地和学生创业实训场地，其中学生创业孵化场地近500平方米。创业学院通过强调人才素质的培育，提高学生的社会责任感、团队意识、创新精神和动手实操能力，形成富有特色的创业教育工作体系。

（二）以特色创业课程为主线，合力打造符合我校特点的创业教育课程体系，积极推进创业课程建设

全校现有校内创业方面老师20多名，含教授、博士等；聘请校外导师50多人，包括部分创业成功的企业创始人和负责人；2009年以来，学院开设创业相关课程10多门，修读学生近1000人；举办创业论坛（讲座）50余场，受益学生超过5000人次。

（三）加强创业基地建设，推进学生开展创业实践

我校孵化基地建设卓有成效，我校创业园顺利入选了“广东省小企业创业基地”，是首批27家小企业创业基地中唯一入选的省内高校创业基地，并获得30万元基地专项建设资金支持。目前校内孵化基地已有近20个团队入驻。我校与校外20余个单位、企业建立了合作关系，其中有三个单位正式挂牌成为我校创业学院校外创业基地。2010年，我校共有10个项目通过广东省科技厅中小型科技创业扶持项目，获得政府无偿资助的创业资金100万元，顺利开展创业实践。

（四）开展各项活动，营造创业氛围

我校通过开展创业计划大赛、创业讲座、成立学生创业俱乐部、举行校园创业开放日、创业论坛等活动，营造良好的校园创业氛围。2010年，我校学生参加“挑战杯”广东省大学生创业计划竞赛获得金奖4项，参加“挑战杯”全国大学生创业计划竞赛获银奖3项。我校创业学院在广东省内形成一定的影响力，校外机构加强与我校合作。

（五）充分利用网络平台，探索创业教育新途径

我校于今年上半年创立创业特色班。该特色班以项目的形式进行推广，结合“挑战杯”等一些竞赛项目，选择一些好的课题，组建创业团队，进行系统的创业培养。同时，本年度创业学院将积极利用丰富的网络资源，开展远程教育。利用我校创业学院优质的教师资源和丰富的校外导师力量，结合我校成熟的网络教育方式，与地方政府、企业合作，开展创业教育，推进创业教育覆盖面。此外，我校将结合自身的优势，开展创业教育示范课程建设及创业教育教师培训，开展“创业论坛”，努力打造成为华南地区“创业导师”的培养基地。

四、努力健全校院两级就业指导机制，努力做到就业工作“四有”：有活力、有内涵、有研究、有成果

一是强调个性化就业指导与服务，形成全方位、针对性强的个性化就业指导体系。

学校层面，我校聘请一批有丰富的就业指导经验的学生政工干部为“就业指导咨询师”，每个工作日排班，开展全程化的学生就业咨询个性化服务。两年来共接待个体咨询学生 1000 多名，学生满意度高。为保证更多的学生得到个性化的就业指导，我校还专门按照每毕业生 20 元的标准下拨个性化就业指导专项经费给学院，支持学院层面开展受众面更广的个性化就业指导。

二是积极鼓励毕业生到基层就业。我校一直非常重视毕业生基层工作，学校发文对到西部艰苦地区和参加“三支一扶”的毕业生每人奖励 1 万元。近三年共有 163 位毕业生参加国家和地方服务基层项目，其中，参加“三支一扶”64 人，参加农村教育硕士 58 人，参加西部计划和山区计划 41 人。

三是健全就业工作保障体系，加强就业指导师资队伍建设。学校党政领导高度重视毕业生就业工作，学校就业工作开展组织有序，制度完善，措施得力。通过组织校内外系统培训、开展就业指导教学比赛、扶持就业指导教研、实行工作评估制度、派出考察学习、依托教研室开展集体备课等多种形式加强就业工作人员队伍建设。14 名校级专职就业工作人员中拥有高级职称或高级职业指导师 9 人，中级职称或职业指导师 5 人。就业工作人员积极开展研究，成果丰硕。

就业是民生之本，改善民生是国家十二五规划中最重要的内容之一。我校毕业生就业工作虽然取得了一些成效，但毕业生就业工作任重道远，我们仍需不断地探索和努力进一步做好就业工作。今年，完善就业服务平台已列为为我校党委、行政 2011 年十件大事之一，我校将以此为契机进一步完善就业工作机制，推进就业工作“四化”，为毕业生提供更好更全面的就业指导与服务。

高质量就业的“一五三”

深圳职业技术学院

一、学校概况

深圳职业技术学院1993年创校招收第一届学生，是国内最早独立举办高等职业技术教育的院校之一。学校依托特区，乘我国高职大发展之东风，大胆改革创新，办学实力与办学水平取得了长足进步。

学校校园总面积168万平方米，有四大校区。全校在编在岗教职员工1308人，其中正高140人，副高484人；博士162人，硕士757人；国家级教学团队2个，“珠江学者”特聘教授1人，“鹏城学者”特聘教授3人；国家教学名师1人、省级教学名师4人、深圳市高层次领军人才74人、高层次专业带头人13人；“千百十工程”省级培养对象5人。专任教师中“双师”素质教师比例达到82%。全校普通全日制在校生23540人，各类成人教育在校生5720人，港澳台及外国留学生134人。设有电子与信息工程学院等13个二级学院和体育部、华侨城校区等教学单位。建校以来批准开设专业总数95个，近年来招生专业有所调整，2010年开始部分试行专业群招生。现拥有国家重点支持建设示范专业10个，国家教学改革试点专业4个，国家精品专业1个，省级示范专业14个；国家精品课程53门，省级精品课程70门。已培养3.6万余名合格全日制毕业生，近三年毕业生就业率达到98%左右。

学校荣获国家级教学成果一等奖2项，国家教学成果二等奖4项。2001年首家通过国家示范性高职院校实践教学基地优秀评估，2003年首批通过全国高职高专院校人才培养工作水平优秀评估，2006年成为国家示范性高等职业院校建设计划首批立项建设院校。是首批国家高职示范校、全国职业教育先进单位、全国文明单位、全国精神文明建设工作先进单位。2009年评为“全国高校毕业生就业工作先进单位”，2010年底被授予“中国十大最具就业力高职院校”称号。

二、典型特色

建校以来，深圳职业技术学院实现了毕业生的高质量就业，其主要做法与经验概括为“一五三”。

“一个中心”统领人才培养新模式

近几年，在大学生就业形势十分严峻的情况下，深职院毕业生一次性就业率仍保持在98%左右，并深受用人单位好评。漂亮的成绩单背后，是深职院牢牢抓住了一个中心，就是以就业为导向的不断创新人才培养模式。

深职院党委书记、校长刘洪一说，现代社会人才需求已进入“苛求期”，创新能力、动手能力、交际能力、专业知识和社会责任感成为用人单位最看重的五个因素。为此，深职院着眼于学生的可持续发展就业力，不断改革课程体系、教学内容和教学方式，大力倡导能力与素质并重。

在“政校行企四方联动，产学研用立体推进”办学理念指导下，深职院主动适应深圳经济社会发展需求，科学调整专业布局，并在教学中强化学生能力与实际岗位需求的对接。学校与珠三角地区1800余家企业合作，建立了1155个校外就业和实训基地。来自企业的2000余名专家和一线技术骨干和校方共同组建专业指导委员会，深度介入人才培养方案修订、课堂教学、实训指导等环节。校企密切合作为学生就业开辟了直通车，两年来，共有2300多名同学经由校外就业实训基地走上了工作岗位。广核集团与深职院机电学院开展“订单式培养”，企业为签约学生专门开设核电水化学、汽轮机发电、核材料等课程，针对性很强，学生上岗后上手非常快。深职院动画学院与一家糖果公司签约制作104集动画片《糖果总动员》，学校作为市场主体，以项目带动教学，老师指导在校学生参与制作，使学生在实战中完成由学员到动漫设计师的蜕变，实现了教学与市场的无缝对接。

为提升学生的职业变迁能力和可持续发展就业力，深职院还积极引进国际资格认证，如思科、华为、甲骨文等知名企业的资格认证、职业经理人认证、证券从业人员资格认证等等。思科公司互联网专家认证 CCIE 证书是业界公认的权威认证，被称为“高薪的头等舱机票”，深职院共有 143 名学子取得这项认证，通过甲骨文公司 OCP（数据库认证专家）考试的人数也达到 41 名，两项数字均居全国高校之首。这些学生在用人市场上十分走俏，不少人一毕业就月薪过万。

“五个延伸”拓展就业工作新思路

在提升学生就业竞争力的同时，深职院在就业指导与服务方面也不断创新。他们的思路是“五个延伸”：即就业工作从“求职技巧”延伸至“办学全过程”；学生培养从“职业能力”延伸至“可持续发展就业力”；就业市场建设从“校园双选会”延伸至“整合社会资源”；就业指导从“短期拓展”延伸至“全程指导”；就业服务从“政策指引＋手续办理”延伸至“人文关怀”。

为使就业指导全程化，深职院坚持在一年级新生中开展职业生涯规划与专业教育相结合的入学教育；在二年级学生中深化职业素质训导和职业资格认证相结合的入行教育；在三年级学生中进行就业指导必修课、专题讲座和实习顶岗相结合的入职教育，实现课堂指导与岗位指导相结合，课本知识与工作实践相结合。

在就业管理工作中，深职院引入“营销理念”，每年坚持走访 2000 多家企业，建立起就业信息反馈机制。学校不断完善用人单位档案库，包括用人标准、文化制度、岗位需求以及毕业生工作表现等，并尝试探索职业预警机制。

深圳是国际性大都会，高新技术、金融、物流、文化等产业十分发达，每年文博会、高交会等大型展会期间，更是万商云集。深职院巧借会展经济，创新推荐平台，组织学生志愿者服务大型赛会，给众多参展机构留下深刻印象。深圳音乐厅、保利剧院、新飞扬公司等企业都曾在会后直接来校预订毕业生，日本王子酒店招聘 6 名学生赴日工作。

创新供需见面活动，形成温馨化、行业化、小型化、全年化、随时化服务，是深职院就业工作的又一特色。2010 年，深职院举行校园招聘会 30 余场，与深圳市人力资源与社会保障局联合举办大型招聘会 1 场，企业专场推介会 215 场，组织参加深圳市人事、劳动部门招聘会 2 场，累计提供有效岗位 15217 个，供需比达到 1∶2.2，为实现毕业生充分就业打下了坚实的基础。

学校还坚持开展“告诫性谈话”，以就业为重点，帮助学生认识不足，促其发展。2010 年谈话 6610 人次，召开家长会 27 场，邀请到 2886 名家长面对面交流学生情况，形成了合力促就业的良好局面。对于就业弱势群体，学校做到“两个认真对待”，即认真对待未就业毕业生及家庭困难的毕业生，认真对待毕业生离校过程中的每个程序和每个环节。学校深入了解毕业生具体情况，分门别类开展个性化指导。特别对“双困”

学生进行重点帮扶，加强心理咨询，积极排忧解难，有效解决难题。2010年，有509名就业困难同学通过帮扶顺利走上工作岗位。

此外，深职院校还设立了“基层就业百万奖励基金”，鼓励学生“勇于从基层做起，到祖国最需要的地方去”。几年来，深职学子踊跃报名“西部志愿者”，积极参加“三支一扶”和“村官计划”等，并响应国家号召应征入伍。截至目前，学校参军入伍学生人数累计超过了500人，有力地支援了国防建设。

“三项融通”扶持大学生自主创业

深职院在积极创新就业工作的同时，大力推进创业教育，积极建设创业孵化基地。学校按照“专业教育与创业教育相融通”、“必修与辅修相融通”、“理论与实践相融通”的原则，建立了包括创业启蒙教育、创业预科教育、创业职业教育和创业实践教育四个层次的创业教育体系，为不同需求的学生提供类型多样、层次分明的创业知识和能力体系。

针对深圳大学生思维活跃、创业热情高的特点，深职院开展了层次多样的创新创业活动，逐步形成了“创业计划大赛”、“科技创新大赛”、“创意集市”等18项创业品牌活动。与此同时，同学们或从专业技能出发，或因兴趣爱好结盟，发展了形式多样的科技创新社团和创意设计工作室、工学坊，这些社团成员在征战各类竞赛的过程中，不仅收获了奖项，也为自主创业打下了坚实基础。2009广东大学生“U势界”创业项目大赛，“杂草丛生创意工作室”获得近10万元的重点扶持奖，是唯一得奖的大专团队。2010“深港大学生创意计划大奖赛”，“纸有创意”团队摘得赛会唯一金奖，荣获优先进驻香港科技园发展机会。他们利用瓦楞再生纸制作成垃圾桶、折叠板凳等，这些创意作品因体现了低碳大运精神，被推荐在第26届世界大学生运动会赛会期间使用。学校还设立百万学生创新基金，资助学生创新项目，每年校内创新项目立项达150项。

2010年4月，深职院高起点、高标准建设的大学生创意创业园正式投入运营。园区建筑面积1800平方米，可容纳54个项目团队。学校设立“学生创业百万基金”，每年投入一百万元，用于扶持学生创业项目。另外，学校与深圳虚拟大学园区、南山区科技园等数家创意创业园达成合作意向，形成市、区、校三级联动、互补对接的学生创业实践平台。

为了扶持大学生科学有效开展创业实践，深职院还广泛联系政府有关部门，积极为大学生提供工商注册、小额担保贷款申报等指导服务，通过“深港创业项目推介会”、“中小企业招商引资洽谈会”、“特许加盟推介会”等平台帮助学生推介项目。

创业型经济呼唤创新型人才。从2010年9月开始，深职院试行创新型项目课程改革。这项改革以科研项目为基础，将教师的科研项目课程化，吸纳学生直接参与课题研究，目前已有46门课程进行试点。同学们反映，创新型项目课程使他们直接面对企业在生产一线中遇到的技术难题，对行为发展的潮流脉动有了更深切的体会，同时自身角色也从被动学习者转变为主动探索者，有效提高了解决实际问题的能力和创新能力。

西校区大门

2005年9月12日，中共中央政治局常委、国务院总理温家宝亲临学校视察

学生毕业典礼

凝心聚力谋发展　千方百计促就业
建山城人民自豪的理工大学

重庆理工大学

重庆理工大学始建于1940年，是一所历史悠久、特色鲜明的以工为主，工、经、管、理、文、法等学科协调发展的全日制普通本科院校，是重庆市重点建设的大学之一，现位于重庆市巴南区。学校在校生规模近25000人，其中研究生800余人、留学生近100人。

近年来，学校始终将就业工作放在"事关广大人民最根本利益、事关社会稳定和国家科教兴国战略的实施、事关学校生存与发展"的战略高度加以认识，放在贯彻落实中共中央政治局委员、重庆市委书记薄熙来对学校"办一所山城人民自豪的理工大学"的殷切希望和办人民满意教育的集中体现的战略高度加以认识，千方百计增强毕业生的核心竞争力，千方百计促进毕业生充分就业，千方百计提高学校的社会声誉，在就业工作中走出了一条特色之路。

一、学校坚持把就业工作与市场需求、人才培养结合起来，千方百计增强毕业生的核心竞争力

为了增强毕业生的核心竞争力，学校积极优化学科专业结构、深化人才培养模式

改革、强化产学研合作，着力构建了以“三化”为主体的毕业生就业长效工作机制。

（一）以就业为杠杆，优化学科专业结构

学校主动开展就业市场社会需求分析，通过召开“厂校共商专业人才培养座谈会”、走访用人单位等方式，及时收集社会产业结构的调整和就业市场变化的信息，根据信息反馈情况，及时调整和优化了学科专业结构设置，适时调整专业及专业方向，新增了汽车检测与维修、知识产权、地面武器机动工程等社会急需的专业。学校坚持毕业生就业质量跟踪调查制度，动态监测毕业生状况，科学分析就业形势，根据就业市场信息反馈，及时调整专业招生计划。针对就业率高的专业，于当年适当增加计划，针对就业率低的专业，于当年适当调减计划。近年来，学校先后对材料成型及控制工程、电子信息工程、车辆工程、市场营销、物流管理、信息管理与信息系统等专业的招生计划进行了调整，切实有效地发挥了就业调节的杠杆作用。

（二）以市场为导向，深化人才培养模式改革

学校紧密结合经济社会发展的需要，坚持以市场为导向，不断推进人才培养模式改革，着力通过“两年一修订、一年一微调”的方式，不断对人才培养方案进行修订和优化。经过积累，逐步探索完善了“TPE”综合培养模式、“2＋1＋1”三段式、“3＋1＋1”、“合格人才与精英人才”、“大学生拔尖创新人才培养资助计划”、“卓越工程师”、“订单式”等人才培养模式，有效提高了人才培养质量。

（三）以毕业生核心竞争力为核心，强化校企产学研合作

学校始终坚持产学研合作，紧密围绕重庆市、西南兵工的宏观经济环境、发展趋势及其汽车支柱产业，切实服务于地方经济建设和兵工行业发展，先后与香港星照发展有限公司、新加坡 PSB 学院以及数十家地方政府、企事业单位签订产学研合作协议，成功创办了重庆汽车学院、重庆知识产权学院、激光快速原形及模具制造生产力促进中心等，先后与 30 家西南兵工企业和隆鑫集团、长安集团、大江工业集团、康师傅重庆顶益食品有限公司签订人才培养合作协议，切实增强了人才培养的针对性。通过产学研合作办学，进一步增强了人才培养的针对性和毕业生的核心竞争力，每年均有 50％的毕业生奔赴重庆地区、兵工行业。

二、学校坚持把就业工作与服务社会、服务学生结合起来，千方百计促进毕业生充分就业

为了促进毕业生充分就业，学校探索建立了学校、学院、教学系或教研室、普通教职员工“四级联动”的工作机制，大力引导和支持全校所有部门和所有人员积极为毕业生就业工作出主意、想办法、开绿灯、创条件、跑市场、搜信息、架桥梁，着力形成了“人人关心就业工作、人人支持就业工作、人人参与就业工作”的良好氛围。

一是学校将就业工作视为头等大事，坚持将就业工作列为年度党政重点工作，坚定不移地实施就业工作“一把手”工程，切实加大了就业工作经费、人员、硬件设施等的投入力度，积极构建了以就业指导、职业生涯规划教育课程为核心，“前程专家论坛”和“我的未来不是梦”就业咨询为有力补充的全方位、全程化的就业指导与援助体系，着力强化了毕业生就业“一对一”交流指导。学校始终坚持把收集需求信息作为毕业生就业工作的重中之重，通过实施“走出去，请进来”的市场站略，深挖校友资源，主动走访驻渝商会及行业协会，加紧开拓就业市场，加速推进就业基地和网络建设，着力构建了多元化就业工作网络平台。

二是各学院本着“大学生的饭碗就是我们的饭碗”的朴实理念，坚持以党政“一把手”及分管就业工作的副书记、学生工作办公室为主导，积极采取多元化的就业指导举措，切实帮助毕业生认清形势，使学生不再一厢情愿地把选择局限在大城市，局限在传统行业、传统岗位，而是帮助学生正确认识自我，正确定位，走一条符合自己实际的就业之路。

三是教学系及教研室充分发挥自身在专业课程就业指导方面的优势和特长，紧密结合专业特点制定适合本专业学生就业的具体方案，着力在教导学生切实练好“内功”的基础上引导毕业生正确认识行业特点，协助分析相关企事业单位的行业地位及特色，指导毕业生树立“发展型就业”思路，着力打造“发展型就业”。通过开设专业实习、就业拓展和形式多样的选修课程，着力提升毕业生综合素质与能力，提高毕业生就业竞争力，确保毕业生深受用人单位的普遍欢迎和广泛赞誉。

四是班导师等普通教职员工广集信息，着力推行服务育人、情感育人。通过积极采取邮寄《毕业生专业介绍》、电话沟通、短信联络、构建学校与商会大学生就业联盟、建立校友毕业生就业促进会等方式，主动面向全国4000余家用人单位广泛收集毕业生需求信息；通过实施“一对一”谈心、设立QQ群等方式，切实做到精细化管理，

着力实现全方位沟通，全面掌握学生思想动态和实际困难，切实帮助学生牢固树立正确的择业观和务实的就业定位，指导学生制定适合自身条件的就业计划；通过辅导就业有困难的学生制作求职材料、指导面试技巧等，着力帮助学生寻找解决问题的具体办法。

三、学校坚持把就业工作与办人民满意的大学结合起来，千方百计提高学校的社会声誉

就业是评价高校办学水平的重要指标。为了提高学校社会声誉，学校始终将就业工作视为“办山城人民自豪的大学、办人民满意大学”的集中体现，坚持把人才培养工作满意度高、毕业生就业率高作为检验毕业生就业工作质量和水平的重要依据。通过全校教职工的共同努力，学校近年来的毕业生就业率始终保持在95%左右，毕业生初次就业率连续多年位于重庆市高校前列，先后被重庆市教委授予“毕业生就业评估优秀集体”、“毕业生就业工作先进集体”、“普通高校毕业生就业指导服务奖”等荣誉称号。同时，学校毕业生就业工作得到社会各界高度赞誉和关注。中央电视台、《光明日报》、新华网、环球咨询网、人民日报新闻信息中心、重庆电视台、《重庆日报》、《重庆时报》、《重庆晨报》等多家新闻媒体对我校就业工作进行了宣传和报道。

构建人才需求调研平台和毕业生跟踪服务体系 创新政校企联动就业工作机制

铜仁职业技术学院

铜仁职业技术学院是2002年经贵州省人民政府批准成立的一所公办高等职业院校。学院现有8系2校1部，开设33个高职专业，有全日制高职在校生4428人。教职工518人，其中教师392人；副高以上职称134人，其中教授31人、硕博士166人；双师素质教师280人。各类课题立项169项，获省地科技进步奖、人文社科奖、教学成果奖共58项；获国家发明专利6项；发表论文1338篇，其中513篇在中文核心期刊上发表。学院有国家级教学团队1个，国家级精品课程1门；省级教学团队2个，省级精品课程5门；贵州省中兽药研发科技创新人才团队1个。学院是教育部高职高专人才培养工作水平评估优秀单位，贵州省大学生思想政治教育工作评估优秀单位，贵州省首批省级示范性高等职业院校建设单位，国家骨干高职院校首批40所立项建设单位。

学院自2002年合并组建以来，始终坚持以服务为宗旨，以就业为导向，紧贴我区民族药、生态茶等支柱产业发展需求和新农村建设需要，搭建人才需求调研平台，创新政校企联动就业工作机制。

学院通过多年的探索和实践，取得了显著的就业工作成效。一是人才培养质量高，毕业生就业率在95%以上，位居全省前列。涌现出了一批以首届全国“十佳大学生村官”张阳、全省“三支一扶”优秀青年志愿者曹鑫、贵州省大学生自主创业先进典型袁双为代表的优秀毕业生。二是就业工作研究成果突出。发表就业相关论文37篇，主持或参与省地相关课题研究6项，编辑出版就业教材等9部，形成调研成果10余项。

三是就业服务成效显著。近三年学院组织召开各种类型的招聘会200余场次，为毕业生提供就业岗位2400余个，开展就业讲座149场，建成铜仁市东太集团等308个顶岗实习基地和33个稳定的就业基地，建立2333名毕业生就业信息库，开展毕业生就业指导与咨询5000余人次。四是凸显了“一个特色”，即政校企联动就业工作特色和“两个亮点”，即“人才需求调研平台”、“毕业生就业跟踪服务体系”，探索出了一条以政府政策主导就业、行业企业需求拉动就业、学院服务推动就业的就业工作新路子。

一、基本做法

1. 以人才需求调研平台为支撑，推进政校企合作育人

学院树立“立德树人、以技立业、服务新农村”的办学理念和“与地方经济互动，与岗位需求同步”的专业建设思路，建立院领导联系县、系领导联系部门、专业主任联系基地、教师联系企业的院县合作对接及由铜仁行署办下文、各县分管县领导支持、县直相关部门协调、企业乡村参与、学校调研小组下县调研的人才需求调研制度。围绕铜仁“两带两圈”产业发展布局，开展产业人才需求调研，了解行业企业和各县（市、特区）专业人才需求信息，形成专题人才需求调研报告。并依据地方产业人才需求开设或调整专业，构建以优势专业为主干、相关专业群为带动的农、医、管、工“四轮并驱”的专业体系。进而以产业人才需求调研为切入点，推动政府和行业企业合作办学、合作育人。

2. 以人才需求调研信息为依据，推进专业人才培养模式改革

学院依据人才需求调研信息，以工作过程为主线，以毕业生就业岗位所需的品德、知识和技能为逻辑起点，以工作知识为参照点，构建与职业岗位对接的“黔药”、“畜禽”、“果蔬”等生产技术“项目任务型”课程体系，完善各专业人才培养方案，推进校企深度融合，创建“分剂分期、学研结合”、“分类教学、学用结合”、“依季分类、按棚分组”和“按季分项、学用结合”等各具特色的人才培养模式，采取“专业＋项目＋农户”、“教师＋基地＋学生”等产学结合形式，以及田间地头、畜禽圈舍、工场车间等多种课堂形式，运用任务驱动、项目导向、案例教学、分组教学、现场指导等

多种教学模式，加强学生职业能力培养，不断提升专业人才培养力及毕业生就业能力。

3. 以毕业生就业需求为着眼点，强化毕业生就业跟踪服务体系

学院着眼于毕业生就业需求，树立毕业生就业终身服务理念，强化毕业生跟踪服务意识，开展学生创新创业素质教育、学生就业创业咨询活动和就业创业实践锻炼，着力提升学生关键能力。并且举办毕业生就业现场招聘会，召开毕业生座谈会，建立毕业生就业信息库，加强为毕业生就业指导服务，实现毕业生就业服务工作由被动服务向主动服务转变，由以提高毕业生就业能力为主向以提高毕业生就业能力与发展能力并重转变，由短期不稳定的毕业生就业跟踪服务向长期稳定的毕业生就业跟踪服务转变，切实提高毕业生就业质量，建立了学院联系县、专业联系企业、教师联系学生的“院县对接、校企联手、师生互动”毕业生就业跟踪服务体系。

二、重要举措

1. 加强就业工作理论研究，构建毕业生就业工作体系

学院重视就业理论探讨，组织编写就业教材和讲义，开展就业课题研究，提升就业理论水平。在此基础上，成立院长任组长的就业工作领导小组，设立就业指导中心、就业科等就业专门工作机构，推行就业工作“院长总负责、分管领导亲自抓、招生就业部门统筹、相关职能部门参与、各系具体实施”的毕业生就业工作体系，形成“权责分明、部门联动、齐抓共管”的就业工作格局。同时，组建专门的就业工作队伍，夯实院、系、专业就业工作力量，打造专兼结合的高素质就业工作团队。

2. 加大就业经费投入，优化就业工作环境

学院设立就业工作专项经费，加大毕业生就业经费投入，确保就业经费逐年增长。其中2008年，2009年，2010年就业工作经费投入分别为22.4万元、33.3万元和35.6万元，分别占当年学费总收入的比例为1.9%、2.0%和2.1%。同时，制定和完善《铜仁职业技术学院就业工作管理办法》等制度，搭建毕业生就业工作平台，着力

改善毕业生就业工作条件。

3. 重视学生专业技能培养，着力打造毕业生关键能力

一是各专业开设《创业教育》、《大学生就业指导》等课程及相关讲座，建立创新创业教育课程体系，加强对学生创业意识、创业技巧、创业品质的培养。二是在定期组织开展专业技能竞赛活动的基础上，成立茶艺、演讲、绘画等学生课外兴趣小组，加强学生专业技能训练和学生人文素质培养。三是设立50万元学生创业基金，出台《铜仁职业技术学院关于鼓励支持大学生创业的实施意见》等文件，开展毕业生创业设计大赛，提升毕业生就业创业能力，增强毕业生就业竞争力。

4. 完善就业服务网络，提升毕业生就业指导服务水平

一是学院成立“大学生创业指导委员会”，加强对毕业生创业工作的协调和指导。二是各系增设就业信息部和顶岗实习点就业联络员，采取座谈会、发短信、QQ连线等多种方式加强与毕业生的沟通和联系。三是采取集中培训、个别指导、师生结对、学生互助等方式，对就业困难学生进行重点帮扶。四是开展毕业生就业跟踪调查服务活动，了解毕业生就业需求，为毕业生提供个性化需求服务。

5. 政校企携手，开辟毕业生稳定的实习就业基地

一是依托政校企合作平台，在各专业校企合作的基础上，依据企业稳定的人才需求和毕业生的就业意愿，遴选规模大、效益好、就业吸纳能力强的校企合作企业作为毕业生稳定的实习就业基地。二是采取走出去的办法，在毕业生就业岗位需求多的地区，建立一批相对稳定的就业基地。三是利用地方政府资源，把区内人才需求较大的产业基地作为学院相关专业稳定的就业基地。

6. 实行就业绩效考核，提高就业工作成效

一是制定《就业工作管理办法》和《就业工作奖励实施意见》，实施就业目标考核“一票否决制”。二是制定《就业工作考核方案》，将毕业生就业工作作为各系部业绩考核的核心指标，层层签订就业工作责任状，强化就业工作责任。三是严格奖惩制度，及时表彰就业工作先进，鞭策就业工作后进。

三、努力方向

依据毕业生的就业需求，结合学院就业工作需要，将进一步从以下三个方面着力推进学院的就业工作：一是促成政府将“铜仁地区产业发展研究中心”挂牌铜仁职业技术学院，为我院下县进行产业、专业和毕业生调研以及跟踪服务提供机制保障。二是健全“长短结合”的毕业生就业跟踪调查制度，完善毕业生就业跟踪服务机制。三是整合校内资源，完善毕业生就业服务平台。

国家副主席习近平亲切接见铜仁职院毕业生、全国首届十佳大学生村官张阳（左一）

2008年北京奥运会火炬手、铜仁职院毕业生谭冰在火炬传递途中

铜仁职院大学生职业规划大赛

铜仁职院大学生创业大赛

铜仁职院学生魏云（右三）
2009在贵州省大学生职业规划大赛中
荣获第二名、代表贵州省参加全国总决赛

贵州省大中专毕业生就业指导中心主任
张华（左一）在铜仁职院指导工作

铜仁职院领导带队到贵州思南县进行调研

校企合作办学 实习就业直通

院长侯长林（前排中）带队走访毕业生
（贵州沿河县）

樊黔江副院长（前排中）带队跟踪服务
毕业生（贵州玉屏）

铜仁职院生物工程系党总支书记彭明生（前排中）、
药学系党总支书记彭仁会（前排左二）
带队走访毕业生（广东广州）

铜仁职院就业指导中心副主任唐俊杰（后排中）、
护理系党总支书记田银萍（后排右一）
带队走访毕业生（湖南邵阳）

提高教育质量　树立人才品牌
形成全方位立体化就业工作体系

西安理工大学

西安理工大学是一所以工为主、多学科协调发展、具有较强办学实力和特色鲜明的教学研究型大学，是我国首批获得博士、硕士、学士学位授予权的高校之一。现有10个博士学位授权一级学科，44个博士学位授权二级学科，普通全日制本科生15800名，博士、硕士研究生5100名。

多年来，学校领导以学校发展稳定的大局和践行科学发展观的高度，非常重视毕业生就业工作，始终贯穿“以提高教育教学质量促就业”的指导思想，深化教育教学模式改革，构建“两课堂、三平台、四贯通、五结合”的人才培养方案，建立“三层次、四模式、多环节”的实践教育体系，依据国家级工程训练中心和校外实践教学基地，健全学生课外科技创新创业平台，形成了“思想素质好，基础扎实，实践能力强，具有持续创新精神”的“西理工人才”品牌。按照教育部“三到位”、“四化”的工作要求，全面做好就业创业指导和服务工作，逐步建立了全方位立体化的就业工作平台，为扎实做好毕业生就业工作提供了思想和制度保障。通过整合各类资源，实现全员参与就业，搭建信息平台，实现供需有效对接，提供优质服务，创造良好招聘环境等措施来创新就业工作机制，狠抓工作落实到位。通过观念、思想、政策、课程四个方面的引导健全就业教育机制。逐渐形成了就业工作与教学建设、教学改革良性互动的格局，从而使西安理工大学就业工作一直名列陕高校前茅，社会各界对学校毕业生的优良素质和强劲的持续创新能力给予了高度评价。

2009年，在中央学习实践活动领导小组办公室编印的《深入学习实践科学发展观活动简报》（第584期）中，以“加强领导、搭建平台、提供服务，西安理工大学创新机制破解大学生就业难题”为题，刊登了学校及早谋划，创新机制，多措并举破解就业难题的情况通报。2009年学校被教育部授予“全国普通高等学校毕业生就业工作先进集体”称号。2010年被教育部授予“全国普通高校毕业生预征工作先进集体”称号。近十年连续5次被评为“陕西省毕业生就业工作先进集体”。2010届本专科毕业生初次就业率达到95.94％，处于在陕高校前列。

一、把握市场需求导向，深化人才培养模式改革

1. 强化人才培养与国家经济发展需求相结合

学校根据办学条件，结合行业发展和产业结构调整，主动适应国家和地方经济建设及社会发展需要，围绕国家制造业和水利水电行业优化专业布局。

学校通过深化学分制改革，构建了“两课堂、三平台、四贯通、五结合”的人才培养方案，加强了实践教学，完善了导师制和学生管理制度，教学评价指标体系健全，教学秩序稳定，本科教学质量稳步提高。

学校结合“质量工程”建设，把加强、积累优质教育资源作为提高人才培养质量的重要保障，以学科建设为龙头，以重点学科为依托，适时改造传统专业，拓展专业内涵，办出专业优势和特色。截至2010年底，已建成国家级特色专业10个、教学团队4个、精品课程5门、双语教学示范课程1门。拥有13名省级教学名师，5个省级

人才培养模式创新实验区，形成了一批优质教育资源。

两课堂	三平台	四贯通	五结合
第一课堂	公共基础课	实验教学	理论与实践结合
第二课堂	专业基础课	实践环节	科学与人文结合
	主干专业课	选修课	共性与个性结合
		课外科技文化活动	课内与课外结合
			校内与校外结合

“两课堂、三平台、四贯通、五结合”的
人才培养方案

学校积极探索人才培养新途径，实施了“知行教改班培养计划”，主动适应国家战略部署和高等工程教育改革发展趋势，被列入教育部首批实施“卓越工程师教育培养计划”的61所高校之一。

2. 强化人才培养与产学研相结合

学校强化与产业的结合，结合社会需求，培养师生的创新创业意识和能力。近年来每年由校领导带队分批走访装备制造、水利水电、印刷包装等行业企业和省内外地方政府，了解行业和地方对人才培养的需求。学校每年派遣20余名青年教师赴企业锻炼，与东方电气、航天六院等建立了研发中心，与宝鸡、天水等地区政府签定了产学研合作协议，形成了立足陕西，服务西部，面向全国，围绕国家制造业和水利水电行业的需求，培养高素质应用型人才的格局。

3. 以提高毕业生实践动手能力为引领，深化实践教学改革

学校形成了“三层次、四模块”的实践教学体系，通过组织各类科技文化活动、设立科技创新基金和开放实验室等措施打造学生创新实践平台，提高毕业生的综合素质和实践动手能力。

学校建设了数量充足、质量高的校内外实习与实训基地。校内基地除各实验教学中心外，还包括工程训练中心（大学生创业实践基地、国家级实验教学示范中心）、科技园和创新教育实践基地。2010年全年仅工程训练中心就接待各类学生实践活动14万人次，依托其开展的大学生科技竞赛项目获国家级奖励11项、省级奖励22项。学校在一汽、三峡等国家大型骨干企业建立了100余个校外生产实习基地，在革命老区延安等地建立了35个社会实践基地，为学生进行生产实践和社会实践创造了条件。

学校鼓励学生开展创新创业实践，投入专项资金用于大学生创新基金和课外科技活动，2010年共计8000余名研究生、本科生参加，获得全国各类竞赛省级以上奖项333人次。在近五届全国“挑战杯”科技学术作品竞赛中荣获一等奖3件，二等奖13件、三等奖15件，连续五届获得“优秀组织奖”。

二、创新就业工作机制，狠抓工作落实到位

学校从落实科学发展观，树立以人为本的理念出发进一步提高对毕业生就业工作的认识，注意就业工作的长短期相统筹，发挥整体效应。切实认识到就业工作不单单是每年的就业率问题，而是关系到学校长远发展的问题。学校的任务不单单是要把学生“推销”出去，更重要的是要实现学生、单位、学校间的良性互动。在具体工作上，学校切实贯彻落实了教育部“三到位”、“四化”的措施要求，并强调举措“落地”。

一是实行“一把手”工程。学校成立了校院两级毕业生就业领导小组，坚持将就业工作情况列入干部年度述职的重要内容。全体校领导带队分赴全国，走访企事业单位和科研院所，搜集用人信息，签订就业实习基地协议，邀请来校招聘；二是整合各类资源，实现全员参与就业。学校注重发挥职能部门、学院以及辅导员、专业教师和校友的作用，形成了“学校主管、部门组织、学院主抓、全员参与”的就业工作格局。充分挖掘校友资源，通过举办“就业？创业？成才”校友讲坛活动，为学生聘请职业

导师，开设“校友单位专场招聘会”，促进大学生就业。三是搭建信息平台，实现供需有效对接。想尽办法搜集就业信息，每年分批赴全国各地人事部门以及企事业单位了解毕业生状况和用人单位需求，与“原机械部高校联盟”、“电力人才网络联盟”等建立了就业招录合作平台，与江苏吴江、海门，河北唐山等多个地区建立了就业合作关系，与东方电气、西电等100余家大中型企业签订了就业实习合作协议。四是提供优质服务，创造良好招聘环境。通过集中办公、校园招聘大使等志愿者服务活动为用人单位提供免费的优质服务，通过建设信息发布厅、咨询室、网站、QQ群、接待室等软硬件平台，促进校院、学生、用人单位之间的信息交流资源共享，创造良好的招聘环境。

三、健全就业教育机制，加强引导促就业

从新生入学教育开始到整个大学期间，学校把就业教育和指导贯穿于大学生培养全过程，帮助他们根据个性特点确定职业发展方向，并针对大学生的心理特点，进行择业心态教育，开展择业技巧指导。帮助大学生开展职业生涯规划，提高毕业生的就业能力。

刘丁校长给学生进行就业指导

一是观念引导。通过就业动员会、主题班会、毕业设计指导会等多种方式，教育大学生把个人理想同国家与社会的需求紧密结合起来，树立“行行建功、处处立业”的观念，积极到基层、到需要的地方就业，踊跃参加基层就业计划项目；二是思想引导。把思想教育贯穿于就业工作全过程，重视发挥辅导员、导师的作用，通过专题报告、讲座等形式引导毕业生调整就业心态，树立“先就业、后择业、再创业”的就业观。特别强调“稳定就业”和“就业稳定”并重，加强就业指导和心理疏导，通过毕业教育引导毕业生平稳实现学生到职业人的过渡。三是政策引导。就业指导中心不断通过宣传专栏、校内有关刊物以及校毕业生就业信息网，向毕业生宣传国家的有关方针政策和学校的有关规定，发放了《就业政策百问》和《就业手册》，使毕业生能够全面了解目前的就业形势和程序，为毕业生充分就业奠定良好的基础；四是课程引导。学校自20世纪90年代中期开设了大学生职业生涯规划与就业指导课，并不断加强课程内容的更新和教学手段的改革，使得课程能够有效地帮助学生客观定位、科学决策，尽快地适应社会、适应职业生活等诸多方面的变化，更加顺利地完成角色转换。

北方民族大学就业工作特色经验总结

北方民族大学

一、学校概况

北方民族大学，位于宁夏自治区首府银川市西夏区，直属国家民族事务委员会，是我国唯一一所建立在少数民族自治区的部属综合性民族高校。学校始建于1984年，原名西北第二民族学院。2004年，国家民委与宁夏回族自治区政府签署共建协议；2007年5月，顺利通过了教育部本科教学工作水平评估，成绩优秀；2008年5月10日，经教育部同意，学校正式更名为北方民族大学。

学校总占地面积76万平方米，校舍总建筑面积38万平方米。固定资产7.3亿元，其中教学科研仪器设备总值1.05亿元，生均教学仪器设备值7047元；图书馆馆藏纸质图书111万册。学校校园环境幽雅，被全国绿化委员会授予“全国部门绿化400佳单位”荣誉称号。

学校设有17个教学院、3个研究所、51个本科专业、5个一级学科硕士点、10个二级学科硕士点和1个工程硕士专业学位硕士点，涵盖8大学科门类。

学校面向31个省市自治区招生，现有56个民族1.4万余名全日制在校生在校共同学习生活。20多年来，共培养了2.4万余名毕业生，他们为少数民族地区的经济和社会发展贡献着自己的青春和智慧，为民族团结进步事业做出了积极贡献。

学校大力加强师资队伍建设，已初步形成一支结构合理、素质优良、治学严谨的教师队伍。现有教职工974人，其中专任教师696人，具有高级专业技术职务的占

45%。现有1人入选“新世纪百万人才工程”国家级人选，4人享受国务院政府特殊津贴，1人获选全国“百千万知识产权人才工程”百名高层次人才。

近年来，学校高度重视毕业生就业工作，面对全国激烈的市场竞争和巨大的就业压力，针对本校学生生源地域覆盖广、民族种类多、就业需求和求职意向比较复杂的实际情况，认真分析、汇总学生就业需求，不断完善就业指导和服务体系，积极探索符合学校实际的特色做法，多次获得了宁夏自治区高校就业先进集体。2010年本科毕业生年终就业率达89.52%，位居宁夏高校第一。

二、学校就业工作特色经验

1. 积极构建适应社会需求和生源结构特点的人才培养模式，实施“帮扶计划”，提高学生就业竞争力

我校为民族院校，生源教育背景差异较大，来自基础教育较为薄弱的少数民族地区的学生比例近60%。入学时基础知识掌握相差悬殊，由此带来部分学生大学学业学习困难，对学校培养方案的推行不利，制约了教学质量的提高。为此，学校不断创新工作思路，深化教学改革，制定出台了《北方民族大学学习困难学生学业帮扶计划的实施方案》。

《北方民族大学学习困难学生学业帮扶计划的实施方案》（以下简称“帮扶计划”）是从“以学生为本，为学生成长成才服务”的理念出发，全面提升本科教学质量，给予学习困难学生多方面帮扶，树立“所有学生都是金子”的观念，本着人人都能成才，人人都能就业的宗旨，让来自不同地区、不同民族的学生都能得到学校真切的关怀和帮助，促进所有学生全面发展，顺利成长，以适应社会需求，提高就业竞争力。具体措施如下：

一是建立导师帮扶制，即学校为学习困难学生配备指导教师，须由讲师职称以上的教师担任。指导教师不仅负责学习困难学生的学业指导和学业规划，使其能顺利完成学业，同时还要关心、关注学习困难学生的日常生活和心理成长，帮助其养成健康、良好的生活习惯和积极向上的生活、学习态度。

二是建立激励制度，即专门为学习困难学生设立“学习进步奖学金”，同时学习困难学生在学习进步或者具有其他进步表现情况下，在评定其他奖学金时亦可获得加分。

三是建立注重过程监控的评价体系，即在遵守基本教学规则的前提下，学习困难

学生在平时学习态度端正、出勤率在95%或者有作品发表等情况下，期末考试时可将其平时成绩由30%提升至45%。

近年来，通过“帮扶计划”的实施，每年申请延期毕业的学生数明显下降。通过帮扶顺利完成学业的学生具备了社会就业竞争能力。

2. 积极构建服务于民族事业和民族地区的人才培养模式，加强汉语与少数民族语言“双语”人才培养，拓展学生就业领域

民族院校是各民族相对集中的地方，是一个多元文化集合体，更是民族语言交融的平台。为了更好的服务于民族事业、民族地区的建设，学校自2010-2011学年春季学期起面向全校学生开设维吾尔语、藏语、蒙古语等少数民族语言课程，使学生在民族院校的成长有了民族特质的背景，为步人社会具备了特有的技能，拓展了就业领域。学校60%学生来源于少数民族地区，既懂汉语，又懂民族语言的“民汉兼通”人才，必将成为民族地区经济建设重要人才。

3. 发挥学生团体自我教育、自我服务作用，不断增强学生就业意识

随着社会对大学生就业的广泛关注，我校学生于2006年自发成立了北方民族大学就业服务志愿者协会。协会自成立以来在学校就业指导部门的指导下，积极开展工作，发挥自我管理、自我教育、自我服务作用，协会会员已遍及各个学院不同年级。在引导学生树立正确择业理念，提高择业与就业技能方面起到了积极作用。为了给学生在就业方面提供一个更好的服务交流平台，协会创办了内部报刊《民大就业》，本着贴近学生生活、服务学生的原则，融可读性、针对性、实用性为一体，从学生的视角来认识就业、解读就业、关注就业。就业协会的成立和《民大就业》的创办，从一个侧面体现了我校学生有着较强的就业意识。

4. 创新就业推介模式，提供优质服务，推动毕业生就业率的提高

为提高企业对毕业生能力和素质的认知度，提高学生就业率，学校不断完善就业服务体系，创新毕业生就业推介模式，成功地将就业洽谈会与学生毕业作品展览有机结合。2010年至2011年学校连续两年举办了大型校园就业洽谈会暨学生毕业作品创作设计展览，由此形成了我校独特的就业推介模式。通过这一模式企业进可以直观的了解学生能力，鉴定学生技能，学校也充分展示了教学水平。同时学校就业部门为洽

谈会提供细致周到的服务，编印并发放了《北方民族大学毕业生就业宣传手册》、《北方民族大学就业指导服务手册》、《国家鼓励普通高校应届毕业生入伍服义务兵役政策50问》、《北方民族大学校园“双选”洽谈会招聘信息》、《北方民族大学就业洽谈会用人单位信息反馈表》等。两年来吸引了500余家用人单位参会，提供招聘岗位10000余个，近13000人进场洽谈，现场就业意向性签约率占毕业生总数的30%以上，有利地推动了毕业生就业率的提高。

5. 建立就业激励机制，促进毕业生多渠道就业

一是出台《北方民族大学关于学生参加各类科技创新活动表彰奖励办法》。学校十分重视培养学生的创新精神和实践能力，积极鼓励学生参加各级各类科技创新竞赛活动，并以开展大学生创新性实验计划项目为依托，激励学生参与到各类项目之中，学生先后参与了88项校级项目、17项自治区级项目，涉及社会科学、文化艺术、生物科学、工业技术等多个学科，位居宁夏高校前列。三年来学校发放学生科技创新奖金16万元。

二是出台《北方民族大学关于引导和鼓励毕业生面向基层就业奖励办法》。引导和鼓励毕业生面向基层就业，对参加“西部志愿者服务”、“三支一扶”、“农村特岗教师”、“大学生村官”等国家或地方基层就业项目的毕业生，给予每人500元奖励。

三是出台《北方民族大学贫困生就业援助基金使用办法》。学校有30%以上的学生来自老、少、边、穷的贫困地区，为此，做好贫困毕业生的就业帮扶工作是学校就业工作的重点，不仅对贫困毕业生采取“一对一”重点指导、优先推荐等措施，还为每位贫困毕业生发放500元就业补助，以减轻就业求职中的经济负担。

四是出台《北方民族大学大学生创业培育基金使用管理办法》。为鼓励和支持学生自主创业，学校每年设立10万元的创业培育基金，为有创业意向且创业项目具有可行性的学生提供5000—10000元为期三年的无息借款，激发学生的创业积极性。

五是出台《北方民族大学毕业生入伍预征工作奖励办法》。为鼓励毕业生入伍服义务兵役，促进学生充分就业，学校每年设立8万元入伍预征奖励基金，对入伍预征报名及入伍的毕业生进行奖励，三年来学校入伍预征报名数不断增加，位居宁夏高校前列。

毕业生就业工作是“一把手”工程，学校给予高度重视，成立了由书记、校长任组长的“双组长”校级就业工作领导小组，二级学院也成立了相应的就业工作机构，构建了“领导主抓、学校统筹、院系为主、全员参与”的就业工作体系，建立了“学校决策部署、职能部门协调配合、院系具体负责、上下齐抓共管”的就业工作格局。

同时实施就业工作目标管理责任制，加大就业工作投入，2011年就业工作预算经费达100万元。“全员化”的就业工作保障机制，推动了学校就业工作的深度开展，为各族学生提供更加周到的就业指导和服务将是学校永恒的追求。

银川科技职业学院毕业生就业工作特色材料

银川科技职业学院

银川科技职业学院是1999年10月经宁夏回族自治区人民政府批准筹建，由宁夏宝塔石化集团独资创办的民办高校。2004年5月，经自治区人民政府批准，国家教育部备案，正式设校。学院占地780亩，现有全日制在校生7025人，教职员工475人，基中副高级职称102人，正教授38人，具有硕士以上学历95人，外籍教师2人，学院下设石油化工系、电力系、机械系、建工系、商学系、人文系、计算机系等11系3部1中心。设立了石油化工、电厂热能动力装置、机电一体化等32个专科专业和56个成人本科专业。其中石油化工生产技术、工业分析与检验、电力系统自动化技术、电气自动化技术四个专业为自治区骨干专业。办学12年来，始终坚持“以服务为宗旨，以就业为导向”的职业教育办学理念，以就业需求促进教育教学改革，通过积极开拓就业市场，提供优质就业服务，走出了一条适应学院发展、确保毕业生充分就业的新路子。毕业生就业率连续8年保持在95%以上。毕业生服务于宁夏及周边省区各行各业，为地方经济社会发展做出了积极贡献。2008年、2010年两次被评为“宁夏回族自治区大中专学校毕业生就业工作先进集体”。在促进毕业生充分就业方面探索了一些经验和先进做法。

一、建立健全毕业生就业工作保障机制，确保就业工作顺利开展

一是组织领导到位，实施了就业工作“一把手”工程。学院就成立了院长为组长，

执行院长为副组长，相关职能部门负责人、系部主任为成员的院级毕业生就业工作领导小组。各系（部）成立了以总支书记或系（部）主任为组长的系级毕业生就业工作领导小组。二是就业工作人员到位。拥有一支“德才兼备、以德为先”的专兼职就来队伍，专职就业指导人员与应届毕业生配备比例为200∶1。三是办公条件到位。根据工作需要，学院为招生就业处配备了宽敞的办公室、毕业生就业信息查询室、职业咨询辅导室、毕业生就业洽谈室、招聘面试厅等。每个办公室均配备了电脑电话。四是就业工作经费到位。学院将毕业生就业工作经费列入预算，就业专项经费随毕业生数逐年增加。

二、适应市场人才需求，创新人才培养模式

1. 以就业为导向 不断深化教育教学改革

学院制定了《银川科技职业学院人才培养方案管理规定》，对制定人才培养方案的基本要求、方案的制定和方案的修订等做了明确要求。学院各专业人才培养方案既符合高技能人才的培养规格，具有相对稳定性，又能根据经济、社会发展和人才市场变化的需要，进行调整、修订，一般每届学生修订一次。方案修订前，各专业都要进行深入的调查分析，充分考虑就业和社会需求。决定人才培养方案修订的主要因素有：学院教学改革采取重大措施；用人单位要求和技术发展使专业服务方向发生变化，培养目标及人才培养规格发生变化；招生对象条件有重大变化以及用人单位“订单培养”的要求等。

2. 积极推进工学结合 着力提高学生职业能力

学院积极推行生产劳动和社会实践相结合的学习模式，把“校企合作、工学结合”作为人才培养模式改革的重要切入点，带动专业调整与建设，引导课程设置、教学内容和教学方法的改革。根据高职教育的特点，在教学中坚持“理论知识够用、实践技能过硬”和“德为魂、能为本、重操作、强体魄”的方针，在深入推行“工学结合”教学模式中，学院实施了“学校与企业结合、教室与车间结合、教师与师傅结合、学生与学徒结合、作业与产品结合、实习与就业结合”的“六结合”教学模式，融教、

学、做为一体，加大实践教学比重（6∶4），强化技能培训、推进“双证书制度”，大力开展师生职业技能大赛，使得工学结合的改革思想体现在了教育教学的全过程，为了加强学生的技能培养，学院投入3559万元建成实验实训室60个，与41个社会企业单位建立了稳定的校企合作、工学结合、顶岗实习实训基地。学院的人才培养得到了自治区党委、政府的大力支持，2007年，自治区政府划拨1000万元职业教育专项经费，支持我院建设“化工示范性实训基地”项目；学院积极与企业合作开展专业人才培养，先后开办了“蓝天班”、“伊品班”、“国电班”等企业“订单”培养班；这些改革举措，使企业能参与人才培养的全过程，强化了学生实践能力培养，促进了“双师素质”教学团队建设，实现了学生与岗位零距离，使学院培养的人才适销对路、符合企业要求，提高了学生岗位适应能力，全面提升了学院就业的质量和水平。

3. 以地方经济发展和人才需求为依据不断调整、增设新专业

学院人才培养与行业发展、地方经济发展紧密结合，专业设置适应宁夏建设国家能源基地、资源深加工基地、装备制造业基地和战略新兴产业基地的需要，学院能源化工、电力电气特色专业群适应了宁东能源化工基地以及宁夏风电、火电、光伏发电对高技能人才的需求。作为一所少数民族地区的民办高校，我院实施以工科为主的职业教育，专业设置以市场需求为目标，突出了社会经济建设急需的能源化工专业，结构合理，形成了具有特色和优势的专业群。近年来应宁东化工基地、内蒙乌斯太工业区、银川周边设施农业产业基地、石嘴山河滨工业区企业要求，先后新增设“煤化工生产技术”、“设施农业技术”和“光伏材料加工与应用技术”等行业企业急需的专业。

三、拓展就业渠道，搭建就业服务平台

1. 依托实体，通过“走出去、请进来、常联系”的办法，不断拓宽就业渠道，以校企合作为依托建立了一批稳定的就业基地

这些年来，我们紧扣区域产业发展脉搏，依托宝塔石化集团公司，实施一校多企合作，采用登门走访、邀请用人单位进校实地考察的方式，用人单位回访等方式，广泛深入宁东能源基地、太阳山工业园区、内蒙古乌海工业园区、鄂尔多斯能源基地、

陕西榆林能源基地、甘肃庆阳能源基地等国家重点投资和建设的工业能源基地，了解企业和市场需求，介绍学院专业建设和人才培养情况。学院强烈的社会责任感和为学生就业服务、为企业用工服务的工作热情，打动了企业领导，触发了行业、企业之间的链式反应，使合作企业由宝塔石化集团公司一家变成多家。目前，除宝塔石化集团公司以外，我校还与宁夏伊品生物科技有限公司、宁夏隆基硅业有限公司、西夏热电厂、中石油天然气股份公司西气东输项目宁陕管理中心、内蒙古庆华煤化工有限公司、内蒙古盾安光伏科技有限公司、紫金矿业（内蒙古）有限公司、陕西长庆油田等地的40多家国内外知名企业建立了良好的“校企”合作关系，有的签订了长期用工与培训协议。

2. 创新招聘方式，在校举办“一对一”专场招聘会

为了确保大学生就业工作高效有序展开，几年来，学院一直采用“一对一”小型专场校园招聘会的形式，有针对性地安排不同专业学生、不同行业企业进行双向选择，即每次招聘会只安排一家单位进校，学生在同一时间内只能参加一次企业见面会。每次招聘会前都要做细致准备，做到学生了解企业、企业了解学生，使双方都做到有备而来，有获而归。专场招聘会小而精，与大型招聘会相比较，规模小、针对性强、成功率高。

3. 跟踪回访，实地调研，促进用人单位“回头”选才

学生进入用人单位就业后，学院招就处和各系（部）不定期到用人单位进行跟踪回访，通过问卷调查、座谈会等调研方式，了解毕业生工作、生活状况，与用人单位协调帮助解决一些实际困难。搜集用人单位对学院专业设置和人才培养模式提出建议，反馈学院教学部门。每年毕业生信息、专业分布等信息也要提前传递到用人单位，为用人单位“回头”进校招聘提供选择上的便捷。经跟踪调查，用人单位评价我院毕业生称职率达92.2%，给予较高的评价。

4. 以人为本，帮扶就业困难学生

学院对就业困难学生，尤其是就业困难的少数民族学生，采取一对一就业指导帮助。通过就业政策解读、简历制作、面试指导、心理调适、职业规划、行业了解、角色转换和适应社会等，帮助其成功就业。已成功帮扶四名身体残疾的毕业生走上了工作岗位。

附件1：

2010－2011年度全国毕业生就业典型经验高校名单

北京理工大学，华北电力大学，北京林业大学，北京师范大学，北京外国语大学，中国政法大学，首都师范大学，天津职业大学，燕山大学，河北农业大学，邢台职业技术学院，东北大学，大连海事大学，长春理工大学，长春职业技术学院，哈尔滨理工大学，黑龙江东方学院（民办），复旦大学，上海理工大学，南京大学，江南大学，南京林业大学，常州信息职业技术学院，金华职业技术学院，安徽职业技术学院，安徽工贸职业技术学院（民办），福建信息职业技术学院，江西理工大学，江西师范大学，九江职业技术学院，中国石油大学（华东），青岛理工大学，山东交通学院，河南大学，河南农业大学，河南机电高等专科学校，华中师范大学，中南财经政法大学，武汉铁路职业技术学院，长沙理工大学，湖南师范大学，湖南铁道职业技术学院，中山大学，华南师范大学，深圳职业技术学院，重庆理工大学，铜仁职业技术学院，西安理工大学，北方民族大学，银川科技职业学院。

附件2：

2009－2010年度全国毕业生就业典型经验高校名单

北京大学、清华大学、中国人民大学、北京交通大学、北京航空航天大学、北京化工大学、对外经济贸易大学、中国石油大学（北京）、中国地质大学（北京）、天津大学、天津工业大学、河北大学、太原理工大学、内蒙古科技大学、大连民族学院、辽宁工程技术大学、辽宁省交通高等专科学校、东北师范大学、长春工业大学、鸡西大学、同济大学、上海交通大学、华东理工大学、上海财经大学、上海大学、中国矿业大学、江苏大学、杭州电子科技大学、安徽新华学院（民办）、漳州职业技术学院、江西财经大学、郑州大学、河南职业技术学院、华中农业大学、湖北工业大学、中南大学、湖南交通职业技术学院、茂名学院、广西医科大学、重庆交通大学、四川建筑职业技术学院、贵州交通职业技术学院、大理学院、西安交通大学、西安建筑科技大学、杨凌职业技术学院、兰州理工大学、青海师范大学、宁夏医科大学、石河子大学。

附件3：

教育部召开2010－2011年度全国毕业生就业典型经验高校经验交流会

5月10日，教育部召开2010－2011年度全国毕业生就业典型经验高校经验交流会，教育部党组副书记、副部长杜玉波出席会议并讲话，教育部党组成员、部长助理林蕙青宣读了50所全国毕业生就业典型经验高校名单。大连海事大学、中山大学、江西理工大学和安徽工贸职技学院做了典型发言。来自全国21个省（市、区）50所年度就业典型经验高校负责人、部分省市毕业生就业指导机构负责人等参加了会议。

杜玉波指出，胡锦涛总书记在庆祝清华大学建校一百周年大会上发表的重要讲话，从全局和战略的高度为我国高等教育改革发展作出了全面和系统的安排与部署，是全面落实教育规划纲要，推动高等教育事业科学发展的新的动员令和行动纲领。他强调，要认真学习贯彻胡锦涛总书记重要讲话精神，充分认识新形势下做好高校毕业生就业工作的重要意义；要加大总结宣传工作力度，引领推动高校毕业生就业工作创新发展；要积极探索建立长效机制，把大学生就业创业工作提到一个新的水平。

杜玉波充分肯定了典型经验高校为促进毕业生就业工作、深化人才培养模式改革所做出的艰苦努力和取得的成绩，并对进一步做好高校毕业生就业工作提出了要求，一是建体系，要加快全国高校毕业生就业服务体系建设研究及推进计划的组织实施；二是强导向，要强化以就业和社会需求为导向深化改革的意识，在学科专业目录调整、高校教学评估、高校特色专业建设等项工作中充分考虑就业因素，对典型经验高校予以必要奖励和更多支持；三是抓关键，要抓住就业工作的重点领域和薄弱环节，一级抓一级，层层抓落实；四是上水平，要在就业指导服务、创业工作、基层就业和加强就业趋势规律研究等方面提升工作水平。

据悉，今年推选的50所典型经验高校，既有部属高校，也有省属本科高校和高职高专院校，既有农林、师范、理工、财经、政法等行业类高校，也有民族学校和民办学校的代表，中西部高校占有一定比例。这些高校在各地区各类型毕业生就业水平和社会满意度位居前列，共同特点是：切实把高校毕业生就业工作摆在学校工作突出重要的位置，怀着对学生的满腔热情和无限关爱抓就业，提高质量和做好就业相互促进，以新的理念不断提升就业工作水平。

高校毕业生就业总结宣传工作自 2009 年 9 月启动以来，迄今已开展了两年。2010 - 2011年度总结宣传工作进一步规范了初选办法、完善了推选指标体系和第三方专业机构评价机制，并首次吸纳行业企业代表加入专家团队，扩大了社会调查覆盖面，凸显了公平导向、政策导向、社会导向、专业导向和诚信导向。据悉，今年的典型经验高校与上年的不重复。

后 记

为推动高校深化以就业和社会需求为导向的高等教育改革，不断开创高校毕业生就业工作新局面。教育部根据延东同志的批示精神，2009年启动了就业宣传总结工作，每年推出50所就业典型经验高校。通过认真总结、广泛宣传典型高校的就业工作和人才培养改革的做法和经验，发挥示范引领作用；并以此为抓手，推动更多高校提升就业工作水平，创新人才培养模式，提高人才培养质量和就业适应性，建立毕业生就业和人才培养良性互动的长效机制。

经过连续两年的深入实施，全国共推出了100所典型经验高校，其中部委属高校31所，省属高校45所，高职高专院校24所。从地域分布来看，典型经验高校覆盖全国29个省（直辖市、自治区），西部地区也占有一定比例。在类型上，既有综合类、理工类等知名大学，也有农林、地、矿、油等艰苦行业高校，还有民族学校和民办学校的代表。可以说，这些毕业生就业典型经验高校是全国不同地区、不同类别、不同层次高校的典型代表，为促进毕业生就业付出了艰苦努力，也为全国高校做好毕业生就业工作提供了宝贵的经验。这对于推动各类型各地区高校更好地做好毕业生就业指导服务工作、深化以就业和社会需求为导向的高等教育改革具有很大的借鉴和参考价值。

为了宣传推广典型经验高校的工作经验与特色，去年我们对2009－2010年度50所典型经验高校在就业工作和深化教育教学改革、创新人才培养模式等方面的经验特色总结进行了汇编，出版发行后，受到了各地教育部门和各类高校的欢迎和肯定，切实起到了深入总结、广泛宣传的效果。今年，我们对2010－2011年度50所就业典型经验高校的特色材料进行了汇编。希望这本“汇编”再次为就业战线的同志们进一步做好各项工作提供一些有益的参考和帮助，更希望各地各高校能够在学习、借鉴的基础上，结合自身实际，深入挖潜，以改革创新的精神，努力探索和创新深化教育教学及人才培养模式改革、促进高校毕业生就业的工作机制和内容，办出特色，争做典型。

在本书出版之际，谨对给予2010－2011年高校毕业生就业总结宣传工作以大力支持的有关方面的各位领导和同志们表示衷心感谢！感谢教育部党组各位领导对此项工作的高度重视；感谢国家统计局社情民意调查中心的鼎力支持，感谢教育部办公厅、高校学生司、高教司、学位办、财务司、就业指导中心和评估中心等七家单位的密切协作；感谢全体专家同志们的辛勤工作、无私奉献以及各省市就业部门和高校的全力配合；感谢张浩明、续梅、梁国雄、徐孝民、张凤有、李志宏、王辉、宋毅、刘玉光、赵建武总结宣传工作领导小组成员同志以及学生司王建国司长等同志对工作全过程的精心指导与大力支持。此外，还要感谢周国良、邱佳娜、冯明、武杰等工作小组成员同志们在半年多工作过程中所做的大量艰苦细致的工作。50所典型经验高校的顺利产生和本“汇编”的出版，凝聚了来自方方面面同志们的心血和劳动，谨以此文再次对大家的全力支持与帮助表示最诚挚的谢意！

编　者

2011年6月